O Fragmento e a Síntese

Coleção Estudos
Dirigida por J. Guinsburg

Equipe de realização – Revisão: Carolina Lemos; Sobrecapa: Sérgio Kon; Produção: Ricardo W. Neves, Heda Maria Lopes e Raquel Fernandes Abranches.

Jorge Anthonio e Silva

O FRAGMENTO E A SÍNTESE
A EDUCAÇÃO ESTÉTICA DO HOMEM

PERSPECTIVA

Direitos reservados à
EDITORA PERSPECTIVA S.A.
Av. Brigadeiro Luís Antônio, 3025
01401-000 – São Paulo – SP – Brasil
Telefax: (0--11) 3885-8388
www.editoraperspectiva.com.br
2003

*Para Maria Rosária e Jorge Martins,
com quem aprendi o sabor de madeleines,
numa simples broa de fubá...*

Sumário

Introdução XIII

1. As Cartas de Augustemburg/A Educação Estética do Homem
   Reflexão Histórico-filosófica
   O Eixo Político-social 1

   Carta I
   O Belo como Método 14

   Carta II
   Mundo Estético e Moral. Política e Arte 22

   Carta III
   O Estado Natural e o Estado Ético 27

   Carta IV
   Homem e Sociedade: Um Projeto de Unidade 33

   Carta V
   Análise Histórica e Crítica ao Presente 41

   Carta VI
   O Modelo Grego: A Arte como Princípio Legislador da
   Natureza Humana 45

   Carta VII
   Pode o Estado Transformar-se em Instrumento Moral
   Humanizador? 57

Carta VIII
Ousa Ser Sábio: O Enobrecimento do Caráter com o
Equilíbrio entre Sentimento e Razão 61

Carta IX
A Transformação do Estado pela Arte 69

2. DEDUÇÃO DO CONCEITO RACIONAL PURO DE BELEZA
DA MENTE HUMANA E DA BELEZA 77

Carta X
Da Mente Humana e da Beleza/A Ambigüidade da Beleza e
seu Conceito Empírico 77

Carta XI
Os Fundamentos do Estado e da Personalidade 89

Carta XII
Impulso Sensível e Impulso Formal 94

Carta XIII
Ação e Determinação Recíproca 99

Carta XIV
Impulso Lúdico 107

Carta XV
A Substantivação do Belo como Conceito de Forma Viva 112

Carta XVI
Beleza Energizante e Beleza Suavizante – O Belo como
Experiência 121

3. A BELEZA COMO RECURSO PARA A EDUCAÇÃO ESTÉTICA DO
HOMEM.. 127

Carta XVII
Tensão e Distensão, Energia e Harmonia 127

Carta XVIII
O Estado Intermediário e a Crítica aos Sensualistas e
Racionalistas....................................... 130

Carta XIX
Da Determinabilidade à Universalidade e à Liberdade da
Consciência.. 134

Carta XX
Do Ser Passivamente Determinado ao Ser Livre, pelo Estado
Estético 140

Carta XXI
A Condição Estética da Mente 144

Carta XXII
A Disposição da Mente para o Estético e para o Moral 149

Carta XXIII
O Caminho Estético do Sentir ao Pensar 156

Carta XXIV
As Fases do Desenvolvimento Humano 164

Carta XXV
Do Sentir ao Significar ou a Beleza Transformadora como
Síntese de Fragmentos 174

Carta XXVI
A Realidade das Coisas é Obra das Coisas; a Aparência das
Coisas é Obra do Homem 181

Carta XXVII
As Idades do Homem: Dos Sentidos à Forma pela
Educação 197

REFERÊNCIAS BIBLIOGRÁFICAS 209

Introdução

Desde os primeiros escritos teóricos, Johann Christopher Friedrich von Schiller (1759-1805) investiga a natureza formal da arte da Antigüidade Clássica, baseada na teoria do belo para a recepção humana e fundada na sensibilidade (dos sentidos e psicológica). Aos dezoito anos, enveredando pelo caminho da ciência, o então estudante de medicina em Stuttgart, na Academia do Duque Carlos Eugênio, deu uma palestra com o título "Discurso sobre a Questão: É tudo Bondade, Amabilidade e Grande Generosidade no Estreito Sentido Atribuído à Virtude?". Confessou nessa fala sua crença na eminência da natureza como um constructo magistral de totalidade, a partir de um saber divino. Contemporâneo das ações iluministas e da crença geral de que a razão humana seria a via libertadora do homem em relação aos aflitivos problemas sociais e aos desmandos históricos oriundos nos estamentos dominantes, Schiller viveu com fervor o debate sobre o fazer artístico fundado como princípios de ciência. Nisso foi influenciado por Alexander Gottlieb Baumgarten, que com *Aesthetica* (1750-1758) firmou a *ciência do belo* e tornou a estética uma disciplina filosófica independente. Baumgarten iniciou a investigação sobre uma "lógica da sensibilidade", o *analogon rationis*, presente na lógica cartesiana, ou seja, colocou a estética como um conhecimento, ainda que de segunda ordem, mas feito na lógica do pensamento humano, sem a submissão incondicional à lógica universal do saber científico. Não se trata de uma ciência da experimentação, verificável com relação de causa-e-efeito, mas uma *ciência do belo*, com a prerrogativa da autonomia na representação não mais ancorada nas formas canônicas do princípio naturalista. Antecipava Baumgarten a prerrogativa da autonomia na representação independente de algo exógeno ao querer artístico, mas com gênese no estético fundado na razão subjetiva em relação ao soma artístico. Outro pensador de vasta influência sobre o pensamento estético de Schiller foi Moses Mendelssohn (1729-1786), racionalista moderado, primeiro escritor judeu da literatura alemã e autor de *Cartas Relativas aos Sentidos*. Mendelssohn buscou comprovar que nada é mais determinante sobre o deleite das funções psicofisilógicas do que o prazer racional. Assegurou que há uma unidade entre idéia e corpo, portanto, uma harmonia no fruidor como um estágio pré-cognitivo feito de totalidade e diferente da tensão racional receptora dos fenômenos feita da cisão entre o objeto artístico e a sua intelecção como lei geral.

Por volta de 1770, o grupo denominado Sturm und Drang (Tempestade e Ímpeto) reivindicou à produção artística alemã a emancipação das artes de qualquer determinação que lhe fosse exterior. Politizados e atuantes, esses artistas construíram seu nome e identidade coletiva a partir da obra teatral homônima de F. M. Klinger. Reivindicavam a liberdade criativa em relação às determinações formais dos regimes absolutistas, ainda que mantendo resquícios intelectuais da ilustração, ao mesmo tempo em que resguardavam um claro caráter irracionalista e uma verdadeira batalha de inteligência e sensibilidade oposta ao Iluminismo. Fé e razão foram dois grandes temas para o Sturm und Drang a partir da leitura de Hume, melhor, do empirismo inglês que pregava o fim da razão e a emergência dos sentidos, dos impulsos e emoções, da sensibilidade, reconhecendo o inconsciente como gênese criativa em oposição à autonomia da razão na arte. Um dos últimos a compor aquele grupo e que nele se manteve por quinze anos foi Schiller. Lutava contra as determinações estéticas oficiais de Boileau e do Classicismo francês, o qual tinha como porta voz estético do absolutismo na França. Há, como generalidade no Sturm und Drang um sentido de *Weltschmerz* (dor do mundo), revelado no embate político entre o sujeito e sua potência coletiva, a sociedade. O herói dos Sturm und Drang é o gênio inspirado como o herói grego, atado à natureza e em enfrentamento com o mundo contingente, condenado a pagar com a vida a falha trágica que define sua humanidade. Delineia-se nele a solução grandiosa para as questões trágicas da existência, com o concurso da morte antevista e acatada como um bem ético.

Verifica-se que a estética não se cristaliza, de imediato, como conhecimento autônomo, sem submeter-se ao grande debate filosófico que tem em outra obra, *A Crítica da Faculdade do Juízo* (1790), de Immanuel Kant, a conclusão afirmativa de que o fundamento estético encontra-se na reflexão humana sobre a arte, constituída como um jogo livre das faculdades subjetivas da *imaginação* e do *entendimento*, sem o concurso livre do objeto. Isso recebe de Schiller anuência e negação, sobretudo quanto ao *prazer desinteressado e livre* kantiano que põe em relevo a diferença entre o prazer *puro* resultante da fruição e do prazer *interessado* que define o caráter útil e moral do belo. A estética schilleriana antecipa a modernidade ao pensar a autonomia da arte em relação equilibrada com a verdade e pela conexão da ética com a estética. Não reconhece o saber artístico instituído apenas na lógica da determinação exógena ao artista, em especial no de uma burguesia que tinha a arte como elemento sacralizado de distração e lazer, mas na certeza do devir aprimorador, cujo artífice é o artista, historicamente construtor da educação para verdades universais fundadas na busca da bela humanidade. Esse caráter formalmente dialético e de cunho educador no pesamento de Schiller presentifica-se em sua dramaturgia renovadora do teatro alemão, com a anteposição de personagens de caracteres antagônicos, resolvidos no apaziguamento de dualismos através da vontade moralmente boa, com o fim do aperfeiçoamento do sujeito moral e, em mais larga extensão, com a plenitude de sua humanidade. Revela uma ética de cunho próximo ao epicurista, à medida que a verdadeira arte é desalienadora ao tornar-se exercício inteligente de superação de antinomias, transcendendo o mero fruir do feito artístico para torná-lo representação viva. A arte e a relação do sujeito consigo é um perene estar estético no mundo, porque indica sua razão absoluta de existir individual, política e coletivamente, em consonância com a autonomia que representa (*Schein*), indicando o que é moralmente bom. Refletindo-a como instrumental educativo para a eticidade, Schiller publica, em 1784, *O Teatro Considerado como Insituição Moral*, obra reflexiva na qual propugna um estado conciliador da antropológica contradição cognitiva na natureza humana, capaz de harmonizar a inexorável contradição entre os sentidos e a razão. O tema, retomado em 1788-1789 no poema "Os Artistas", volta a firmar no estar estético no mundo a certeza, do médico/poeta/dramaturgo/pensador, no aprimoramento da espécie com apologia à transformação dos conflitos impressos na interioridade humana, em totalidade congruente. Como para Epicuro a crença na unidade do átomo, que encontra em seu itinerário, seja qual for, a possibilidade do *clinamen* (desvio) presumindo o acaso como constante dimensão inaugural do universo. Isso pressupõe o indeterminismo, uma liberdade com feições no devir. Vale dizer que fruir do mundo é estar com ele em homeostase, recebendo com dignidade o acaso, gozando dos bens espirituais e materiais com medida, para que as qualidades do universo sejam acolhidas com a boa natureza de que são feitas. Nisso põe-se a estética: um receber a liberdade do mundo, e em especial a arte como suporte aperfeiçoador que indica um devir livre, belo, de amorosidade porque pode se tornar uma generalidade lógica, um esmero pessoal ou coletivo no caráter, à medida que o homem é capaz de inteligir a representação, com ela partilhar sua inesgotável possibilidade de crescente emancipação inteligente da razão. É como contemplar o céu à noite e perceber a harmonia dos movimentos, sua repetência e equilíbrio perfeitos, com seus desvios vencendo a outridade em busca da simetria mecânica na expansão do cosmo, onde está o sujeito em constante processo de aprendizado a que se chama educação. Isso pode ser um modelo para a pólis e esta um amparo comum à diversidade que se organiza na garantia do apaziguamento das inegáveis diferenças de cada particular. O projeto ético de Epicuro passa pela educação para o conhecimento, através do encontro entre amigos no "grande jardim", palco da natureza diversa que contém o sujeito. Ninguém melhor do que Schiller para aprofundar esse debate com a crença do poder transformador da estética. Contemporâneo dos conflitos político-sociais franceses, o cientista (Schiller era médico) adentra o infinito universo da arte com rigor e, com sua contundente escrita, percorre um difícil caminho crítico-analítico, quando Kant já havia feito cristalizar, na filosofia, uma aparente indiscutível determinação de que a construção estética se faz na subjetividade. Também o erudito Goethe, escritor, cientista e político, consagrado com *Werther*, o romance do século XVIII, disciplinando-se e se depurando como o construtor de uma escritura cujo cerne era o ideal clássico de compreensão e ordem, foi um inicial contendor e, posteriormente, um aliado crítico de Schiller. Conheceram-se em 1794 e a Weimar onde residiram tornou-se o berço do Classicismo alemão. Inúmeros foram os encontros e descaminhos trilhados pelos dois, mas a literatura epistolar os uniu na vigorosa correspondência que trocaram de 1794 a 1803, analisando as artes e o pensamento filosófico da época e do passado, influenciando-se mutuamente com rigor analítico dos escritos de cada um.

Schiller, um romântico de apego histórico aos ideais gregos fez caminhar o Classicismo na Alemanha operando o pensamento de forma multidisciplinar. Seus ensaios, sua vivência numa Alemanha intelectualmente ávida pela originalidade criativa, mais o colosso de sua obra teatral e poética conduziam-no ao texto *A Educação Estética do Homem*, escrito de fevereiro a dezembro de 1793, também conhecido como *Cartas de Augustemburg*, um agradecimento ao príncipe dinamarquês Friedrich Christian von Schleswig-Holstein-Sonderburg-Augustemburg, mecenas que lhe garantiu uma pensão de mil táleres pelo período de cerca de dois anos. No início de 1794 o castelo de Cristiansburg, em Copenhague, onde vivia o príncipe, foi totalmente destruído por um incêndio, quando as cartas foram inevitavelmente perdidas. Posteriormente, algumas foram recuperadas em cópias feitas por estudiosos da vida do príncipe. Sabedor da perda, Schiller produziu delas uma segunda versão, de setembro de 1794 a junho de 1795, na forma de ensaio publicado em 1795 em três segmentos da revista *Die Horen*, por ele criada. A edição inaugural da revista trouxe as cartas numeradas de um a nove, reescritas em setembro e outubro de 1794. A segunda edição, as de número dez a dezesseis, reescritas em novembro e dezembro daquele ano. Um último segmento foi dado a conhecer no número seis, com a seqüência de 17 a 27, reescritas de fevereiro a junho de 1795, publicadas com o título genérico de "A Beleza Suavizante". O conjunto instituiu-se, posteriormente, como *A Educação Estética do Homem* (*Über die Ästhetische Erziehung des Menschen*). Deve-se atentar para essa questão histórica e cuidar, quando da citação dos escritos de Schiller, de identificá-los, ou como as cartas originais ou como a obra revista pelo autor que sobre elas operou uma transformação crítica tornando-as um pequeno tratado antecipador da estética contemporânea. Constituem-se em registro acadêmico de excelência para o entendimento do pensamento do autor de Marbach e se inscrevem na história do romantismo e do idealismo alemães como documento de primeira grandeza, tanto para a literatura quanto para a filosofia, ambas fortemente ligadas na Alemanha de então. Vistas as Cartas em sua completude filosófico-literária, tem-se o quão conclusiva é cada qual na sua forma diversificada de conteúdos, aparentemente fragmentados, mas que compõem um constructo único. Isso dispensa um entendimento textual definitivo, uma conclusão única, pode-se dizer, até pelo caráter de abertura que contêm. A relação da investigação de Schiller com o tempo demanda releituras sob a luz de variadas perspectivas analíticas. Todas dão conta de um bem que se deseja, porque a família da humanidade perpetua-se na constância do bom vir a ser. Ao autor deve-se creditar ineditismo pela forma como investiga a educação, tendo-a com base estética. Isto é um compromisso do sujeito, da cultura, da política, do âmbito social e da transcendência quando fundados no bem absoluto, como um estado pré-cognitivo que não foi segmentado pelo conhecimento cindido entre um fenômeno e sua intelecção. O homem se conhece na medida que opera sua educação e se educa na medida de sua cognição do belo. Trata-se de uma edificação teórica na forma epistolar, na qual se constata um processo filosófico em construção que busca a superação das dicotomias entre razão e sensibilidade, natureza e cultura, arte e ciência visando a totalidade constituidora do ser, entendido como sujeito e objeto em sua própria humanidade.

É incompreensível o fato de *A Educação Estética do Homem*, que se inicia analiticamente como inquietude política, não encontrar proeminente análise e aproveitamento na teoria política ou na história política. Provavelmente por não propor um método fechado de aplicação à realidade, ou por não ser um sistema disciplinador aplicável a esferas sociais em análise por pensadores da prática política. Para estes, Schiller pode parecer o arauto de uma retórica esvaziada pela discussão filosófica ou até desprovido de conteúdo ao gosto do homem apenas prático. Só é esta a justificativa para seu exercício estar ainda encerrado nos confins da teoria. Quanto ao relacionar filosofia e política, o teórico busca enquadramentos definitivos como os determinados pelos termos que propõem uma prática, como anarquista, liberal, materialista. Schiller deles passa ao largo, uma vez que seu idealismo antropológico universalista não se propõe a demandas dessa ordem. Trata-se de proposta filosófica fundamentada na arte como história visual do pensamento. Por isso seu rigor filosófico. Não se pretende um partidarista de proposições consagradas pela prática, mesmo nas nove primeiras cartas que primam pelo aspecto político. A obra em análise é uma possibilidade dialética para quaisquer sistemas ou ideologias, uma vez não limitar-se a formas diretivas exteriores à vontade, e porque Schiller tem o sujeito como o senhor da transformação da espécie, premissa para a auto-superação do erro e nisso põe-se a constância do aprimoramento no devir. Aquele que for tocado pela realidade totalitária da arte sente vivificar sua natureza divina e confranger a rudeza do estado apenas sensível que aprisiona, que torna o homem abandonado à própria possibilidade do erro. Percebe-se na investigação de Schiller que a razão não é redutora a ponto de amputar a raiz profunda da natureza sensível que faz do homem o ser da compaixão que pode engrandecer. E revive em si Eros, que a tudo torna belo saber a ser inteligido pela racionalidade. Saído do caos, Eros conforma em realidade única: a concretude da terra e a infinitude indomável dos céus. Insatisfeito e inquieto é, para Platão, o filho da união do antagonismo representado por Poros (recurso) e Pênia (pobreza). Deidade que promove a coesão do cosmo, parece ser o demiurgo que rege *A Educação Estética do Homem*. Por isso o sistema de Schiller pode ser lido como ampliação do correlato do mundo clássico grego, esteticamente educado na cultura da arte (*tekné*), que se punha em toda a perfeita habilidade humana porque procedimento corriqueiro no fazer perfeito dentro da idéia de natureza, como bem absolutamente coletivo e justo. Por isso, também, o projeto schilleriano tem um aval hedonista ao buscar o bem moral pela via da beleza que educa, cria, re-cria e aprimora na eticidade.

Como um pensador maiêutico, Schiller sugere a cada um o autoconhecimento e um olhar para a educação de cunho estético. Não aquela feita pela mera imitação ou do saber puro, mas a da constância na transformação do homem real em sujeito ideal feito de subjetividade, sentidos e razão. É do diálogo de oposições que *A Educação Estética do Homem* está consumada, atendendo a um procedimento dialético em busca de uma terceira via de congruência. Matéria e espírito, vida sensível e forma, necessidade física e predisposição moral, natureza e razão estão em indefectível conjunção nuclear como que a buscar a perenidade, o imperecível da divindade humana que se chama liberdade. Liberdade de artista que também foi e que é vital para a formulação de toda a humanidade. Critica o empobrecimento da humanidade frente a um mundo que se organiza na excitação com o progresso. Esse é um tema para estudos comparados, entre Schiller e Nietzsche, apontado pela educação estética. Os conceitos de dionisíaco e apolíneo que fundam o *Nascimento da Tragédia* são ecos familiares de Schiller que Nietzsche não deixou de criticar como o "tamborileiro da moral". Na idéia da cisão, do estético e não-estético, da aparência e do jogo estão muitas das proposições defendidas pelo autor de *A Gaia Ciência*. Veja-se o seguinte parágrafo no módulo 5, do *Nascimento da Tragédia*:

> Mas, pelo contrário, trata-se da nossa controvérsia de que a antítese entre o subjetivo e o objetivo é especialmente irrelevante em estética, uma vez que o tema do desejo individual promovendo seus próprios fins egoístas pode ser concebido somente como antagonista, não como a origem da arte. Uma vez que o assunto é o artista, contudo, ele já está liberado de sua vontade individual, e tornou-se como o meio através do qual o único Objeto verdadeiramente existente celebrasse sua liberdade na aparência[1].

Depois de *A Educação Estética do Homem*, Schiller publica, em *Poesia Ingênua e Sentimental* (1795), trabalhando com os antagonismos da condição moral humana, vistos pelo veio do poeta. O *ingênuo* imita o real e é superado pelo *sentimental* que o representa. É preciso adequar ambos e relacioná-los à natureza, pois esta é uma realidade a ser conhecida, mesmo, quando transformada em representação. Tudo pode ser significado e a grande representação na arte não se esgota no tempo, porque se potencializa ao poder ser revista para novas significações. A *mímesis* é uma obsessão para o homem que quer sempre a ela retornar, porque pretende sair da obediência às determinações exteriores da cultura e rever a natureza dada em sua pureza, como projeto de vivificação de uma bondade concedida. E o artista é o artífice de uma liberdade educadora porque a arte é um constructo, no qual as forças do espírito que generaliza harmonizam-se com os sentidos que fragmentam para a edificação de uma totalidade na qual funda-se o verdadeiro destino da humanidade: o apaziguamento de conflitos pela autonomia de um ser que se poderia chamar de absoluto. Em sendo a arte representação, o princípio da formulação de belas aparências eleva a razão ao seu mais glorificante estágio de humanidade, fazendo aquela co-natural com a sensibilidade, eliminando a cisão entre o homem do saber abstrato e o da experiência de se estar no mundo. O ser torna-se cosmo, sente-se universo e age moralmente movido pela justeza de saber-se posto como um fragmento vital na composição de uma síntese ideal, que a todos aperfeiçoa, porque feita de vontade e pelo saber-se um constante devir que busca a perfeição.

O *estado estético* é o da investigação constante, movida pelo ato da volição. Faz evoluir a capacidade de se criar aparências, não apenas

---

1. Friedrich Nietzsche, *The Birth of Tragedy*.

as da arte, e de entendê-las uma vez que tudo o que é capaz de significar pode ser lido pela razão de forma a se chegar ao conhecimento aprimorador, sem a perda ou prevalência dos sentidos que humanizam. O ser rompe todos os interditos, proclama sua liberdade, constrói novas realidades cognitivas, age eticamente quando cria significações de ordem reveladora de si e do universo. Sua essência assemelha-se à da arte porque nesta encontra uma totalidade pura, pronta para ser decodificada e refeita, porque é livre em sua autodeterminação. O homem estético sabe que no verdadeiro objeto artístico vive a independência da auto-significação, de poder ser ressignificado fora da limitação da espaço-temporalidade. Essa liberdade na aparência determina a relação entre o sujeito e o objeto de seu conhecimento, através de uma contemplação evolutivamente inteligente. Tornar-se estético é um projeto de volição.

O Fragmento e a Síntese baseou-se n'*A Educação Estética do Homem*, da Editora Iluminuras (1995), pela qualidade da tradução e por entender que não haveria a necessidade de uma terceira tradução do texto original, também publicado em português pela Editora Pedagógica Universitária (1991), com notas introdutórias de Anatol Rosenfeld. Mas como se insere a estética advogada por Schiller nos processos constituidores da cultura, relativa no tempo e no espaço? Na certeza de que a beleza na aparência constitui o homem verdadeiramente livre, ético, dissociado de seu desejo de ser o epicentro da espécie, Schiller o toma como correlato da grande representação, a arte em sua infinita capacidade de significar, independentemente do ato de seu criador. A arte independe de liames com a realidade, porque a esta não se limita ainda que possa representá-la. É fruto da inteligência, da vontade aberta às leituras atemporais do belo com o propósito da educação do espírito para a unidade plena feita de sentidos e razão. Nisso põe-se como intermediação ou fim. Falta a sua representação pelo concurso da sensibilidade plasmada na razão. O mero copista deixa-se inebriar pelo existente e o olhar seduzido cria paixões pelo real. É mister daquele que quer se educar esteticamente superar essas paixões sem extingui-las, mas adequá-las à razão constituidora de universalidades. A beleza da verdadeira arte muda o estado das coisas para o homem ao produzir ressonâncias que atingem transformadoramente o conhecimento sensível, estabelecendo inter-relações reconstrutoras da representação em relação intrínseca com o real ou o imaginado. As representações tornam-se conhecimento perene da realidade e do imaginado uma vez que se fazem arquitetura do ser contingente que pretende a afirmação do absoluto em si. Bela ou não, a arte pode gerar efeios simbólicos, quando não físicos, e adulterar a repetência das coisas – como o estilo – invocando o beneplácito dos deuses e aversão justificável pelo terrorífico que só a razão pode justificar. Belo ou magnífico, o fato artístico, para Schiller (e como o tinha o idealismo alemão), pode lançar as bases de uma nova humanidade que se inicia na orientação positiva de cada um para um aperfeiçoar-se. Essa postura educativa encontrou substrato político em Fichte, em Hegel e, também, no pensamento estético de Goethe e Hölderlin. Para não dizer de Rousseau, que não negava a educação ao querer que o Emílio aprendesse olhando amorosamente o comportamento e a grandiosidade da natureza. De Schiller, a educação recebe um fundamento teórico com uma possível práxis, ainda que não defina um método, mas apresente passos evolutivos para atingi-la, ao afirmar que "a educação do homem significa o desenvolvimento de todas as virtudes humanas em uma direção positiva"[2]. Ainda assim, na síntese pensada, residem as certezas de que o procedimento epocal do romantismo se constitui com a certeza de que o homem e a sociedade, em constante problemática de oposição, podem gerar uma simbiose que pressuponha o sujeito moral e livre, tanto na competência da individualidade quanto no âmbito da generalidade coletiva. A responsabilidade individual constitui-se em projeto de liberdade social e não apenas em reforço às leis da coação feitas pela obrigatoriedade da obediência a determinações anteriores ao sujeito. O conflito entre homem e sociedade, homem e meio transformado pela cultura, dilui-se na certeza da harmonia que se mantém pela cautela professada pela razão em convivência com o homem natural, o indivíduo que antecede a pessoa.

Schiller analisa o homem imerso no mundo de leis feitas pela natureza, com o concurso da cultura, do sistema político e da individualidade. A partir desses indicativos, reflete sobre uma nova legalidade social a ser produzida em liberdade e sem o arbítrio de poucos, mas sob a certeza de uma razão libertadora que pensa o sujeito a partir de sua constituição ontogenética. Como o ser é devir, tudo está em processo e tudo pode se aperfeiçoar inexoravelmente, no homem, na sociedade, na cultura, na organização das leis e no Estado.

Aos destinos aterradores da justiça feita no terror da Revolução Francesa, projeto prático do Iluminismo, deve-se creditar o mérito da inquietude schilleriana em relação às transformações sociais propostas n'*A Educação Estética do Homem*. A obra, metafisicamente, inicia-se como um exercício de pensamento de Schiller, para eliminar o limite entre os territórios do ser físico ou sensível e do ser moral ou espiritual. Para isso, começa seu propósito analítico pela organização do Estado moderno nascente do ideal iluminista: a Revolução. Só por esse itinerário seria possível chegar à questão de um estado prático-político constituído pelo imperativo da educação, pressuposto para uma humanidade plena. Para esta construir seus paradigmas sociais, carece

---

2. "L'éducation de l'homme signifie développement de toutes les virtualités humaines dans une direction positive". *Apud* Pierre Hartmann, *Du sublime (De Boileau à Schiller)*, p. 118.

de uma educação estética que, a seu turno, leva à constituição de uma humanidade aprimorada na livre e boa disposição da consciência. Visualmente é uma circularidade a construção do homem estético feito no trânsito dos estados passivos dos sentidos para o homem pleno na ação figurada do *Triebe* (impulso). Tem-se aí a mediação estética a ser entendida não como produto de uma abstração renitente no processo de se ver ou conceber a arte, mas como necessidade humana, que se manifesta apenas como constituição pela vontade. Em si, o homem já é um correlato da obra de arte cujo modelo é a bondade da natureza, e a estética, o pulsar constitutivo do saber pleno, com a sensibilidade mais a razão. O tema é analisado nas cartas XVIII e XIX através de um outro impulso, o lúdico ou do *Spieltrieb* (jogo).

Mas o jogo, em que o desinteresse analisado por Kant se justifica em toda a sua independência, representa a autonomia de todas as faculdades intelectivas do homem. Por ele a beleza se faz na unidade plena humana posta no mundo como um bem transformador. O conceito do homem verdadeiramente livre baseia-se no entendimento de que a construção humanitária libertadora está na passagem da necessidade da contingência à ação, do constrangimento ao entendimento. Contribui o jogo como contribuem as forças inteligentes geradoras das aparências. Rosenfeld entende que:

> Se o início do estado estético (lúdico) é apenas um recurso e meio para possibilitar a passagem do caráter físico ao moral, pouco a pouco o meio se transforma, se torna fim último até que surja, como ideal absoluto, o homem estético, o estado lúdico, único em que o homem é integralmente homem[3].

Trata-se de inteligir o homem em sua potência criativa como capacidade reorientadora do próprio destino, em vinculação com o Estado e no vigor da amorosidade plena. Mais que isso, sente-se, na obra *A Educação Estética do Homem*, o indicativo de que a liberdade professada no espírito tem o compromisso de atender aos desígnios da sensibilidade.

SOBRE A EDUCAÇÃO

O tema da educação ocupou parte significativa das reflexões de pensadores no Século das Luzes. Em 1769, após uma viagem de Riga a Nantes, Paris e Estrasburgo, Herder produziu *Diário de Viagem*, no qual propõe um novo tipo de escola e de educação. A criança deveria ser formada através de graduações de aprendizagem fundamentadas na geografia, etnografia, física e história. Dessas disciplinas do conhe-

3. Anatol Rosenfeld, em Friedrich von Schiller, *Cartas sobre a Educação Estética do Homem*, p. 24.

cimento aprenderia o âmbito concreto e depois aquilo que nelas fosse abstração. Esse método tem início na realidade concreta, fundamentando-se em princípios empíricos para atingir a generalidade na abstração. Em 1780, Lessing publicou *A Educação do Gênero Humano*, obra influenciada por Spinoza. Atestando que a educação de toda a espécie humana está inscrita na educação de cada indivíduo e que o caráter teológico da transmigração da alma opera o aperfeiçoamento na raça, entende que "a conduta humana se baseia na livre disposição da consciência mais que no temor da esperança"[4]. O conde de Mirabeau, responsável pela disponibilização dos bens da Igreja para o Estado publicou, na França, em 1791, *Sur l'éducation publique*. A obra impressionou Friedrich von Schiller no que diz respeito "à preocupação do autor, ainda que em meio ao tumulto resultante do difícil nascimento da Constituição Francesa, em dotar com a semente da permanência fornecendo algo apropriado para a educação"[5].

Certamente, Rousseau foi o autor de maior amplitude na influência sobre a educação na Europa moderna com a publicação do romance pedagógico *Emílio*. No período do *Aufklärung*, o prestígio da obra se fez sentir com o professor de filosofia moral Johann Bernhard Basedow, que publicou *Elementarwerk* (1724), um volumoso guia para professores, com textos para crianças e orientação para os pais. Comungou com o autor francês das idéias sobre a educação natural, sem considerar os efeitos prejudiciais da civilização. Agregou ao seu tratado e guia a idéia de que a educação só se torna completa com o compromisso pátrio e o serviço voltado para o bem comum. Na Suíça, o tratado de Rousseau foi lido e aceito como fonte de uma nova práxis educativa por Johann Heinrich Pestalozzi, que, por sua vez, teve prevalência sobre as *Volksschulen* (escolas de ensino elementar) alemãs. Com o título *Educação*, e ainda que não seja uma teoria sobre o tema, Kant produziu uma ligeira reflexão sobre os procedimentos morais da cultura e o cultivo individual da mente como elementos da libertação humana, pelo saber, de qualquer sujeição que choque com a capacidade subjetiva de independência pelas escolhas. Contrariamente ao *bon sauvage* de Rousseau, entende que a educação enquanto fato de socialização conduz o homem ao aprimoramento, à medida que o faz evoluir antropológica e sensivelmente. Para Kant a educação não é uma atividade redutora do homem a modelos moralmente pré-concebidos, o que o instalaria na contingên-

---

[4]. "La conducta humana buena se basa en la libre disposición de la conciencia más que en el temor de la esperanza". Rodolfo E. Modern, *Historia de la Literatura Alemana*, p. 31.

[5]. "The author's concern, even amid the very tumult of the birth-throe of the French Constitution to endue with the seed of permanence by making suitable provision for education". Friedrich von Schiller, *On the Aesthetic Education of Man in a Series of Letters* (trad. Elizabeth Wilkinson e L. A. Willoughbys), p. XIX.

cia da história, mas a atividade humana que o faz a sua própria finalidade na liberdade. Determina-se assim a importância da informação, e a apetição pelo conhecimento funda-se como doutrina individual da descoberta. Trata-se da *Bildung* (construção) do homem ético no exercício do trabalho sempre interminado do aprendizado. Para Victor-Pierre Stirnimann "talvez seja preferível traduzir *Bildung* no mais das vezes por cultivo"[6]. Kant fala da atividade desinteressada do jogo como instrumento de ensino e aprendizagem, entendendo-o como uma possibilidade metodológica: "vários planos de educação foram esboçados por diferentes pessoas, de ordem a se descobrir os melhores métodos – o mais louvável empreendimento. Um entre outros sugere que as crianças deveriam poder aprender tudo na forma do jogo"[7].

Questões mecânicas e biológicas como a nutrição, mais a *Zucht* (disciplina) e o ensino atrelados às formulações universais da cultura, conformam processos vitais, físicos e transcendentais nos quais a razão opera a saída da condição instintiva para a natureza sensível e formal humana. Pela disciplina, a conduta moral se estabelece e "todos os dotes naturais da humanidade devem ser desenvolvidos pouco a pouco pelo próprio homem, através de seu próprio esforço"[8]. Nesse esforço, em cuja gênese está a sustentação da vontade e a opção geral pela liberdade como ato amoroso, "o amor pela liberdade é naturalmente tão forte no homem que uma vez acostumado à liberdade, ele sacrificará tudo por sua causa"[9]. Tal tendência amorosa para a liberdade carece dos comandos da razão, já que é condição *si ne qua non* se estabelece a finalidade do ser. É da condição humana a relação social entre os homens para que o procedimento da educação se estabeleça como dinâmica de trocas aperfeiçoadoras. O homem é educado por alguém que por sua vez recebeu seu repositório de informações para o aprimoramento pessoal de outros homens. Essa relação temporal, seqüente e histórica fundada na experiência procede evolutivamente no que Kant entende como o aprimoramento da natureza humana:

> É possível que a educação seja constantemente aprimorada, e que cada geração subseqüente avance um passo em direção à perfeição da humanidade na qual a educação está envolvida como o grande segredo do aperfeiçoamento da natureza humana.

---

6. Friedrick Schlegel, *O Dialeto dos Fragmentos*, p. 13.
7. "Various plans of education have been drawn up by different people, in order to discover the best methods – a most praiseworthy undertaking. One among others suggests that children should be allowed to learn everything as it were in play", Immanuel Kant, *Education*, p. 67.
8. "All the natural endowments of mankind must be developed little by little out of man himself, through his own effort". *Idem*, p. 2.
9. "The love of freedom is naturally so strong in man, that when once he has grown accustomed to freedom, he will sacrifice everything for its sake". *Idem*, p. 4.

INTRODUÇÃO   XXV

É encantador concluir que através da educação a natureza humana será continuamente aprimorada, e levada a uma condição merecedora da natureza do homem[10].

Reconhecendo o caráter evolutivo da educação em direção ao aprimoramento do caráter humano, Kant afirma que ele é um projeto em desenvolvimento que se aperfeiçoa à medida que o homem também se faz como ser:

> O homem somente se torna homem pela educação. Ele é meramente o que a educação faz dele.
>
> A educação é uma arte que só pode tornar-se perfeita através da prática de muitas gerações. Cada uma delas, provida do conhecimento da anterior está capacitada mais e mais a produzir uma educação que poderá desenvolver os talentos naturais do homem em suas devidas proporções e em relação às suas finalidades, e dessa forma conduzir toda a raça humana em direção ao seu destino[11].

Evolutiva enquanto processo social, a educação tem um componente físico de relevo para Kant. Toda atividade humana que viabilize o aperfeiçoamento das estruturas do corpo através do treinamento e da alimentação deve, também, ser aperfeiçoada, uma vez saber-se que no corpo operam-se os sentidos e a razão. De mesmo relevo é o cultivo da mente que, igualmente, entende como de base física. Corpo e mente atendem as determinações da cultura em que a arte lhes chega como adendo da moral na busca da liberdade plena. Atesta que "o homem pode, fisicamente, ser altamente cultivado, ele pode ter uma mente também cultivada, mas se lhe faltar a cultura moral, ele será um homem perverso"[12]. A capacidade para o julgamento resulta da educação e leva o sujeito ao discernimento livre para a opção entre o mal e o bem. Entende Kant que as faculdades inferiores devem ser preservadas com aquelas que classifica como superiores. As primeiras, contudo, devem tender inexoravelmente às últimas, o que comprova a educação como suporte evolutivo do saber. É inferior a faculdade do homem inteligente que não sabe julgar. "Tal homem é meramente um

---

10. "It may be that education will be constantly improved, and that each succeeding generation will advance one step towards the perfecting of mankind: for with education is involved the great secret of the perfection of human nature". *Idem*, p. 8. "It is delightful to realize that through education human nature will be continually improved, and brought to such a condition as is worthy of the nature of man", *idem*.
11. "Man can only become man by education. He is merely what education makes of him". *Idem*, p. 6. "Education is an art which can only become perfect through the practice of many generations. Each generation, provided with the knowledge of the foregoing one, is able more and more to bring about an education which shall develop man's natural gifts in their due proportion and in relation to their end, and thus advance the whole human race towards its destiny". *Idem*, p. 10.
12. "A man may be highly cultivated physically, he may have a well-cultivated mind; but if he lacks moral culture, he will be a wicked man". *Idem*, p. 66.

dicionário ambulante"[13]. E o julgamento é a capacidade de aplicação do geral ao particular, enquanto a razão leva o homem a conhecer a conexão entre as duas instâncias. Exemplo de superior é a inteligência que se aplica ao conhecimento. As faculdades mentais superiores no homem são aquelas do entendimento, da razão e do julgamento. Cultivá-las significa agir no sentido da conquista da liberdade a partir da vontade que conduz ao aperfeiçoamento e das condições fornecidas ao sujeito pelo meio. A educação é um projeto de cultura moral.

Ao tratar a educação, o pensador de Königsberg mostra-se um autor diferenciado daquele das reflexões sobre juízos nas três críticas, uma vez tornar-se afeito ao pensamento objetivado numa ação transformadora. Denomina "máximas" as regras subjetivas do entendimento, fundamentadas na cultura moral que ensina e socializa. O autor preconiza o discurso social moralmente válido para a sustentação da formação do caráter individual e este como caminho para a sociabilidade humana. Dita regras em uma obra que mais aparenta um manual do que um tratado teórico. Mesmo no segmento dedicado à educação prática, a moralidade é um dos elementos juntamente com a habilidade e a discrição, a matéria-prima do caráter, e sua ideal formação ocorre pelo abandono das paixões. É a voz de um racional eivada de transcedência e com um objetivo prático. Coragem, retidão e discrição atendem as determinações para a formação do caráter moral. Por caráter entende:

> o firme propósito de se realizar algo e também na verdadeira continuidade dessa realização. Por exemplo, se um homem faz uma promessa, deve mantê-la não interessando o quão inconveniente isso possa ser para ele; pois homem que toma uma decisão e falha em mantê-la não terá confiança em si mesmo[14].

O que for contrário à moralidade está excluído pois que chegar ao estado "moral" é tarefa do obstinado que pronuncia a qualidade do próprio caráter:

> a índole do homem perverso é má; mas então, nesse caso, nós não chamamos mais a isso "índole", mas obstinação; e embora haja uma certa satisfação em se encontrar tal homem que mantenha firme essas resoluções e em as levando a cabo seria muito melhor se ele mostrasse a mesma persistência para as boas coisas[15].

A base moral da educação está no conceito *cravings*, algo como rogo, ânsia, pedido. Tem um fundamento *formal*, quando define o ser

---

13. "Such a man is merely a walking dictionary". *Idem*, p. 71.
14. "the firm purpose to accomplish something and then also in the actual accomplishing of it. For instance, if a man makes a promise, he must keep it, however inconvenient it may be to himself; for a man who makes a resolution and fails to keep it will have no more confidence in himself". *Idem*, p. 99.
15. "the character of a wicked man is evil; but then, in this case, we do not call it 'character' any longer, but obstinacy; and yet there is still a certain satisfaction to find

em sua ânsia pela liberdade e pela satisfação do poder, com a determinação resoluta da ambição. Sua resultante é a autoconquista da benevolência e do autocontrole. *Material* é a base do rogo que vai determinar a voluptuosidade pela realização dos bens objetivos da existência como o conforto e o prazer de uma vida bem amealhada. As qualidades morais disso resultantes são a honestidade, a correção ou o agir com propriedade. A reflexão kantiana aponta aqui para o homem como o legislador da própria existência e o senhor moral, resoluto na vontade e munido, na gênese de suas realizações, pela determinação sobre o objeto e responsável pela própria liberdade. A base mental do rogo está na liberdade da imaginação e no gozo. Manter essas duas instâncias é, para o homem, a conquista elementar da felicidade. A terceira forma de rogo é a *sensível*, definindo-se pelo caráter inerente à manutenção da existência, o amor à vida e a relação desta com o devir. Praticar a virtude para a recompensa pelo mérito no rogo sensível é mera obrigação moral ou ato da inocência humana.

Outra questão advinda da natureza humana é posta por Kant no sentido de se buscar uma resposta para o fato de o homem ser bom ou mal moralmente. O julgamento maniqueísta não se justifica porque o homem é em primeira e última instância um ser moral e assim se define à medida que imperativamente desenvolve idéias do dever e da constância no atendimento às leis. Ter a inclinação para o vício, a lassidão, a preguiça é um princípio para a concepção do caráter, mas deste é a tarefa maior de atender as determinações de um outro caminho, pleno da virtude através da autocontenção diante de tudo o que é ímpio. É o estado de inocência que faz a tendência natural para o vício permanecer latente. Nesse sentido a educação corrobora a instância moral no homem quando estabelece princípios e conduz a criança a entendê-los e acatá-los porque bons. Sobre a educação religiosa, Kant é cético por entender que ela fatalmente leva a uma teologia. No momento de se transmitir fundamentos morais durante a jovem idade, como pode o homem entender a teologia que demanda alto teor de abstração quando ainda está em busca de auto-determinação e auto-entendimento, quando tem o dever de conhecer-se?

> Está o jovem, que ainda nada sabe sobre o dever, em condição de compreender um dever imediato em relação a Deus? Tudo isso é correto – que se poderia assumir que as crianças nunca deveriam testemunhar um simples ato de veneração a Deus, nunca mesmo ouvir o nome de Deus pronunciado; podendo então ser a ordem correta das coisas ensiná-los primeiro sobre os fins e objetivos, e com o que se preocupa a humanidade; aguçar nelas o juízo; instruí-las sobre a ordem e a beleza nas realizações da natureza; então agregar um mais amplo conhecimento da estrutura do universo; e somente então poderia ser revelado a elas pela primeira vez as idéias do Ser Legislador[16].

such a man holding fast to this resolutions and carrying them out through it would be much better if he showed the same persistency in good things". *Idem*, p. 110.

16. "Is the youth who as yet knows nothing of duty in the condition to comprehend

A religião também educa, porque é lei com ênfase no julgamento daquele que produz essas leis e que processa um juízo sobre cada um. Toda lei deve ser reconhecida como elemento da natureza que não é arbitrária, embora também não previsível. Na religião há um preceito moral prévio e Kant entende que a educação pela religião deveria iniciar-se pela moral e posteriormente dar lugar a uma teologia que não se orientasse pelo ensino da mera superstição: "religião sem consciência moral é um serviço da superstição"[17]. Enquanto Kant preconiza a educação como projeto de construção ética do sujeito, Schiller a entende com o mesmo objetivo e nele envolve o sujeito, a cultura e o estado com o fim da liberdade. Essa liberdade é também lida como um constructo de beleza no sujeito, independentemente da beleza como atributo de arte, mas em paralelo com as artes como representações.

SCHILLER E KANT

Assim como Schiller e Goethe constituem relação obrigatória nos estudos literários do romantismo, Kant é um nome que se agrega ao do pensador estético quando se quer esclarecer a evolução da concepção do belo e da arte na Alemanha, desde a tradição dos empiristas e sensualistas ingleses. A relação do pensamento entre Schiller e Kant carateriza-se pela aceitação e rejeição entre ambos e, para Pugh, gera "compreensão e confusão tendo sido tratada por inúmeros estudiosos tanto da filosofia quanto da literatura e, sem muito exagero, pode ser descrita como uma das questões cruciais da disciplina do Germanistik"[18]. Schiller inicia-se na leitura sistemática de Kant em 1791, aos 32 anos, período em que inaugura a depuração filosófica e o amadurecimento dramatúrgico, quando produz obras definitivas para universalidade do teatro europeu como os textos históricos, *A Donzela de Orléans, Guilherme Tell* e *Maria Stuart*. Essa fase é caracterizada como *estética*, tanto pelo resultado criativo como pela qualidade especulativa trazida à cena pelos personagens. Sem lhe atenuar a produção histórico-

---

an immediate duty towards God? This much is certain – that, could it be brought about that children should never witness a single act of veneration to God, never even hear the name of God spoken, it might then be the right order of things to teach first about ends and aims, and of what concerns mankind; to sharpen their judgement; to instruct them in the order and beauty of the works of nature; then add a wider knowledge of the structure of the universe; and then only might be revealed to them for first time the idea of a Supreme Being – a Law giver". *Idem*, p. 110.

17. "religion whithout moral conscientiousness is a service of superstition". *Idem*, p. 113.

18. "acceptance and rejection of understanding and confusion has been treated by numerous scholars of both philosophy and literature, and could be described without much exageration as one of the central cruces of the discipline of Germanistik". David Pugh, *Platonism in Schiller's* Aesthetic, p. 101.

ficcional para o teatro, o esquematismo de Kant em movimento constante para as regras lógicas do entendimento faz o dramaturgo-poeta dedicar-se ao tempo pródigo da reflexão, sobretudo no âmbito da estética. A adoção de princípios do entendimento das três *Críticas*, mais que o registro de suas influências, significa a produção de juízos e a criação de uma teoria que resultaria em elo para a passagem do pensamento estético do belo e do sublime em Kant para o artístico em Hegel. Este referir-se-ia a Schiller mais tarde como "alma sublime e mente profunda". A aprovação de Kant às formulações do pensador de Marbach configurou a ampliação teórica do pensamento daquele, quando o tema da estética vinha desde o racional Baumgarten, com *Estética – A Lógica da Arte e do Poema*, tendo tratamento epistemológico de disciplina filosófica autônoma. Dividindo o conhecimento na lógica, como uma teoria do saber racional e na estética, como teoria do conhecimento sensível ou *scientia cognitionis sensitivae*, sintoniza Baumgarten o belo no conhecimento inferior, pois resultado da atuação caótica dos sentidos, opostos à clareza harmônica da forma que é razão. Baumgarten não chega a produzir uma teoria geral da sensibilidade ou da recepção, nem mesmo um tratado do sujeito ou do objeto de arte. Sua obra é fragmentada metodologicamente e não se constitui numa verdadeira teoria universal da arte, porque qualifica o belo apenas como uma realização particular do prazer. Antonio Banfi agrega que a obra de Baumgarten tem importância:

> [...] justamente como um dos aspectos mais típicos da reavaliação da sensibilidade no pensamento moderno contra o racionalismo, reavaliação em que a consideração do campo propriamente estético e artístico tem influência decisiva, ao passo que, nesse mesmo campo, semelhante reavaliação corresponde a um novo gosto, um novo senso crítico e uma nova concepção da arte[19].

Embora Baumgarten estabeleça a estética como campo autônomo de investigação, é o pensamento estético de Kant a causa das iniciais *Cartas de Augustemburgo*, de Schiller. Na Carta I e com o mesmo formalismo que caracterizava sua produção epistolar (*Cartas a Körner*, *Cartas a Goethe*) confessa que seu objetivo é a exposição de especulações sobre a arte cuja matriz está reconhecidamente em Kant "não quero ocultar a origem kantiana da maior parte dos princípios em que repousam as afirmações que se seguirão; à minha incapacidade, entretanto, e não àqueles princípios, fique atribuída a reminiscência de qualquer escola filosófica que acaso a vós se imponha"[20].

Kant é o pensador no qual Schiller vê a possibilidade de fundamentar suas próprias pesquisas filosóficas, sem adotá-lo *in totum* quando critica a subjetividade como constituidora plena do significado na arte.

---

19. Antonio Banfi, *Filosofia da Arte*, p. 191.
20. Friedrich von Schiller, *A Educação Estética do Homem*, p. 23.

Quando o nega o está ampliando, quando o adota toma-o como base. Essa confessa origem não vai se esgotar em Kant, onipresença inicial em suas *Cartas Estéticas*. Pensadores alemães como Fichte e Baumgarten revelam-se no texto reflexionante de Schiller à medida que este vai definitivamente construindo seu edifício teórico. Rousseau é outra presença explícita no sentido educacional e antropológico. Contudo, Kant é uma definição nesse amadurecimento lento para a formulação de idéias que se ampliam nos anos necessários às Cartas. Hell entende que "Kant marcou profundamente Schiller, exercendo nele o duplo papel de estimulador e de crítico. Consolidou o poeta em suas próprias conexões morais; a esse revelou o mundo inteligível que o jovem Schiller pressentiu, confusamente, em seus primeiros dramas"[21].

Ampliando a constatação dessas influências, Raymond Bayer assegura que "em sua estética nos encontramos com três Schiller distintos: um Schiller kantiano, um Schiller antikantiano e um Schiller romântico. Os três interferem e reaparecem. Coexistem, conciliam-se e se revisam"[22]. Fichte comparece no alargamento do tratado sobre *A Educação Estética do Homem* com pressupostos apresentados na *Doutrina da Ciência de 1794*. A partir da leitura dessa obra, Schiller cria, finalmente, seus corolários e encaminha o discurso de seu tratado, baseando-se nos impulsos *sensível* e *formal*. De igual forma, a *Crítica da Faculdade do Juízo* é o substrato teórico sobre o qual a magnitude dos pressupostos da teoria schilleriana se assentam, sobretudo buscando-se a superação da subjetividade por uma objetividade fundamentada no fato estético, na ação estética. Essas críticas são constatações que acompanham a trajetória de alargamento da reflexão estética bem como a forma artística do dramaturgo de *Maria Stuart*. O drama, apresentado em Weimar em 14 de junho de 1800, é um rigoroso panfleto no qual se mescla a imaginação com a razão moral na conformação do caráter dos personagens constatando que a arte dramatúrgica servia como exercício preparatório, e com *A Donzela de Orléans* revela o texto de um escritor maduro, tanto na estruturação cênica e no delineamento do caráter dos personagens, quanto no aspecto filosófico das falas. Distante dos arroubos de *Die Räuber*, trata-se, segundo Hell, de obra intrigante que propõe questões capitais sobre o fazer poético e o pensamento de Schiller.

Todas essas considerações são indispensáveis para se situar a tragédia romântica *A Donzela de Orléans* no pensamento de Schiller. Como a aventura da heroína

21. "C'est Kant qui a le plus profondément marqué Schiller en exerçant le double rôle d'eveilleur et de critique. Il a affermi le poète dans ses propres connections morales; il lui a revelé ce monde inteligible que le jeune Schiller a pressenti, confusement, dans ses premières drames", Vitor Hell, *Friedrich von Schiller*, p. 156.
22. "En su estética nos encontramos con tres Schiller distintos: un Schiller kantiano, un Schiller antikantiano y un Schiller romántico. Los tres interfieren y reaparecen. Coexisten, se concilian, se revisan". Raymond Bayer, *Historia de la Estética*, p. 308.

francesa pode se conciliar com a dramaturgia de Schiller e com uma concepção da história fundada nas idéias de liberdade e da natureza? Como o poeta pode tornar real uma ação dramática que, ao manifestar a intervenção direta de Deus nos assuntos temporais, na forma de uma batalha, contradiz sua própria concepção do homem e de sua filosofia da vontade? Como, para retomar os mesmos termos do tratado *Do Patético*, a arte pode representar "o que está acima da natureza" pelos meios que não sejam mais "sobrenaturais"? E depois, há o problema da verdade poética, da transmutação da matéria histórica pela forma. Que sentido pode haver numa tal metamorfose, se a matéria é, ela mesma, em grande parte poesia?[23]

As questões postas por Hell merecem apreciação. Schiller considera que não é papel da arte representar apenas o sofrimento mas o supra-sensível que tem melhor trânsito na tragédia. Joana d'Arc é a síntese do sofrimento humano frente à indiferença de Deus e frente à inexorável mão da natureza. A personagem é livre porque digna na iminência da morte e porque em nenhum momento abandona suas convicções morais. A dor da morte lenta na fogueira não a faz titubear na crença de que ouviu à Deus. Beija a cruz e se entrega dignamente às labaredas. Schiller está correto ao afirmar que "o ente sensível tem de sofrer profunda e intensamente; tem de existir *pathos* para que o ente racional possa proclamar a sua independência e manifestar-se actuando"[24]. O tema kantiano de grande afecção na obra de Schiller é aquele que já vinha sendo tratado como dicotomia epistemológica desde os clássicos gregos; a *razão* e a *sensibilidade*. A definição de ambos conceitos encontrada na *Crítica da Razão Pura* leva Schiller a pensar a possibilidade de o sujeito ser, na interioridade, uma unidade complexa, feita por esses dois segmentos contrários e estanques, em relação imediata com a realidade. Da cisão natural do homem, de sua dupla natureza é que parte Schiller em sua complexa busca pela totalidade antropológica para chegar à estética. Na obra citada, Kant esclarece que:

---

23. "Toutes ces considérations sont indispensables pour situer la tragédie romantique La Pucelle d'Orléans dans la pensée de Schiller. Comment l'aventure de l'héroïne française peut-elle se concilier avec la dramaturgie de Schiller et une conception de l'histoire, fondée sur les idées de liberté et de nature? Comment le poète peut-il rendre présente une action dramatique qui, en manifestant l'intervention directe de Dieu dans les affaires temporelles, dans le sort d'une bataille, contredit sa propre conception de l'homme et sa philosophie de la volonté? Comment, pour reprendre les termes mêmes du traité Du pathétique, l'art peut-il représenter 'ce qui est au-dessus de la nature' par des moyens qui ne soient par 'surnaturels?' Et puis il y a le problème de la vérité poétique, de la transmutation de la matière historique par la forme. Quel sens peut avoir une telle métamorphose, si la matière est, elle-même, en grande partie, poésie?". Victor Hell, *Friedrich von Schiller*, p. 313.

24. Friedrich von Schiller, *Textos Sobre o Belo o Sublime e o Trágico* (trad. Tereza R. Cadete), p. 165.

A capacidade (receptividade) de obter representações mediante o modo como somos afetados por objetos denomina-se sensibilidade. Portanto, pela sensibilidade nos são dados objetos e apenas ela nos fornece intuições, pelo entendimento, em vez os objetos são pensados e dele se originam conceitos. Todo pensamento, contudo, quer diretamente (*directe*) quer por rodeios (*indirecte*), através de certas características finalmente tem de referir-se a intuições, por conseguinte em nós à sensibilidade, pois de outro modo nenhum objeto pode ser-nos dado[25].

Na Alemanha romântica outros autores já haviam esboçado o tema do conhecimento de forma assistemática como Lessing, Mendelssohn e Herder. Ancestralmente Platão o faz transitar pelos seus diálogos lógico-poéticos refletindo a beleza com passagem metódica do sensível ao inteligível, naquilo que se entende como Dialética Ascendente:

> Eis com efeito, em que consiste o proceder corretamente nos caminhos do amor: em começar do que aqui é belo e, em vista daquele belo, subir sempre, como que servindo-se de degraus, de um só para dois e de dois para todos os belos corpos e dos belos corpos para os belos ofícios, e dos ofícios para as belas ciências até que das ciências acabe naquela ciência, que de nada mais é senão daquele próprio belo, e conheça enfim o que em si é o belo[26].

Nota-se a direção precisa e sistemática do conhecimento partindo do estado sensível com o concurso do saber técnico (*techné*)[27] até a assunção da beleza metafísica, a beleza como qualidade em si que é o puro bem. Também no *Fédon*, Platão discorre sobre a sabedoria cuja conquista é um processo de dualidade que congrega o corpo e a alma "quando é pois, que a alma atinge a verdade? Temos dum lado que, quando ela deseja investigar com a ajuda do corpo qualquer questão que seja o corpo, é claro que engana radicalmente"[28]. O tema do conhecimento em Platão tem tratamento também na alegoria da caverna que, se contextualizada, bem poderia referir-se às etapas da educação progressiva orientada para o itinerário do sensível para o inteligível. A relação antitética no pensamento kantiano como sistema de exposição conceitual e análise, para Anatol Rosenfeld, representa "a peculiaridade e a autonomia do gosto estético e dos objetos a que se refere, diferenciando-os de um lado, radicalmente do conhecimento e do julgar lógicos e, de um outro lado, do aprovar moral e dos princípios morais"[29].

---

25. Immanuel Kant, *Crítica da Razão Pura*, p. 71.
26. Platão, *Fédon*, p. 48.
27. "Ofício, habilidade, arte, ciência aplicada". F. E. Peters, *Termos Filosóficos Gregos*, p. 224.
28. Platão, *Fédon*, p. 72.
29. Anatol Rosenfeld, em Friedrich von Schiller, *Cartas sobre a Educação Estética do Homem*, p. 18.

Essas mesmas relações antagônicas, tomadas por Schiller como método analítico nas Cartas, em especial a partir da de número X, é uma realidade intelectualmente experimentada na vida do pensador. Constantemente analisando cisões e antagonismos, foi por Elizabeth Wilkinson considerado ambivalente no caráter:

> Tal ambivalência frente ao caráter híbrido da atividade criativa era apenas um sintoma da dicotomia que o atormentou na maior parte de sua vida e nunca foi, se acreditarmos em seu próprio testemunho, inteiramente recuperada como unidade mesmo no fim de sua existência. Sua obsessão à figura da antítese, por exemplo, deve ter sido racionalmente sustentada para denunciar, mais que o artista, o homem. Mas para tal conflito e oposição lingüística deve ser adicionada a oposição e conflito de pares de personagens opostos em suas peças, e sua aguda divisão da *psyche* em dois campos hostis nos escritos estéticos[30].

Mundo sensível e mundo inteligível representam-se por oposição entre a natureza e o reino moral. Pela primeira instância conhece-se o objeto através de impressões sensíveis, livremente recebendo-o como fenômeno, espontaneamente. O objeto, nesse caso, é "dado" enquanto que na segunda instância é "pensado", "como simples determinação da mente"[31]. Sentido e inteligência formam a dualidade que se unifica na autonomia do sujeito em relação ao ato de conhecer. Kant entende que o que se toma como faces aparentemente opostas são interdependentes e interagentes, embora não busque prová-lo:

> Nosso conhecimento surge de duas fontes principais da mente, cuja primeira é a de receber as representações (a receptividade das impressões) e a segunda a faculdade de conhecer um objeto por estas representações (espontaneidade dos conceitos); pela primeira um objeto nos é dado, pela segunda é pensado em relação com essa representação (como simples determinação da mente). Intuição e conceitos constituem, pois, os elementos de todo o nosso conhecimento, de tal modo que nem conceitos sem uma intuição de certa maneira correspondente a eles nem intuição sem conceitos podem fornecer um conhecimento[32].

A afecção do sujeito pelo objeto ocorre pela sensibilidade que resulta no entendimento enquanto a faculdade de pensar cria seu objeto: "sem sensibilidade nenhum objeto nos seria dado e sem entendi-

---

30. "Such ambivalence towards the hybrid character of the creative activity was but one symptom of a dichotomy which tormented him for the greater part of his life and was, if we are to believe his own testimony, never entirely healed even at the end of it. His addiction to the figure of antithesis, for example, might reasonably be held to betray the stylist rather than the man. But to such linguistic clash and conflict must be added the clash and conflict of opposed pairs of characters in his plays, and his sharp division of the psyche into two hostile camps in his aesthetic writings". Friedrich von Schiller, *On the Aesthetic Education of Man in a Series of Letters* (trad. Elizabeth Wilkinson e L. A. Willoughby), p. XXIX.
31. Immanuel Kant, *Crítica da Razão Pura*, p. 91.
32. *Idem, ibidem.*

mento nenhum seria pensado". "Pensamentos sem conteúdo são vazios, intuições sem conceitos são cegas"[33]. Na *Estética* e na *Analítica Transcendental* configura-se a idéia de que todo o nosso conhecimento constrói-se pela gênese no mundo sensível pelo que se apresenta como fenômeno. Não existe um conhecimento inato, mas somente aquele gerado no instante zero, despertado por elementos sensíveis. Nesse sentido Kant adota os princípios do empirismo inglês que se contrapõe ao racionalismo cartesiano, ampliado e criticado na Alemanha por Leibnitz e por Wolff, adeptos do princípio de que as idéias são inatas e constituidoras. A experiência é o moto determinante do conhecimento e a possibilidade de construção do objeto a partir do fenômeno. Entende-se que o homem define-se como o ser em si pelos estados de *numeno* e *fenômeno*. Numeno é o que resulta do exercício do pensamento, no mundo clássico da Filosofia tido como *mundus intelligibilis*. Contrapõe-se ao conceito de fenômeno, segundo estado ou *mundus sensibilis*, o que se dá a conhecer pelos sentidos. Ambos configuram a antítese entre inteligível e sensível, antinomias que configuram o esforço de Schiller em chegar a uma solução estética para o conhecimento e aprimoramento moral. O engenho estético humano é dar uma forma a essa dupla instância. Nesse sentido Schiller discorda de Kant, como corrobora Bayer lendo *A Educação Estética do Homem*:

> o homem dispõe de instinto duplo: o instinto sensível e o instinto formal. Estes dois instintos parecem ser inteiramente antagônicos. O instinto sensível exige que o homem tenha a máxima extensão e que realize a maior quantidade de experiências possíveis. O instinto formal, por seu lado, exige que a pessoa permaneça em plena liberdade ao encontrar-se frente ao mundo sensível. Mas como o homem é pessoa e passa por diversos estados, o homem total deve unir-se à maior plenitude possível com a maior liberdade e autonomia. Não apenas não são antagônicos esses dois instintos, pelo contrário, eles se condicionam mutuamente. Sem as mudanças temporais, a pessoa se transformaria em virtualidade pura; sem a permanência não haveria modificações possíveis. O instinto sensível não é concebível sem o instinto formal, e o mesmo acontece de forma inversa; são dois elementos recíprocos. Mas um perigo se apresenta: que cada um dos dois trate de usurpar o lugar do outro. Por um lado a sensibilidade quer triunfar sobre a lei e a forma mostra uma tendência a por-se no lugar do que não é formal, a substituir, por exemplo a causalidade pela teleologia. É necessário, então, que os dois instintos se limitem um ao outro, que a riqueza da vida sensível limite a imagem unificadora da razão. Essa limitação dos dois instintos é o ideal da humanidade, que terá a consciência de sua liberdade ilimitada e de sua limitação. Este é o voto que pronuncia Schiller[34].

---

33. *Idem*, p. 92.
34. "el hombre dispone de instinto doble: el instinto sensible y el instinto formal. Estos dos instintos parecen ser enteramente antagonistas. El instinto sensible exige que el hombre tenga la maxima extension y que realice la mayor cantidad de experiencias posibles. El instinto formal, en cambio, exige que la persona permanezca en plena liberdad al hallarse frente al mundo sensible. Pero como el hombre es a la vez persona y pasa por diversos estados, el hombre total debe unir a mayor plenitud posible com la

Kant também buscou a redutibilidade dos antagonismos a uma totalidade sobrepondo o que Hegel chama de *espírito prático* ao *espírito teórico*[35] e a encontrou na intuição do intelecto. Isso não resulta em superação da dicotomia entre o aspecto objetivo e subjetivo do conhecimento, que para Hegel significa: "[...] quando, em suma, nos fala da idéia, Kant transforma tal resolução ou conciliação num caso subjetivo, em vez de a conceber em conformidade com a verdade e o real", e prossegue na mesma análise "Finalmente Kant concebe o juízo estético e diz que ele é, não o produto da intuição sensível, que possui tão variadas modalidades, mas resulta do livre jogo do intelecto e da imaginação. É assim que o objeto fica referenciado ao sujeito e ao seu sentimento de prazer e agrado"[36].

A totalidade e a conciliação dos contrários em Kant, segundo Hegel, está referenciada subjetivamente. O propósito de Schiller é agregar à unidade da razão os fragmentos da sensibilidade, plasmando o homem no mundo dos fenômenos e trazendo estes para a razão. Diz Hegel que o propósito de Schiller foi o de:

> ter ultrapassado a subjetividade e a abstração do pensamento kantiano, e em haver tentado conceber pelo pensamento e realizar na arte a unidade e a conciliação como única expressão da verdade. [...] A razão exige a unidade como tal, isto é, o genérico enquanto a natureza solicita a variedade e a individualidade, e assim cada uma delas procura chamar a si o homem. Perante o conflito entre as duas forças, cumpre à educação estética impor-se como mediadora, porque o seu fim consiste, segundo Schiller, em conferir às inclinações, tendências, sentimentos e impulsos, uma formação que as leve a participar na razão, de tal modo que a razão e a espiritualidade ficam despojadas do caráter abstrato para se unirem à natureza como tal, e da sua carne e do seu sangue se enriquecerem. Assim é o belo considerado como resultante da fusão do racional e do sensível, no que reside, segundo Schiller, a verdadeira realidade[37].

O tema será retomado na interpretação da Carta X quando Schiller, efetivamente, inicia a construção de seu trabalho teórico e sua proposta de conciliação pela beleza.

---

mayor libertad y autonomia. No solamente no son antagonistas estos dos instintos, sino que por el contrario se condicionan mutuamente. Sin las cambios temporales, la persona se transformaria en virtualidad pura; sin la permanencia no habria modificaciones posibles. El instinto sensible no es concebible sin el instinto formal, y lo mismo sucede a la inversa; son dos elementos recíprocos. Pero se presenta un peligro: que cada uno de los dos instintos trate de usurpar el lugar del otro. Por un lado, la sensibilidad quiere triunfar sobre la ley, y la forma muestra una tendencia a ponerse en el lugar de lo que no es formal, a sustituir, por exemplo, la causalidad por la teleologia. Es necesário, pues, que los dos instintos se limiten el uno al otro, que la riqueza de la vida sensible limite la imagen unificadora de la razón. Esta limitación de los dos instintos es el ideal de la humanidad, que tendrá a la vez conciencia de su libertad ilimitada y de su limitación. Este es el voto que pronuncia Schiller". Raymond Bayer, *Historia de la Estética*, p. 309.

35. G. W. F. Hegel, *Estética – A Idéia e o Ideal*, p. 54.
36. *Idem*, p. 56.
37. *Idem*, p. 57.

1. AS CARTAS DE AUGUSTEMBURG A EDUCAÇÃO ESTÉTICA DO HOMEM

Reflexão Histórico-filosófica
O Eixo Político-social

      Entender o romantismo alemão como um segmento de pensamento na história da filosofia ocidental demanda justificativas nem sempre possíveis quando se contrapõe ou se congrega à arte, em especial a literatura, o rigor do escrito filosófico. Quando se extrai do texto reflexivo a organização do pensamento ou um corpo geral de leis para a leitura lógica de quaisquer objetos, pensa-se esse fragmento como parte de uma totalidade sujeita às determinações da especulação filosófica. Isso não se aplica em grande escala ao romantismo alemão, uma vez que bom número de pensadores da época nem sempre podem ser definidos como produtores de uma composição estruturada na conformidade do fazer filosófico. Nem por isso deixaram de realizar corpos críticos rigorosos que se permitem ser ressignificados pelo veio da filosofia. Entre os autores românticos há expressivo número que processou um *des-vestir* crítico de temas sob a influência da filosofia de então, chegando a produzir escritos que, mais que literatura, são caminhos reflexivos em sintonia com a elaboração filosófica. Fundamental atuação tiveram Goethe, os irmãos Schlegel, Winkelmann, Herder, Novalis, Heine, Lessing, Kleist, Jean-Paul, outros muitos e Schiller. Este e Goethe, dentro da generalidade romântica, são particularidades a serem refletidas como indicadores intelectuais da época e precursores para a elaboração de novas especulações, não apenas relativas ao período senão como pensadores que produziram argumentos sobre os quais a contemporaneidade ainda reflete.

Schiller é um autor diferenciado no contexto literário do século XVIII no que concerne a reflexão crítica sobre a história e a política, na indagação de um propósito estético aplicado à educação de um novo homem. Trata-se da idéia que quer pensar uma transformação, mas não um ideário do qual se tiraria uma práxis. Sua origem literária com ênfase no teatro e na poesia fizeram-no registrar-se, juntamente com Goethe, como expoente do moderno vernáculo alemão. Ambos foram mais adiante da mera produção de objetos da sensibilidade. A especulação os acompanhou em parte do trajeto literário amadurecendo reflexões e fazendo-os convergir no propósito de se pensar verticalmente os grandes temas de afecção do homem. Sem se eximir do caráter metafísico que lhes permitiu permanecer no tempo como expoentes do pensamento sobre o homem, a arte, a política e tantos temas de interesse universal para a pesquisa filosófica, adotaram atitudes coerentes no plano político. Assim lido, Schiller se define como autor de uma composição e pensamento determinada. Analisado ao sabor da universalidade temática que adotou, torna-se um autor com um propósito teórico original passível de ser lido em propostas que incluem a organização de um novo estado fundamentado na ética do aprimoramento do indivíduo e da humanidade. Sustenta-se como teórico de um idealismo histórico-filosófico (*História do Levante dos Países Baixos*, 1788; *História da Guerra dos Trinta Anos*, 1793), e como analista do belo voltado para o aprimoramento moral. Modernos autores pensam de forma distinta, como Danilo Marcondes:

> Talvez seja de fato mais adequado falar em pensamento romântico do que em filosofia do romantismo, já que pensadores como Höldelin, Novalis, Schiller e Schlegel não se consideravam propriamente filósofos no sentido tradicional, embora tenham utilizado o termo "romântico" para descrever este movimento. O romantismo foi assim muito mais uma atitude e um estilo de pensamento do que teoria ou doutrina filosófica. A preocupação desses poetas e escritores não era tanto com o conhecimento dos primeiros princípios ou a explicação da realidade, não era voltada para a fundamentação de um conhecimento ou validação de uma ética, não tinha um caráter lógico-argumentativo, traços estes de uma forma ou de outra, característicos do pensamento filosófico que temos examinado aqui desde o seu surgimento com os filósofos pré-socráticos[1].

Lúcia Santaella concorda com as pontuações sobre a não-qualificação de Schiller como filósofo, parecendo, de certa forma, entender como irrelevante essa controversa questão. Certo é que há um problema metodológico na forma expositiva do autor em debate. Ainda que alguma controvérsia seja atestada nas Cartas, a proposição geral nelas contida congrega temas capitais para a questão estética ainda hoje.

---

1. Danilo Marcondes, *Iniciação à Filosofia – Dos Pré-Socráticos a Wittgenstein*, p. 235.

Conclui a analista que, pela natureza da forma expositiva de Schiller, não poderia ser diferente:

[...] não existe consenso quanto à interpretação de obra de Schiller. Aliás, existem dúvidas sobre sua consideração como filósofo. Tal dúvida não é casual, afinal, sua obra em nada se assemelha a um tratado sistemático, obediente a todas as regras do bom comportamento analítico. Para alguns, suas cartas apresentam uma seqüência infindável de contradições insolúveis. Para outros, trata-se de paradoxos deliberados e não de contradições inadvertidas. De todo modo, deixando-se as disputas de lado, parece, de fato, verdadeiro que, acolhendo sínteses assimétricas no seu método perspectivista, o discurso de Schiller não segue uma lógica linear. A abertura de suas idéias, o caráter febril dos problemas que ele ensejou enfrentar não poderiam mesmo conduzir a uma filosofia sistemática, daí o poder de sugestão que exala e o alto grau de inspiração que pode ser extraído de sua obra[2].

Essa análise funda-se na certeza de que se algum problema pode ser levantado quanto à sistemática schilleriana, ele é apenas metodológico. As eventuais "assimetrias" são procedentes dentro da forma epistolar, fruto da reflexão evolutiva no tempo. As "contradições inadvertidas" inexistem quando a certeza do propósito de Schiller em promover o debate sobre a arte e o belo se configuram no rigor formal do autor, principalmente na terceira parte menos histórica, antropológica e ligada ao exercício da razão. A contradição é o recurso da obra que não se fecha e que pode ser entendida como em debate, tal como ocorre nas Cartas. Trata-se de um processo intelectual em constante avaliação no tempo. Nunca no Brasil, sempre na Europa e Estados Unidos. É evidente, também, que essas análises sobre a potência filosófica de Schiller buscam apenas elucidar uma questão de relativa importância frente ao trabalho de reflexão do autor. Considerado filósofo ou não, nada compromete a força de sua proposta filosófica e a permanência literária de seus escritos dramatúrgicos e poéticos. Schiller é um autor raro que já na Carta I responde a essas indagações tornadas desnecessárias se a ele se der ouvidos. O autor antecipa essa discussão e a responde na forma como será analisado na citada Carta. Enorme é o seu esforço teórico em ampliar os estudos da estética desde a concepção empírico-subjetiva kantiana para a objetivação do belo. Também reconhecida é sua tentativa de elevar a estética à categoria de ciência filosófica, não a considerando apenas sob a égide do gosto no jogo entre imaginação e entendimento conforme Kant, mas conferindo-lhe universalidade pela razão e pelo sentir. Confirma que o belo é sempre uma possibilidade no ser, um devir e, portanto, um imperativo, voltando a ser categoricamente kantiano. Por todas as evidências expressas neste trabalho, Schiller nele está referendado como um pensador, um ensaísta filosófico ainda carente de análises no Brasil. É de tal sorte a preocupação dos comen-

2. Lucia Santaella, *Estética de Platão a Peirce*, p. 67.

taristas no sentido de garantir a Schiller um assento no restrito espaço de qualificação filosófica, que merece atenção as ponderações de Elizabeth Wilkinson citando outro analista do autor alemão, H. Lutz cuja:

> conclusão é a de que as *Cartas sobre a Educação Estética do Homem* não são de todo uma expressão pública, mas sim um documento privado, testemunhando ao seu autor um progresso filosófico. O tema é importante por si. Segundo alegou recentemente o professor Stuart Hampshire, seja qual for o trabalho de Schiller e seus defeitos, oferecem-nos uma teoria coerente – e uma teoria, agrega, é do que precisamos – relativamente ao lugar da arte no Estado moderno, uma resposta tão íntima ao desafio de Platão baseado no conhecimento, pelo menos familiar, tanto do perigo quanto do poder da arte[3].

Quanto às questões do pensamento do período é temeroso tomar o romantismo na forma estrita de um procedimento transformador de estruturas, como ocorreu com no período sofista ou no Renascimento. A saída do medievo ocorreu pela profunda transformação de paradigmas, quando os estratos sociais aparentavam espelhos de estruturas em mutação no âmbito científico, político, social e artístico. O romantismo alemão é a exacerbação do pensamento como decorrência de transformações que lhe foram, em muito, anteriores, como a marca profunda da Revolução Francesa e o próprio Iluminismo. Wofgang Düsing, crítico e estudioso de Schiller, atesta que "a Revolução Francesa obriga Schiller a uma polêmica e influi no modo do pensamento das Cartas"[4]. Após a publicação das Cartas em *Die Horen* e após a recusa de Schiller em publicar o ensaio *Über Geist und Buchstab in der Philosophie*, em 1795, de Johan Gottlieb Fichte, este acusou Schiller de "permitir uma infiltração da linguagem poética no raciocínio lógico"[5]. Para esclarecer o assunto, Schiller manifestou-se em *Sobre os Limites Necessários no Uso de Formas Belas*. A questão de se pensar de forma excludente o poeta e o filósofo é histórica. Portanto

---

3. "conclusion is that the Letters on the Aesthetic Education of Man are not a public utterance at all, but rather a private document testifying to their author's philosophical progress. The issue is important in itself. Either Schiller's work, whatever its shortcommings, offers us, as Professor Stuart Hampshire recently claimed, a coherent theory and a theory, he added, is what we need – concerning the place of art in modern State, a serious answer to Plato's challenge, and based on knowledge at least as intimate as Plato's of the danger as well as the power of art". Friedrich von Schilller, *On the Aesthetic Education of Man in a Series of Letters* (trad. Elizabeth Wilkinson e L. A. Willoughby), p. XLIV.

4. "Die Franziosische Revolution zwingt Schiller zu einer Auseinandersetzung und wirkt sich damit auf den Gedankengang der Briefe aus". Wolfgang Düssing, *Über die ästhetische Erziehung des Menschen – Text, Materialen, Kommentar*, p. 62.

5. Friedrich von Schiller, *Sobre a Educação Estética do Ser Humano numa Série de Cartas e Outros Textos* (trad. Tereza R. Cadete), p. 16.

(sabe-se que a síntese do pensamento de Schiller está na obra *A Educação Estética do Homem*, aqui analisada através da tradução realizada por Roberto Schwarz e Márcio Suzuki, publicada pela Editora Iluminuras, terceira edição, 1995). A produção de uma reflexão sobre o belo e sua inserção no âmbito social levou-o a interromper sua obra poética e dramatúrgica durante o período de 1787 a 1795. Isso não significou o abandono de uma atividade em benefício de outra que lhe fosse antagônica. A obra ficcional sempre serviu de solo fértil para o exercício da reflexão. Uma reflexão sem personagens que o teatro soube aplaudir e feita de questionamentos que a forma poética, elaborada pelas mãos precisas de um médico (formado pela Academia militar de Stuttgart em 1780, a *Karlsschule*), ilustrou as possibilidades expressivas de alta graça para o idioma que Lutero esforçou-se por universalizar. O motivo desse isolamento na reflexão significa sim uma crise do artista, mas, mais que isso, a tendência à cristalização dos escritos filosóficos, a busca de soluções para questões que transpareciam desde os primeiros textos de juventude e o amadurecimento do pensador. Compareçem nessas indagações a inteligência requintada afeita ao trato com questões sociais da arte, da filosofia da história e o incansável espírito indagador da estética. O espírito burguês crescente, a cumplicidade com expressivos escritos filosóficos sobre a arte da Europa da Ilustração que lhe antecedeu e a de então, o entendimento da arte como possibilidade transformadora do homem transitório e coletivo permeiam esses documentos de acentuada razão lógica e grandeza poética. Além de modelo de construção especulativa é um deleite para o leitor sensível e que não se satisfaz com a palavra dissociada de seu sentido de verdade. A prática acadêmica em Jena, como professor não remunerado de História nos anos de 1792 e 1793 foi decisiva para a adoção dessa iniciativa no sentido de permitir-se pensador. Também o trânsito pelo mundo letrado da época reforçou em Schiller a fixação dos olhos na história para o entendimento de seu tempo. Sua aula inaugural em novembro de 1789 na Universidade de Jena teve o expressivo título *Was ist und zu Welchem Ende studiert man Universalgeschichte* (*O que significa a História Universal e com que Finalidade é Estudada*). Tinha, idealista, os olhos no devir.

Um dos temas que o conduz à reflexão nas Cartas é fundamentado pela fusão entre a política e a arte, o que em grande medida justifica a concepção de Schiller da ação humana como motivo para a educação estética. As nove primeiras Cartas têm essa característica: *anunciam o problema* das divisões tendo em conta o âmbito pragmático da antropologia e da história. O conjunto de dez a dezesseis continua a tratar de temas históricos relacionando-os à beleza e agrega abordagens sistematizadas no conceito de *a priori* mostrando um Schiller fichteano que quer se distanciar das questões meramente históricas e sociais. Nesse segmento Schiller busca a gênese dessas divisões e *apresenta a beleza como um recurso* para a solução do problema. Finalmente, o terceiro segmento da análise encontra-se nas Cartas de dezessete a vinte e sete quando aprofunda a análise de temas da arte e desta chega às questões do desenvolvimento psico-social do homem com o concurso da vontade moral como *solução do problema*. Essa divisão em blocos, em geral coincide em vários comentaristas ou pode divergir segundo outros como em Düsing que entende que:

> Tratando as 27 Cartas sobre a Educação Estética a opinião generalizada de que estas (assim como as de Augustemburgo) teriam permanecido fragmentadas, a princípio pode ser desconsiderada. O caráter fragmentário das Cartas não prejudica essencialmente o entendimento do contexto global da obra. As primeiras dez Cartas tratam de uma temática semelhante às das Cartas da primeira versão. Por isso se encontram aqui também inúmeras concordâncias conceituais diretas. Com a décima primeira, Schiller abandona o campo da experiência e deduz especulativamente, a partir de conceitos puros, a idéia da beleza e em relação a isso o ideal da humanidade, além da teoria do "estado estético" enquanto as últimas cartas (23 a 27) tratam especificamente do papel da "educação estética" no desenvolvimento do indivíduo e na história da humanidade[6].

Conhecida é sua ação política ocorrida pela via do texto, quando no início dos anos 1780 escreveu um ensaio relativo às posições dos Países Baixos em prol da independência da Coroa Filipina. Tereza Rodrigues Cadete afirma que:

> Esse texto surpreende-nos pela acuidade analítica com que são apresentados os paradigmas civilizacionais neerlandês e espanhol na época quinhentista, o primeiro marcado por manifestações de uma sociedade civil nascente e por cisões religiosas, o segundo exemplificando um universo desmesurado e místico, absolutista e barroco. Tal como no drama familiar, também no ensaio histórico as figuras intervenientes deixam entrever a discrepância entre as suas esperanças e os condicionamentos que impedem a concretização das mesmas, entre o arrojo do horizonte de expectativa e a contingência do espaço experiencial[7].

Enquanto Kant se aprofunda em compreender o poder e a confiança na razão humana, Schiller agrega ao escopo idealista o poder da

---

6. "Bei einer Gliederung der 27 Briefe über die ästhetische Erziehung kann die allgemein vertretene Auffassung, daß diese – wie schon die Augustenburger Briefe – ein Fragment geblieben seien, zunächst unberücksichtigt bleiben. Der 'fragmentarische' Charakter der Briefe beeinträchtigt das Verständnis des Gesamtzusammenhangs nicht wesentlich. Die ersten 10 Briefe behandeln eine ähnliche Thematik wie die Briefe der 1. Fassung Hier finden sich deshalb auch zahlreiche direkte Übereinstimmungen. Mit dem 11 Brief verläßt Schiller das Feld der Erfahrung und deduziert spekulativ, aus reinem Begriffen die Idee der Scönheit und in Zusammenhang, damit das Humanitätsideal, ferner die Theorie des 'ästhetischen Zustands', während die letzten Briefe (23 bis 27) wieder stärker auf die Rolle der 'ästhetischen Erziehung' in der Menschheit eingehen". Wolfgang Düsing, *Über die Ästhetische Erziehung des Menschen – Text, Materialen, Kommentar*, p. 139.

7. Tereza R. Cadete, "Introdução" in Friedrich von Schiller, *Sobre a Educação Estética do Ser Humano numa Série de Cartas e Outros Textos* (trad. Tereza R. Cadete), p. 10.

ação concreta no sentido da transformação do ser pela via do aprimoramento estético. Encontra-se aqui o correlato das instâncias da Potência, do Ato e do Movimento constantes em Aristóteles. A especulação sobre o movimento, comum na filosofia pré-socrática, sobretudo em Heráclito, é a pressuposição na transformação constante do universo: "O ser não é mais que o não-ser, nem é menos; ou ser e nada são o mesmo, a essência é mudança"[8]. Se para Heráclito a mecânica do universo fundamenta-se na constância da mudança, onde o movimento é o motor, Parmênides coloca a questão de "o que é vir a ser", estabelecendo na mudança a perspectiva do estado futuro, ainda não conhecido, mas previsível. Friedrich Nietzsche relaciona os dois tomando como base de investigação comum a questão do movimento:

> Parmênides vê, como Heráclito, o vir-a-ser e o não-permanecer universais, mas apenas pode interpretar um parecer de tal maneira que nele o não-ser precise ter uma culpa. Pois como podia o ser ter a culpa do perecer. Entretanto, o nascer precisa igualmente realizar-se pelo auxílio do não-ser pois o ser está sempre presente e não poderia, por si mesmo, nascer nem explicar nenhum nascer. Assim, tanto o nascer como o perecer são produzidos pelas qualidades negativas. O fato de ter um conteúdo o que nasce e perder um conteúdo o que perece, pressupõe que as qualidades positivas – isto é, aquele – participem igualmente de ambos os processos: "ao vir-a-ser é necessário tanto o ser quanto o não-ser, se eles agem conjuntamente, então resulta um vir-a-ser"[9].

Citando a *Ética a Nicômaco*, Elizabeth Wilkinson retoma Aristóteles e Platão para justificar o tema que conduz em Schiller a discussão sobre *A Educação Estética*...

> Qual é a relação do discernimento com a ação? O entendimento da virtude necessariamente me torna virtuoso? E na questão levantada em *A República*: qual é a relação da arte com a política? Existe algum espaço para uma tal dúbio fenômeno no estado ideal? Essas duas questões formam o eixo duplo das Cartas Estéticas. E a principal controvérsia em Schiller é que ambas não estão desconectadas[10].

O citado eixo remete qualquer análise à histórica relação do autor com os temas da política. É sabido que as *Cartas de Augustemburg* foram escritas em momento de profunda decepção com os destinos tomados pela Revolução Francesa, cujas aspirações e princípios políticos resultantes do pensamento iluminista Schiler tendeu, literária e pessoalmente, a defender. Sabe-se que Schiller nunca foi homem de prática po-

---

8. *Os Pensadores*, vol. Pré-socráticos, São Paulo, Nova Cultural, 1996, p. 102.
9. Friedrich Nietzsche, em *Os Pensadores*, São Paulo, Nova Cultural, 1996, p. 129.
10. "What is the relation of insight to action? Will understanding of virtue necessarily make me virtuous? And on the question implied by The Republic: What is the relation of art to politics? Is there any room for such a dubious phenomenon in the ideal State? These two questions form the double axis of the Aesthetic Letters. And Schiller's chief contention is that they are not unconnected". Friedrich von

lítica no sentido da composição partidária cujos ideais são um corpo de propósitos construídos de antemão, ou da atitude engajada dentro da própria constituição do estado. Embora de tendência girondina, a atuação oficial deu-se ao longo da carreira de professor universitário que lhe garantiu o interesse pela reflexão. O projeto filosófico de Schiller funda-se em base teórico-reflexiva; contudo não deixa de ser uma exposição livre de conceitos ao sabor da criação e sob a influência de Kant, Fichte e Rousseau. O leitor que nelas buscar uma rigorosa unidade formal que o conduza logicamente ao domínio de idéias crescentes para a conclusão terá um difícil caminho a percorrer, com voltas e avanços. A liberdade que a forma epistolar permite ao artista parece não condizer com a rigidez metodológica da exposição filosófica. Por isso a leitura dos autores antes mencionados torna-se compulsória para que o livre desenvolvimento de conceitos na forma das Cartas torne-se claro, a partir de uma base histórico-reflexiva. Pela forma como escritas tratam de maneira assistemática de assuntos correlatos e abrigam variados temas em uma mesma proposição. Isso para o comentarista é problemático.

Soube Schiller que a transformação das estruturas absolutistas em sociedade de aspiração burguesa com o triunfo da *liberté*, *egalité*, *fraternité*, mesmo com o concurso da *Declaração Universal dos Direitos do Homem* (1789), ao invés de concretizar política e socialmente os ideais de aspiração intelectual e popular, converteu-se em cega ira de devastação indiscriminada da liberdade. Lesley Sharpe conclui que a crítica de Schiller não se circunscreve apenas aos destroços da Revolução Francesa, senão que ao projeto iluminista:

> Muitos de seus compatriotas haviam acolhido bem a Revolução (de nenhuma forma defendida em medida semelhante nos estados germânicos), mas haviam estremecido de horror com os acontecimentos de 1793 e 1794. A posição de Schiller contra os franceses nas Cartas de Augustemburg é uma expressão da profunda decepção, mas nas Cartas Estéticas ele procura a causa desse fracasso não como a imperfeição de uma nação, mas no fracasso do Iluminismo como um todo[11].

O conjunto de movimentos em todos os segmentos da sociedade terminou com o *ancien régime*, incluiu a violência como princípio e práxis, dando à burguesia um papel político do qual carecia e reivindicava. Antes mesmo da Revolução, Schiller já havia produzido uma dramaturgia que o definia inovadoramente como um revolucionário de

Schiller, *On the Aesthetic Education of Man in a Series of Letters* (trad. Elizabeth Wilkinson & L. A. Willoughby), p. XIII.

11. "Many of his patriots had welcomed the Revolution (though by no means all advocating similar measures in the German states) but had shrunk back in horror at the events of 1793 and 1794. Schiller's against the French in the Augustemburg Letters are the expression of deep disappointment, but in the Ästhetische Briefe he seeks the cause of that failure not in one nation's inadequacy but in the failure of the enlightenment as a whole". Lesley Sharpe, *Friedrich Schiller*, p. 148.

discurso estético. Pelos feitos literários, em especial para o teatro, que ecoaram muito além da Alemanha, em 1792 a Convenção Nacional concedeu-lhe o honorável título de *citoyen français*, ao *Le Sieur Gilles, publiciste allemand*, consagrando o seu reconhecimento antecipado pela tarefa literária. Não sendo filósofo sistemático mas um inicial dramaturgo e poeta, em obras de juventude já revelava a clareza do espírito combativo contra formas oficiais de opressão e constrangimento à liberdade humana. *Os Bandidos* (*Die Räuber*, 1782), uma das primeiras e mais vigorosas obras do *Sturm und Drang* mostra um apaixonado discurso moral em favor da justiça em personagens que gravitam entre a virtude e o vício em contendas familiares em que mina o desejo da inocente realização amorosa. No texto de grande sucesso, a severidade do sistema social abusa indiscriminadamente da dignidade humana que se redime através da patética punição com a alternativa da justiça mediando entre a virtude e o vício. A tendência natural à especulação filosófica já nos primeiros escritos schilerianos, para Anatol Rosenfeld:

> É a expressão do anseio de elucidar o próprio ser, principalmente ao ver-se colocado diante da grande personalidade de Goethe. A arte deste, em comparação com a de Schiller, se afigura mais imediata, mais espontânea, menos racionalista. E quanto mais refletida a arte de Schiller se tornava, tanto mais sentia a necessidade de justificar, pela própria reflexão, uma arte que tanto diferia daquela do amigo[12].

Razão e sensibilidade tomam corpo em um mesmo autor, poeta e pensador profícuo e obstinado que tinha no tempo um algoz vergastando-lhe a saúde. Em 7 de setembro de 1794 escreve a Goethe a quem pretende visitar, confessando a forma como afetado pela doença pulmonar que o abateu em 1805:

> Aceito com satisfação o seu tão simpático convite a Weimar, mas com o grande pedido de que não modifique por minha causa, nem no menor detalhe, a sua ordem doméstica, já que habitualmente minhas convulsões me obrigam a dedicar a manhã inteira ao sono, pois não me deixam em paz à noite, e em geral nunca me faz bem poder contar com uma determinada hora do dia. O senhor então me permitirá considerar-me um estranho total em sua casa, ao qual não será dada atenção, e o fato de isolar-me totalmente irá livrar-me do embaraço de que alguém dependa do meu estado[13].

A base do pensamento a partir de dicotomias foi comum entre pensadores dos séculos XVIII e XIX. Tomando-se o princípio de oposições como forma de conhecimento do homem, a reflexão pôde buscar argumentos filosóficos para entendê-lo no calor de recentes ações políticas e sociais. Isso gerou no âmbito da arte o pensamento com intenção de uma prática transformadora. Se o Iluminismo tinha fé no

---

12. Anatol Rosenfeld, em Friedrich von Schiller, *Cartas sobre a Educação Estética do Homem*, p. 7.
13. J. W. Goethe e Friedrich von Schiller, *Companheiros de Viagem*, p. 30.

poder da razão para a solução de questões humanas inclusive sociais, o período que lhe sucedeu certamente deveria reforçar o sentimento como qualidade primordial. Lesley Sharpe esclarece com eficácia a questão quando atenta para o:

> Pensamento *versus* sensibilidade, razão *versus* desejo, inibição *versus* união com a natureza, auto-realização *versus* exigências da vida comum, o homem como indivíduo *versus* o homem como cidadão, estes eram temas constantes dos poetas e pensadores no final do século XVIII. Na Alemanha, por volta do ano 1790, estudos produtivos, entre eles as Cartas Estéticas contribuíram para o debate sobre como suplantar essas divisões. As Cartas Estéticas podem ser consideradas como a suprema alegação de fé no poder da criatividade humana para recuperar e restaurar a totalidade[14].

Entendimento e sensibilidade, necessidade e inclinação, o real e o ideal, essas relações dicotômicas de conhecimento, se vistas e analisadas na totalidade da obra, moldam um conjunto que se complementa como que a buscar uma explicitação de unidade e "a obra poética e filosófica de Schiller nos oferece um tal exemplo de imbricação do devir de um poeta e de um pensador nas múltiplas linhas de força de uma época que caracteriza uma dupla revolução, política e intelectual"[15].

A Carta II faz referência à Revolução Francesa em confissão do pensador ao príncipe dinamarquês Friedrich Christian von Schleswig-Holstein-Sondenburg-Augustemburg: "Cheios de expectativa, os olhares do filósofo e do homem do mundo voltam-se para a cena política, onde, acreditam, decide-se agora o grande destino da humanidade. Abster-se desse diálogo comum a todos não trairá uma reprovável indiferença em relação ao bem da sociedade?"[16]

Confessando o compromisso do pensamento com a ação revolucionária, os românticos ideais políticos expressos na juventude diante do inconformado destino da Revolução poderiam justificar o recolhimento de Schiller ao atemporal estrato do esteticismo onde os temas da beleza têm livre curso. Um processo de transformação have-

---

14. "Thought versus sensibility, reason versus desire, self-consciousness versus union with nature, self-realization versus the claims of the common life, man as individual versus man as citizen: these were the constant themes of poets and thinkers at the end of the eighteenth century. In Germany in the 1790s seminal studies, among them the Ästhetische Briefe, contributed to the debate on how to overcome these divisions. The Ästhetische Briefe can be regarded as the supreme statement of faith in the power of human creativity to heal and to restore to wholeness". Lesley Sharpe, *Friedrich Schiller*, p. 147.

15. "L'oeuvre poétique et philosophique de Schiller nous offre un tel exemple d'imbrication du devenir d'un poète et d'un penseur dans les multiples lignes de force d'une époque que caractérise une double révolution, politique et intellectuelle".Vitor Hell, *Friedrich von Schiller...*, p. 5.

16. Friedrich von Schiller, *A Educação Estética do Homem*, p. 26.

ria de ocorrer levando-o da condição primeira de romântico idealista àquela tardia de humanista reflexionante que:

> reflete também a visão tradicional de Schiller como um idealista exacerbado e entusiasta revolucionário na juventude, impacientemente ávido por traduzir os ideais humanitários para a realidade política; em anos posteriores um filósofo retirado, resignadamente satisfeito na busca de suas realizações de forma mais sublimada. Isto é para ignorar seu permanente interesse pelo bem estar geral e para exagerar as radicais propensões das primeiras peças[17].

A *Educação Estética do Homem* é obra de reflexão realizada por um artista cuja produção também revela o ardor romântico em forma discursiva que não prescinde, em alguns momentos, do amaciamento poético. Contudo, têm o propósito de revelar a Estética como questão de uma possível transformação prática no âmbito político. Entende Robert Leroux que Schiller "quer fornecer a prova de que suas especulações estéticas podem servir à reforma do estado e contribuir para a felicidade da humanidade"[18]. Pela forma espiralada como foram escritas, podem tratar de maneira assistemática de assuntos correlatos como abrigar variados temas em uma proposição. O aspecto fundamental com relação a Kant é a teoria da Terceira Fase, pela qual Schiller reflete sobre o desenvolvimento cultural da humanidade, admitindo-se que o aprimoramento do estado humano ocorre com a passagem transformadora do estado físico para o moral pelo estado estético. Nesse sentido a estética atua como *meio* pelo qual o ideal da educação se processa. Contraditoriamente, em outros segmentos das Cartas e sem o perceber Schiller apresenta outra proposição, em direção diferenciada da primeira, ao atestar que o estado estético é alcançado pela síntese teórica entre o estado físico e o mental. Nesse caso a educação estética tem a função de atuar como *fim*.

Citando Hans Lutz, Elizabeth Wilkinson atesta a evidência da contradição na postulação da estética como recurso para a educação, configurada na Carta IX:

> Em conseqüência disso, as inumeráveis auto-contradições; por isso nossa propensão à junção das duas teorias, por exemplo, na Carta IX; em conseqüência do nosso crescente sentimento conforme lemos, de que o trabalho foi concebido de acordo com a primeira teoria e revisado à luz da segunda. Lutz conclui, em boa hora, que devemos

---

17. "reflects too the traditional view of Schiller as an out-to-out idealist: in this youth a revolutionary enthusiast, impatiently eager to translate humanitarian ideals into political reality; in later years a withdrawn philosopher, resignedly content to seek their realization in more sublimated form. This is to ignore his continuing concern with common weal and to exaggerate the radical propensities of his early plays". Friedrich von Schiller, *On the Aesthetic Education of Man in a Series of Letters* (trad. Elizabeth Wilkinson e L. A. Willoughby), p. XV.

18. "veut fournir la preuve que ses spéculations esthétiques peuvent servir à la réforme de l'Etat et contribuer au bonheur de l'humanité", Friedrich von Schilller, *Letters sur l'éducation esthétique de l'homme* (trad. Robert Lerroux), p. 7.

desistir de tentar encontrar unidade nesse tratado educacional e, de outra forma, lê-lo mais como uma vertical secção nas sucessivas camadas do desenvolvimento intelectual de Schiller[19].

Reportando-se à forma eclética de exposição comum no século XVIII através de cartas, é de se lembrar que esse recurso narrativo celebrizou-se com o jacobino Choderlos de Laclos no romance de enorme sucesso e grande escândalo na França, *Les liaisons dangereuses* (1782). Rousseau já se havia valido dessa estrutura narrativa em *Julie ou la nouvelle Héloise*, romance que em 1761, precedeu seu *Do Contrato Social*. Schelling em 1795 publicou *Cartas Filosóficas sobre o Dogmatismo e o Criticismo*. É sabido que a característica fragmentada e temporal nem sempre permite ao método epistolar a linearidade necessária ao esquematismo na exposição de idéias. Transitando no tempo permite ao autor o reconsiderar dos temas, a autocrítica, a aceitação de novas formas de pensamento e a evolução racional da análise com a recepção de novas influências. Os comentadores devotam excusas a Schiller por entendê-lo, antes de tudo, um criador:

> Mas há também aqueles que o isentam inteiramente de um total exame metodológico. Sendo um poeta, alguns desses insinuam que é improvável considerá-lo com a consistência e o rigor filosófico, ainda que dele capaz. Ao mesmo tempo, outros parecem imaginar que a sua exatidão descritiva fica favorecida se afixarem o selo de "poeta" ao método e à forma de seus escritos estéticos[20].

Se a ambigüidade advém da aparente e possível inconsistência metodológica inicial, a idéia geral do texto com idas e vindas sustenta-se como corpo de discussão aberto a alternativas para a educação sem uma conclusão única e fechada. É um todo especulativo para ressignificação pela filosofia, pela história da arte, pela estética, pela antropologia, pela semiótica, pela pedagogia, pela sociologia e pela história. Certo está que a arte é o caminho através do qual o homem pode encontrar sua potência de humanidade.

O que as anotações seguintes pretendem não é senão buscar esclarecer a amplitude da reflexão do autor, a gênese desse pensamento e

---

19. "Hence the innumerable self-contradictions; hence our intermingling of the two theories in, for instance, Letter IX; hence our growing feeling as we read, that the work was conceived according to the first theory and revised in the light of the second. It is high time, Lutz concludes, that we stopped trying to find unity in this educational treatise and read it rather as a vertical section through successive layer of Schiller's intellectual development". Friedrich von Schiller, *On the Aesthetic Education of Man in a Series of Letters* (trad. Elizabeth Wilkinson e L. A. Willoughby), p. XLIII.

20. "But there are also those who would exempt him from methodological examination altogether. Being a poet, some of these imply he is unlikely to be concerned with, even if capable of, philosophical rigueur or consistency. While others appear to imagine that descriptive exactitude has been furthered if they affix the label 'poet' to the method and manner of his writings on aesthetics". *Idem*, p. LXI.

qual a proposta para uma educação estética do homem. Reconhece ele que essa evolução só é possível na medida em que se apaziguem as as "forças elementares nos organismos inferiores, [...] até a nobre formação do homem"[21], com o abandono do sentido utilitário da existência e a libertação da matéria. Tereza Rodrigues Cadete entende que:

> Antes de enveredar por um método rigorosamente dedutivo, numa perspectiva crítica e transcendental, o autor procede a uma exemplificação histórica com que ilustra a sua estratégia argumentativa. Na nona e décima Cartas, essa argumentação é sabiamente dramatizada, sendo apresentadas ao leitor as posições que defendem e condenam o papel da beleza em relação ao enobrecimento do carácter, com a aparente superioridade das últimas[22].

A *Educação Estética do Homem* projeta-se como construção, (*Bildung*) que propõe o aprimoramento do homem pela via da reflexão em consonância com a sensibilidade, como se entre as duas houvesse um jogo livre de forças que se complementam na busca da totalidade no sujeito. Hegel, em *Estética: A Idéia e o Ideal*, em considerações sobre Schiller atesta que:

> [...] Schiller proclamou a livre totalidade da beleza em oposição à maneira como o intelecto considerava o querer e o pensamento. Uma série inteira de obras de Schiller se inspira nesta concepção da natureza da arte, e no primeiro plano dessas obras figuram as Cartas Sobre a Educação Estética. Nelas, parte Schiller do ponto de vista de que todo homem individual contém o germe do homem ideal. A representação deste homem verdadeiro reside no Estado que será a forma objetiva, geral, canônica por assim dizer, que reúne e funde os sujeitos individuais apesar das múltiplas diferenças que os separam. Ora, a unidade entre o homem no tempo e o homem na idéia de dois modos se pode realizar: de um lado, o Estado, como representação genérica do que é moral, conforme ao direito e à inteligência, pode suprimir todas as suas encarnações individuais; de outro lado, o indivíduo pode elevar-se ao genérico, e o homem no tempo adquire títulos de nobreza tornando-se o homem na idéia[23].

À arte cabe o papel catalizador nessa promoção que tira o homem dos aspectos deletérios na sujeição às ordens determinadas pela esfera civil e do comprometimento com tudo o que lhe é apenas exterioridade. Se a humanidade esqueceu-se da dignidade, "a arte a salvou e conservou em pedras insignes; a verdade subsiste na ilusão, da cópia será refeita a imagem original"[24]. Ao Estado cabe a difícil, senão impossível, tarefa de promover condições para essa educação, tornando-se um todo honrando no sujeito sua "humanidade subjetiva, no mesmo grau em que ela estiver elevada à humanidade objetiva"[25]. É do Estado o

---

21. Friedrich von Schiller, *A Educação Estética do Homem*, p. 47.
22. Friedrich von Schiller, *Sobre a Educação Estética do Ser Humano numa Série de Cartas e Outros Textos* (trad. Tereza R. Cadete), p. 15.
23. George W. Friedrich Hegel, *Estética: A Idéia e o Ideal*, p. 57.
24. Friedrich von Schiller, *A Educação Estética do Homem*, p. 54.
25. *Idem*, p. 33.

compromisso de tornar o homem a ser "apenas o intérprete de seu belo instinto, a fórmula mais nítida de sua legislação interna"[26]. Com isso a natureza do homem cria condições favoráveis ao engrandecimento da espécie, e que Theodor W. Adorno, citado por Cadete, entende como a "domesticação dos homens animalescos através da adaptação mútua" e "... a recuperação do elemento natural, resistindo contra a pressão da ordem caduca, criada pelos homens"[27].

CARTA I
O BELO COMO MÉTODO

Nessa Carta Schiller propõe-se a analisar a histórica, metafísica e antropológica relação entre a arte e o belo. Este, como objetivo daquela, é um princípio para a sua reflexão tendo-se a estética como método e a arte como possibilidade educativa para o aprimoramento do homem no sentido mais abrangente e crescente de sua humanidade. Sem determinar uma corrente de pesquisa ou um *corpus* teórico por onde caminhar, entende que sua iniciativa está sendo realizada por um artista, sujeito impulsionado pelos aspectos sensíveis do conhecimento, antes e mais que por um pensador sistêmico afeito à razão construtora da liberdade humana. Schiller reconhece o problema (ainda hoje) levantado pelo seu feito: um artista, um criador sensível perseguindo a fechada tarefa do pensamento. Impelido pelos aspectos sensíveis do conhecimento muito mais e antes, que pela prática sistêmica da reflexão filosófica, sabe que o belo toca o homem como qualidade, realiza o entendimento e processa a experiência do procedimento moral que é bom, como em Platão. Isso demanda para Schiller, artista e pensador em exercício, um esforço duplo. Como artista vive a experiência do sentimento que infecta o homem no ato de gerar e receber o belo; como produtor de reflexão sabe da necessidade de se estabelecer um corpo de princípios racionais para a concretização de seu feito. Essa dupla natureza analítica, teoricamente antecipada, é o eixo central que o acompanha no conjunto das 27 Cartas. Ora o artista está presente pela beleza impressa ao texto, ora o recorte teórico recrudesce, mas nunca lhe falta a qualidade do belo inteligente que persegue a verdade. Confessando sua liberdade de análise, quer tornar claro que não se filia a qualquer vertente filosófica que lhe antecedeu. O motivo das Cartas é mais um projeto pessoal compondo sua extensa e variada obra que atende aos aspectos do saber acadêmico, criativo e, finalmente, filosófico. Essa aparência de escritura destituída de escopo teórico,

---

26. *Idem, ibidem.*
27. Friedrich von Schiller, *Sobre a Educação Estética do Ser Humano numa Série de Cartas e Outros Textos* (trad. Tereza R. Cadete), p. 20.

cedo será substituída por sólidas bases analíticas a partir do conhecimento de filósofos contemporâneos seus. Da Carta X em diante revelará princípios multidisciplinares de análise embasando a forma espiralada de seu discurso, com pleno domínio da abrangência teórica em fermentação durante seu tempo e do que lhe antecedeu. Com isso antecipa outras leituras do homem como o ecletismo congênito de Nietzsche e a complexidade de fatores extemporâneos que interagem na característica humana de recepção do mundo.

A modéstia se apresenta nessa Carta inaugural como um pedido de licença, uma formalidade talvez, do homem que timidamente se dirige a um príncipe. Não um qualquer como tantos na Europa nobre, mas o que lhe garante condições para que viabilize a obra a que se propõe. Admitindo que seu método nasce em si e somente a ele devem ser creditadas quaisquer falhas, reconhece que a leitura de outros autores o auxilia, mas estes não devem ser responsabilizados por possíveis erros. Esta é uma referência aos estudos filosóficos que não nega estar realizando, mas minora neles a importância, diante da possibilidade de algum equívoco em seu engenho. Com o desenvolver de seu projeto Schiller vai adensando essa influência que se tornará confessa quando sua postura reflexionante se torna cristalina na Carta X. Contudo, reconhece a presença de Kant na "maior parte dos princípios em que repousam as afirmações que se seguirão"[28]. Assim reconhecendo, define-se também o artista afetado por Kant com as inquietudes que sua natureza criativa lhe confere: "... Schiller apresenta em sua primeira Carta um outro argumento para a escolha de seu tema. Além da revolução filosófica criada por Kant que deseja transferir para o campo da 'estética, é sobretudo a sua condição de artista que o leva a tratar de problemas estéticos' "[29].

No primeiro momento desenvolve uma vigorosa crítica ao período da Iluminação que fez vigorar a idéia generalizada de que a razão é única via emancipadora do homem e que este é, *in totum*, por aquela governado em seu destino e vontade de liberdade. Pensar que a razão e somente ela gera a autonomia do sujeito foi atitude em muitos países europeus, onde os termos *Enlightenment, Lumières, Ilustración* e *Aufklärung* eram comuns para definir mais do que o concurso da razão, uma postura intelectual e política com o claro projeto de libertar socialmente o homem do jugo de uma história feita de coerção político-religiosa. Adensou-se o desejo liberal com as transformações so-

---

28. Friedrich von Schiller, *A Educação Estética do Homem*, p. 24.
29. "Zunächst jedoch führt Schiller in seinem ersten Brief noch ein weiteres Argument für die Wahl seines Themas an. Neben der durch Kant geschaffenen philosophischen Revolution, die Schiller auf das Gebiet der 'Asthetik übertragen möchte, ist es vor allem sein Künstlertum, das die Behandlung ästhetischer Probleme empfiehlt' ". Wolfgang Düsing, *Über die Ästhetische erziehung des Menschen – Text, Materialen, Kommentar*, p. 128.

ciais, em curso no período que vai da Revolução Inglesa (1688) à Revolução Francesa (1789); fatos geradores de mudanças substantivas na estrutura social da Europa com reflexos no Brasil pela forma como a Colônia se viu intoxicada pelo pensamento libertador iluminista. A discussão sobre os mais diversos temas é levada a efeito no bojo dessas transformações na Alemanha quando a estética adentra finalmente o território da filosofia e esta passa a refleti-la como âmbito autônomo do saber e não mais um segmento em trânsito pelos sistemas filosóficos. O tema de grande interesse para os círculos intelectuais da Europa oitocentista vinha merecendo reflexões, sobretudo com Baumgarten e Kant e, na Inglaterra, com o empirismo de Hume, as teorias morais e sobre a riqueza de Adam Smith e o platonismo de Shaftesbury. Este, autor que profundamente influenciou as teorias estéticas de Schiller, com as obras *An Inquiry Concerning Virtue or Merit* e *The Moralists, a Rhapsody*, analisa a estética como instância correlata e sensualizadora da vida. A beleza traz como inspiração o amor pela vida, exercício belamente organizado para o corpo e para o cultivo do espírito. Harmonia e dissonância, encanto e discernimento, mistério e revelação são conceitos que cabem no *entusiasmo*[30] pela vida em Shaftsbury. O sujeito convive com a beleza em todas as gradações a partir de uma relação de amor desinteressado. Caracteriza-se o humano pela virtude que o leva a buscar sempre e a cada vez mais a beleza de cada organismo, do universo onde está, como parte de uma totalidade cujo movimento é estabelecido pela divindade. Nesse sentido, a beleza sai de sua instância contingente para plasmar-se em toda a atitude que signifique a vida moral como finalidade da existência. A beleza destaca-se da imediatez referida pelos olhos para contemplar o belo do espírito, unidade superior a tudo o que está no mundo. Raymond Bayer entende que o ser, nesse sentido:

> não poderia, pois, dar-se por satisfeito com uma simples beleza. Sua alma, cheia de inspiração, busca a maneira de combinar diversas belezas, e graças a esta "coalizão" de belezas se forma uma sociedade bela: comunidades, relações, amizades, tarefas; a sociedade civil em sua totalidade se vê regida por uma harmonia e se encaminha até a virtude, cuja deleitável visão lhe revela assim, pela atração que exerce sobre ele, um encanto marcado pela beleza. Ardente na missão que se impõe, descobre no universo esta ordem e esta perfeição de um todo, móvel de seu amor. Daqui se eleva à ordem e à perfeição de Deus, a quem descobre, por sua vez, como o espírito universal que preside ao universo, em que os interesses da totalidade são estabelecidos com plena segurança[31].

30. No melhor sentido grego da divina habitação interior ou *mantiké*, estado não racional, variante do sonho, possessão dos deuses.
31. "no podria, pues, darse por satisfecho con una simple belleza. Su alma, llena de inspiración, busca la manera de combinar diversas bellezas, y gracias a esta 'coalición' de bellezas se forma una sociedad bella: comunidades, relaciones, amistades, tareas; la sociedad civil en su totalidad se ve regida por una armonía general. No satisfecho todavia, busca el bien de la especie humana y se encamina hacia la virtud, cuya delei-

O pensamento de Baumgarten, em especial o contido em *Estética – A Lógica da Arte e do Poema*, de 1750, embora não explicitamente citado presentifica-se na primeira Carta de forma colateral, sobretudo na definição da estética como faculdade de conhecimento e ciência das sensações. O autor considera a história escrita do pensamento para dar o estatuto gnoseológico à estética sem desconsiderar o belo como mediação entre o homem e o universo:

> [...] os filósofos gregos e os padres da Igreja sempre distinguiram cuidadosamente as coisas sensíveis (aisthéta) das coisas inteligíveis (noéta). É evidente o bastante que as coisas sensíveis não equivalem somente aos objetos das sensações, uma vez que também honramos com este nome as representações sensíveis de objetos ausentes (logo, os objetos da imaginação). As coisas inteligíveis devem, portanto, ser conhecidas através da faculdade do conhecimento superior, e se constituem em objetos da Lógica; as coisas sensíveis são objetos da ciência estética (epistemé aisthetiké), ou então, da Estética[32].

Definindo o conhecimento sensível como forma inferior de conhecimento Baumgarten não chegou a determinar a autonomia da estética, como realizada por Kant na forma transcendental pensada como elemento de recepção através das faculdades da imaginação e do entendimento. O comentarista de Schiller, Jaime Feijóo, amplia a análise relacionando os dois autores:

> A Crítica do Juízo fundamenta essencialmente uma autonomia da teoria estética que Baumgarten ainda não tinha chegado a determinar, conseqüentemente uma vez que a teoria do juízo estético, concebida no sistema global de filosofia transcendental, parte da perspectiva autônoma do sujeito imerso na contemplação ou intuição (*Anschauung*) da beleza[33].

É sabido que Kant – uma influência confessa – cita mas não discute na *Crítica da Faculdade de Julgar* as postulações de Baumgarten, embora o reconhecesse como um dos maiores pensadores da Alemanha de então. A razão pode ser o próprio princípio filosófico de cada um. Enquanto Baumgarten considera a estética algo entre a razão pura

---

table visión le revela asimismo, por la atracción que ejerce sobre el, un encanto marcado por la belleza. Ardiente en la misión que se impone, descubre en el universo este orden y esta perfección de un todo, móvil de su amor. De aquí se eleva al orden y a la perfección de dios, a quien descubre, a su vez, como el espíritu universal que preside al universo, en que los intereses de la totalidad son establecidos con plena seguridad". Raymond Bayer, *Historia de la Estetica*, p. 218.

32. Alexander Gottlieb Baumgarten, *Estética – A Lógica da Arte e do Poema*, p. 53.

33. "La Crítica el Juício fundamenta esencialmente una autonomia de la teoria estética que Baumgarten aún no había llegado a determinar consecuentemente, por cuanto que la teoria del juício estético, concebida en el sistema global de filosofia transcendental, parte de la perspectiva autónoma del sujeto inmerso en la contemplación ó intuición (Anschauung) de la belleza". Friedrich von Schiller, *Kallias. Cartas sobre la Educación Estetica del Hombre*, p. XVI.

e a sensibilidade, Kant coloca a sensibilidade e a inteligência como âmbitos separados. A respeito, convém lembrar as palavras de Bayer:

> Kant afirma que no domínio estético basta saber se sentimos prazer ou desagrado, e reconhecer que esta sensação é um juízo universal e necessário, de uma universalidade e uma necessidade menores que as do pensamento. Resolve esse problema convertendo o sentimento em juízo lógico, quer dizer, intelectualizando sua doutrina[34].

A dicotomia entendimento/sensibilidade embasará o tratado de Schiller que, referindo-se agora ao que chama de "controvérsia" no sistema kantiano, entende que sua forma técnica "que torna a verdade visível ao entendimento, a oculta, porém, ao sentimento; pois o entendimento, infelizmente, tem de destruir o objeto do sentido interno quando quer apropriar-se dele"[35]. O *girondino*[36] Schiler comenta o autor de Königsberg, amplia-o apresentando especulações, esclarecimentos e objeções à teoria estética deste. Ao atestar que é controversa "a parte prática do sistema kantiano" entre os filósofos, refere-se à ligação proposta por Kant entre o belo e a razão teórica ou, como quer Bayer, e o *juízo*[37]. Schiller, contrariamente, professa a estreita ligação entre o belo e a ação prática, pela via do ato humano. Seguindo a reflexão de Bayer, vê-se que Schiller está contraposto a Kant ao entender que o belo:

> Exclui as determinações exteriores e a beleza que imita a razão prática se faz autônoma. Um objeto da natureza, determinado por definição, imita a liberdade quando atua por natureza pura. A razão lhe atribui então a liberdade na aparência. No objeto final e perfeito, a finalidade e a perfeição aparecem desde fora. O belo tem, pois, sua autonomia[38].

A questão da autonomia do belo é um princípio fundamental no pensamento de Schiller, que quer não mais a definição abstrata da arte

---

34. "Kant afirma que en el dominio estético basta con saber si sentimos placer o desagrado, y con reconocer que esta sensación es un juicio universal y necesario, de una universalidad y una necesidad menores a las del pensamiento. Resuelve este problema convirtiendo el sentimiento en juicio lógico, es decir, intelectualizando su doctrina". Raymond Bayer, *Historia de la Estética*, p. 181.

35. Friedrich von Schiller, *A Educação Estética do Homem*, p. 24.

36. Girondino: grupo político atuante no período da Revolução Francesa. Oriundos da burguesia provinciana abastada e "de talento", seus membros aceitavam uma monarquia constitucional na qual houvesse espaço para a burguesia culta. Combatidos pelos montanheses foram por eles derrubados a 2 de junho de 1793, a convenção decretou a prisão de dois ministros e 29 deputados girondinos, dentre os quais 21 foram guilhotinados dia 31 de outubro seguinte. *Delta Larrousse*, p. 2720.

37. Raymond Bayer, *Historia de la Estética*, p. 308.

38. "Excluye las determinaciones exteriores, y la belleza que imita a la razón práctica se hace autónoma. Un objeto de la naturaleza, determinado por definición, imita la libertad cuando actúa por naturaleza. La razón le atribuye entonces la libertad en la apariencia. En el objeto final y perfecto, la finalidad y la perfección aparecen desde fuera. Lo bello tiene, pues, su autonomía". *Idem, ibidem*.

e da beleza mas a objetivação destas no sentido de se encontrar uma concreção do belo no mundo tendo o homem como agente e paciente da beleza. Nesse sentido a arte é forma que se impõe materialmente através do procedimento de cada época e a obra do artista transcende a temporalidade porque estabelece-se como qualidade com voz própria. E continua, "enquanto não se tenha logrado, o gosto continuará sendo empírico, tal e como Kant o tem por inevitável. Mas é precisamente dessa inevitabilidade do empírico, dessa impossibilidade de estabelecer um princípio objetivo do gosto que não acabo por me convencer"[39].

Isso faz com que a obra estética de Schiller assuma um *status* sociológico ao revelar a beleza como práxis que se coloca como pressuposto da transformação política. Também pressupõe um mundo moral, visto que ela é elemento da educação e, em última instância, da civilização humanizadora. Embora Schiller confesse ao seu admirador, o príncipe Friedrich Christian, duque de Schleswig-Holstein-Augustemburg, sua primordial iniciativa de investigar sobre o belo e a arte, o resultado dessas reflexões não se limitam, apenas, ao aprofundamento crítico das questões estéticas. Há nas Cartas a contribuição no sentido de se pensar uma prática individual como solução para a problemática social da época, nisso está o idealista Schiller. Sobre a afirmativa, Wilkinson agrega que trata-se de "uma série de cartas encarnando seus pontos de vista sobre os problemas trazidos à reflexão pela recente crise da civilização, a Revolução Francesa, e suas proposições pessoais para a solução deles através da educação estética"[40].

O tema do aprendizado para toda a humanidade pelo procedimento estético já havia sido objeto de correspondência ao amigo Gottfried Korner, de 25 de janeiro de 1793, ocasião em que confessou o tanto que deveria "desentranhar" sobre o belo e a arte e como seria difícil relacioná-lo, entre a razão e a experiência:

> A dificuldade de estabelecer objetivamente um conceito de beleza e de legitimá-lo completamente *a priori* partindo da natureza da razão, de tal forma que a experiência confirme por completo esse conceito, mas sem ter que pronunciar-se necessariamente sobre sua validade, essa dificuldade é pouco menos que insuperável. Tentei, efetivamente, levar a cabo uma dedução de meu conceito de beleza, mas para ele é impossível prescindir do testemunho da experiência[41].

39. "mientras no se haya logrado, el gusto continuará siendo empírico, tal y como Kant lo tiene por inevitable. Pero es precisamente de esa inevitabilidad de lo empírico, de esa imposibilidad de establecer un principio objetivo del gusto, de la que no acabo de convencerme". Friedrich von Schiller, *Kallias...*, p. 5.
40. "a series of letters embodying his views on the problems brought to a head by the recent crisis of civilization, the French Revolution, and his own proposals for solving them by means of aesthetic education". Friedrich von Schiller, *On the Aesthetic Education of Man in a Series of Letters* (trad. Elizabeth Wilkinson e L. A. Willoughby), p. 334.
41. "La dificultad de establecer objetivamente un concepto de belleza y de

Em forma sedutora, pois que artista, grande orador e homem familiarizado com o uso da linguagem, Schiller contrapõe os sistemas analíticos puros da arte, ao que entende como o motor possível do conhecimento; o sentimento. O homem pleno, na concepção schilleriana é estético, *stricto sensu*, em cuja bela alma harmonizam-se os instintos básicos do homem ingênuo, que é resgatado pelo belo formal para tornar-se o homem moral. Finaliza a primeira carta sintonizando a experiência moral ao fenômeno da beleza, tema que tratou com Goethe em carta de 23 de agosto de 1794:

> É mais ou menos assim que julgo o curso de seu espírito, e só mesmo o senhor saberá se tenho razão. Porém o que dificilmente pode saber (porque o gênio é para si mesmo o segredo maior) é a bela concordância de seu instinto filosófico com os mais puros resultados da razão especuladora. À primeira vista, tem-se a impressão de que não poderia haver maiores opostos do que o espírito especulativo, que parte da unidade, e o intuitivo, este, da variedade. Mas, se o primeiro, casto e fiel, procura a experiência e o último procura a lei, com poder de pensamento espontâneo e livre, e então será mesmo inevitável que ambos se encontrem, no meio do caminho[42].

E volta-se sobre Kant, em especial na *Crítica da Faculdade do Juízo*, quando esta trata, no parágrafo 42, "Do Interesse Intelectual pelo Belo":

> [...] e assim parece que o sentimento pelo belo é não apenas especificamente (como também de fato) distinto do sentimento moral, mas que ainda o interesse que se pode ligar àquele é dificilmente compatível com o interesse moral, de modo algum, porém, por afinidade interna. Ora, na verdade concedo de bom grado que o interesse pelo belo da arte (entre o qual conto também o uso artificial das belezas da natureza para o adorno, por conseguinte para a vaidade) não fornece absolutamente nenhuma prova de uma maneira de pensar afeiçoada ao moralmente-bom ou sequer inclinada a ele. Contrariamente, porém, afirmo que tomar um interesse imediato pela beleza da natureza (não simplesmente ter gosto para ajuizá-la) é sempre um sinal de uma boa alma, e que se este interesse é habitual e liga-se de bom grado à contemplação da natureza, ele denota pelo menos uma disposição de ânimo favorável ao sentimento moral[43].

A natureza, tal qual auto-regulada, ensina pela simplicidade o ato de ser. Tudo na natureza tem um objetivo, o que difere da vaidade, do adorno que vem como acréscimo. Düsing entende em Schiller que:

> legitimarlo completamente a priori partiendo de la naturaleza de la razón, de tal manera que la experiencia confirme por completo esse concepto, pero sin tener que pronunciarse necesariamente sobre su validez, esa dificultad es poco menos que insuperable. He intentado, en efecto, llevar a cabo una deducción de mi concepto de belleza, pero para ello es imposible prescindir del testimonio de la experiencia". Friedrich von Schiller, *Kallias...*, p. 3.
> 42. J. W. Goethe e Friedrich von Schiller, *Companheiros de Viagem*, p. 25.
> 43. Immanuel Kant, *Crítica da Faculdade do Juízo*, p. 144.

o desenvolvimento da humanidade (assim como o do indivíduo) se realiza a partir do instinto primitivo até a liberdade, passando pela fase estética. A cultura do homem primitivo começa tão logo seu interesse ultrapassa o útil e o necessário, por exemplo, no "amor pelo adorno"[44].

Eis outro eixo fundamental d'*A Educação Estética do Homem*: a arte e, em ampla escala, o belo, fundamentando a conformação do homem moral que, para Schiller, é o ser cuja essência está eivada de sentimentos e de razão. Pela política, a transformação estética pode ocorrer, uma vez que dependente da vontade do sujeito em relação aos próprios impulsos vitais, analisados na Carta XI. Reconhece que a beleza tem um fundamento moral do bom e por isso ela é um princípio para o juízo. Em 7 de janeiro de 1795, em carta a Goethe, relacionando a filosofia e a arte, faz crítica ao procedimento filosófico frente à unidade compassiva da arte:

> Não posso expressar-lhe o quão muitas vezes me é penosa a sensação de penetrar na essência filosófica de um produto desse tipo. / Aqui está tudo diluído com tanta serenidade, vida, harmonia, e tão verdadeiramente humano, lá é tudo tão exato, rígido e abstrato e extremamente artificial, porque toda natureza só é síntese, e toda filosofia é antítese. É certo que posso permitir-me ser tão fiel quanto possível nas minhas especulações da natureza com o conceito da análise; sim, talvez tenha sido mais fiel do que permitiriam e considerariam possível nossos kantianos. Mas apesar disso, sinto com não menos intensidade a infinita distância entre a vida e a racionalidade – e não posso abster-me de expor, num tal momento melancólico, um defeito em minha natureza, o que preciso considerar, num instante de serenidade, apenas uma qualidade natural da coisa. Contudo algo é certo: o poeta é o único homem verdadeiro, e o melhor filósofo é tão somente uma caricatura dele[45].

A arte é o princípio formador que vai desaguar na forma filosofal e gerar a estrutura do entendimento da totalidade com o consurso da beleza. O princípio de antinomias abre o esboço teórico de Schiller e o tempo se incumbirá de confirmar como tratado. A beleza em relação à moral e os estados da sensibilidade e da razão será retomada nas Cartas II, III, IV, VI, X, XIV, XV, XVI, XVII, XIX, XXI, XXII, XXIII, XXIV, XXV, XXVII, tratando, de forma assistemática, de outra questão: a liberdade. O homem estético tem duas naturezas, uma física e outra moral, e a harmonização das duas o prepara para agir moralmente no estado de liberdade onde se fundamenta sua autonomia.

---

44. "Die Entwicklung der Menschheit vollzieht sich – wie die des einzelnen – von dumpfer Triebhaftigkeit zur Freiheit über ein ästhetiches Stadium. Die Kultivierung des primitiven Menschen beginnt, sobald sein Interesse über das Nützliche und unbedingt Notwendige hinausgeht, z. B. in der 'Liebe zum Putz' ". Wolfgang Düssing, *Über die ästhetisches Erziehung des Menschen – Text, Materialen, Kommentar*, p. 132.

45. Schiller refere-se a um dos livros de Wilhelm Meister a ele enviado em primeira mão por Goethe.

CARTA II
MUNDO ESTÉTICO E MORAL. POLÍTICA E ARTE

"A arte é filha da liberdade e quer ser legislada pela liberdade do espírito"[46]. A afirmação, clássica enquanto leitura do fato artístico, mais que frase de efeito literário, é a constatação da visão crítica em um período imerso no total princípio do entendimento pela via da razão. A "filha da liberdade" demanda autonomia enquanto valor de conhecimento. "Liberdade do espírito" sugere a faculdade do governo pela vontade própria da razão. Nessa dicotomia Schiller já antevê o problema carente de uma dinâmica teórica para se buscar uma síntese cognitiva feita de totalidade. Essa é a tarefa da educação estética. A partir de fatos históricos e de seus efeitos, Schiller revela atitude de descrédito com a época, tanto quanto com a desvalorização da arte que entendia uma representação impregnada de sentimentos. Irônica e crítica se lida na historicidade, a frase revela o autor duro e temeroso com os destinos da arte do pós-ilustração. Kant havia estabelecido os ditames da razão, nela reconhecido o caráter de estatuto do conhecimento, mas a razão não é capaz de encontrar a substância experimental da diversidade do mundo, e o próprio Kant estabelece limites para ela ao entender que dela deve separar o que concebe como "a coisa em si" (*Ding an sich*). Quando a finitude da razão é criticada pelo *Sturm und Drang*, que lhe contrapõe o sentimento e a fé, está aberto o caminho para a fundamentação de novos debates sobre a natureza da arte. Aquele movimento, crítico da crença na faculdade constituidora do juízo, legou ao romantismo tardio a crença nos sentidos, ainda que como força finita, mas qualidade capaz de promover pela experiência a transformação do conhecimento. Os *sturmer* idealizavam a força do sentimento como fonte universalizadora, elemento de base para a intuição mística e gênese da ação. Para o movimento, a razão foi considerada finita, um limite do homem e insuficiente para se atingir o divino. Nicola Abbagnano considera que:

> a filosofia da fé pode considerar-se, na sua complexidade, como expressão filosófica do movimento literário-político que se chamou Sturm und Drang. [...] A razão que sofre a crítica desta filosofia é a razão finita, a razão cujos limites e competência haviam sido determinadas por Kant; à qual contrapõe a fé como órgão capaz de alcançar o que àquele é inacessível[47].

Opondo-se ao que se convencionou justificar como razão finita, outro conceito será solidamente elaborado para fundar na interioridade do homem o princípio de existência do universo. Assim, o pensamento do idealismo (entendido como doutrina sobre a validade da ação hu-

---

46. J. W. Goethe e Friedrich von Schiller, *Companheiros de Viagem*, p. 40.
47. Nicola Abbagnano, *História da Filosofia*, vol. VIII, p. 151.

mana fundamentada em ideais, o que se opõe ao realismo) vai assentar-se em outra vertente de pensamento sobre os mesmos temas. Trata-se da razão infinita, assim definida por Fichte, embora refletida sob outras denominações por pensadores de expressão comparável à sua. Para Abbagnano, amplia-se no homem o aspecto do saber do mundo ao ampliar-se o conteúdo da razão finita, "quando este conceito da razão é abandonado e se começa a entender por razão uma força infinita (vale dizer, onipotente) que habita e domina o mundo, constituindo assim a substância mesma do mundo". Alargando a análise conclui:

> Essa mudança realizou Fichte que identificou a razão como o Eu infinito ou autoconsciência absoluta e fez dela a força pela qual o mundo inteiro é produzido. Nesse sentido, a infinitude é uma infinitude não apenas de extensão e duração senão que de consciência e de potência. Ainda que chamado de várias maneiras pelos filósofos românticos (Fichte o chamou Eu, Schelling Absoluto, Hegel Idéia ou Razão autoconsciente) o princípio infinito foi constantemente entendido como consciência, atividade, liberdade, capacidade de criação incessante[48].

Liberdade é o termo amplamente utilizado para compor uma personalidade para a razão. Fichte é a base do idealismo alemão, e nele está a idéia do núcleo constituidor do mundo no sujeito, sem a admissão da *coisa em si* proposta por Kant, porque incognoscível em sua natureza de não se fazer exterioridade. *Eu e não-eu* estão em processo descontínuo e o mundo se faz na interioridade livre. Se o mundo aparece como resistência à ação do *eu*, ele é alteridade, pois quando o *eu* resolve existir é que a ele algo se contrapõe. Logo o que está posto como *não-eu* nada é até que o *eu* o coloque como constituído dentro de si. Contrapondo-se às instâncias racionais puras de análise do ser, o romantismo reivindica para o sentimento um caráter de infinitude e neste entende a liberdade absoluta, uma vez que independente de determinações. O sentimento, também substância da arte, a faz livre e infinita, como entende Schiller nessa Carta. Reticente, adota a forma de perguntas para respostas que ainda não tem. Duvida de seu propósito, o de buscar "um código de leis para o mundo estético", sabendo-se que a época demanda a investigação moral pela filosofia, cuja contribuição deve ser pontual e exigir "a construção de uma verdadeira liberdade política". Ao vincular filosofia e política, promove uma suposta crítica à primeira, que parece estar distanciada das necessidades vitais do homem. Aqui parece haver uma dicotomia entre arte e filosofia, na medida em que aquela se apresenta como realidade experienciável e a última não responde às necessidades de transformação da vida política. A consciência política, com clareza esboçada em relação direta com a arte, chega pela via do questionamento sobre "a voz da necessidade, do gosto do século na escolha do próprio agir". A arte a que

---

48. *Idem, ibidem.*

se refere como função social ainda carece de uma base teórica que a referende; porque está entendida como universalidade no sujeito e este, senhor da razão ilustrada, ainda sofre a coação do Estado. A Ilustração, para Jaime Feijóo, "não passou de uma cultura teórica e seus princípios não chegaram a ser efetivos. Trata-se então de diagnosticar as causas desse fracasso, persistindo em princípios racionalmente verdadeiros, moralmente corretos"[49].

Revela desencanto com o que denomina "humanidade decaída", em clara alusão aos resultados sociais da Revolução Francesa, e, indiretamente, com o assassinato de Luís XVI em 21 de fevereiro de 1793, para criticar o sentido de utilitarismo adotado então, quando a ciência assume o estatuto de verdade no conhecimento em detrimento da reflexão sobre a transcendência que a arte advoga como universalidade. Tem em mente a lacuna entre a particularidade e o Estado nascente, feito pela força na ação coletiva que substitui a vontade individual. Constatando que a política é o palco dos destinos da humanidade, atenta para o presente, quando a filosofia e o filósofo gravitam no cenário cujo principal personagem é o Estado. Schiller, segundo Hell, também considerou que:

> a contradição [...] provoca pelo desenvolvimento concomitante da especialização da ciência, das técnicas e da democratização dos regimes políticos, pelo menos em teoria, ou seja, dois fenômenos aos quais a época das luzes deu um impulso decisivo. A especialização é condicionada pelo progresso das ciências e das técnicas; quanto à democratização, ela não se limita mais à afirmação da liberdade individual: ela exige a participação de cada um nos assuntos da comunidade. A partir do momento em que o Estado moderno tende a tornar-se cada vez mais complexo, a esfera onde se encontra cada indivíduo diminui, de sorte que há um vazio entre o eu individual e o Estado em sua totalidade[50].

A inquietude filosófica aproxima o pensador romântico-idealista-utópico de atividades pontuais nas quais o caráter científico e o pensamento político se assentam. Na segunda metade do século XVIII, especial interesse é dedicado às publicações médico-filosóficas em que

---

49. "no há pasado de ser una cultura teorica, sus principios no han llegado a ser efectivos. De lo que se trata entonces es de diagnosticar las causas de ese fracaso, persistiendo en unos principios racionalmente verdaderos, moralmente correctos". Friedrich von Schiller, *Kallias...*, p. LII.

50. "la contradiction que provoque le développement concomitant de la spécialization de la science et des technique et de la démocratisation des régimes politiques, du moins en théorie, c'est-à-dire deux phénomènes auxquels l'époque des lumières a donné une impulsion decisive. La spécialisation est conditionnée par le progrés même des sciences et des techniques; quant à la démocratization, elle ne se limite pas à l'affirmation de la liberté individuelle: elle exige la participation de chacun aux affaires de la cité. Alors que l'Etat moderne tend a devenir de plus en plus complexe, la sphère où se meut chaque individu se rapetisse de sorte qu'il y a un vide entre le moi inviduel et l'Etat dans sa totalité". Victor Hell, *Friedrich von Schiller...*, p. 200.

a análise do corpo e do espírito humanos são constantes. Pensava-se, assim, chegar ao homem total estudando-se o físico em relação com a essência. Entre 1773 e 1775, a revista *Der philosophische Arzt*, publicada pelo médico e escritor Adam Weikard e voltada para os estudos da andrologia, dedicava-se a construir o conhecimento sobre o homem, sob uma perspectiva médica e filosófica. Os próprios pensadores e escritores têm atitude positiva com relação à ciência. Goethe, velho, anda curvado procurando objetos da natureza que pela ciência natural buscava desvendar. Freqüentava uma sociedade de estudos científicos sediada em Jena, para onde Schiller se mudou em 1789. Esse ecletismo no conhecimento é tradição alemã, herdada do caráter multidisciplinar do romantismo françês. D'Alemberg foi um famoso matemático. Maupertuis participou de uma expedição científica ao Ártico para auxiliar na determinação da esfera terrestre, bem como para buscar as medições de latitudes. Hume, além de filósofo, era historiador. La Mettrie, como Schiller, era médico. Copleston agrega que:

> no século XVIII, estamos ainda no tempo quando algum conhecimento de idéias filosóficas era considerado um requisito cultural e quando a filosofia ainda não era uma reserva acadêmica. Posteriormente, há uma íntima conexão entre a filosofia e as ciências, uma conexão que era uma característica do pensamento filosófico francês[51].

O Classicismo de Weimar adota essa característica múltipla na atitude reflexiva e no conhecimento, uma provável herança do enciclopedismo francês. Goethe e Schiller foram personalidades que, naquele âmbito, contribuíram qualitativa e atitudinalmente para o casamento da literatura com a filosofia. Gervinus, que deu gênese aos estudos de história na Alemanha, refere-se à época afirmando que:

> Naquele tempo [...] não tínhamos na Alemanha uma história, um Estado, uma política, tínhamos apenas literatura, apenas ciência e arte. Ela excedeu a tudo, venceu em toda parte, por isso dominou as ânsias da época [...]. Assim como a Revolução Francesa atravessou rapidamente todas as formas estatais de desenvolvimento político, no século passado repetiu-se em nosso país toda a história de nossa literatura de até então que se chegasse àqueles que a fizeram avançar [...]. Foi somente com Goethe e Schiller que nos fizemos independentes[52].

Os citados autores conheceram-se pessoalmente em 1788, iniciaram correspondência em 1794, após uma explanação de Goethe, em Jena, sobre a metamorfose na natureza. Ao descrever simbolicamente

---

51. "In the eighteen century we are still in the time when some knowledge of philosophical ideas was regarded as a cultural requirement and when philosophy had not yet become an academic preserve. Further, there is still a close connection between philosophy and the sciences, a connection which has, indeed, been a fairly general characteristic of French philosophical thought". Frederick Coplestone, *A History of Philosophy*, p. 6.
52. J. W. Goethe e Friedrich von Schiller, *Companheiros de Viagem*, p. 12.

uma determinada planta, e querendo justificar com isso uma experiência, foi contrariado por Schiller, que lhe afirmou tratar-se de "uma idéia", não uma experiência. A querela, que cedo transformou-se em amizade de cunho mais intelectual que afetivo, resultou em criativa influência intelectual recíproca. Goethe, assumindo aos poucos a pesquisa em seu caráter científico, andou em direção oposta a Schiller, que iniciou-se na vida científica como médico do exército e, depois, enveredou para os caminhos da teoria. Enquanto Schiller perseguia a abstração, Goethe, em carta de 23 de janeiro de 1798 àquele, confessava suas iniciativas concretas no âmbito da ciência, em especial da ótica física:

> Vai anexo um rápido esboço da história da teoria das cores. Nele, o senhor poderá também fazer boas observações sobre o curso do espírito humano; ele gira numa espécie de círculo, até que se lhe esvai. Toda a história, como verá, gira em torno do empirismo comum, que simplesmente expressa o fenômeno do racionalismo em busca de causas; encontram-se poucas tentativas de uma pura compilação dos fenômenos[53].

Humanidade feita de compromisso político é o tema que finaliza a Carta II. A beleza impõe-se como uma nova disciplina do conhecimento através do que se pode chamar de estética operativa, ou objetiva. Esta não se reduz à reflexão, uma vez que quer interferir na realidade para construir uma verdadeira ação moral. Essa estética objetiva terá o concurso de Goethe e do círculo de Weimar, em cujo entender, os valores de humanidade estão no homem como totalidade imersa no âmbito político e histórico. Schiller desenvolverá uma teoria de que a estética, mais que a ciência do belo, como defendido por Baumgarten, é um estado do sujeito, o que para Fiz significa "a Schiller não preocupa tanto situá-la no sistema como abordá-la desde os vínculos que o homem tem estabelecidos com as coisas, o que vale dizer, a partir do comportamento estético"[54].

Schiller garante ao seu mecenas que "para resolver na experiência o problema político é necessário caminhar através do estético, pois é pela beleza que se vai à liberdade"[55]. Cabe, como já dito, entender que nessa afirmação, considera a estética como *meio* para a solução política da liberdade humana, o que estará em contradição com outras Cartas, sobretudo nas que sucedem à Carta IX. A política e o ideal estético não se apartam como proposta de educação que Schiller entende fundamentado no princípio da beleza. Esta constitui-se no substrato sobre o qual as qualidades morais humanas poderão ser construídas. Uma

---

53. *Idem, ibidem.*
54. "a Schiller no le preocupa tanto situarla en el sistema como abordarla desde los vínculos que el hombre tiene con las cosas, es decir, desde el comportamiento estético". Simon Marchán Fiz, *La Estética en la Cultura Moderna*, p. 77.
55. Friedrich von Schiller, *A Educação Estética do Homem*, p. 26.

vez o reino da beleza instaurado como princípio de aprendizado do mundo, o sujeito, e por extensão a espécie humana, poderão atingir o estado de liberdade absoluta que é feito de razão e vontade para o bem.

CARTA III
O ESTADO NATURAL E O ESTADO ÉTICO

A natureza, entendida como circunstância universal do homem, é o personagem que anima essa Carta. Seus coadjuvantes são o ser do estado natural, íntegro na origem, e o homem moral regido pelo estado que construiu como um mundo ético governado por leis. Entre os dois, o processo inexorável da civilização política mediante o uso do instrumental libertador da razão. Pulsa nas palavras do autor a presença de Rousseau, influência que perpassa o pensamento da época e indica alternativas para ampliação da reflexão sobre um novo homem possível, o da pós-ilustração. Trata-se de leitura problemática, que leva a um princípio de ambivalência, uma vez que o homem, já interpretado em sua tônica de razão, tem também a seu favor a glorificação do caráter determinante dos sentidos. Encontrar a unidade entre a natureza e o espírito é uma das tarefas de Schiller, tematizada no texto de 1793, *Sobre a Graça e a Dignidade*, onde revê a leitura kantiana do instinto e da razão. Essa Carta adentra o tema da ambigüidade que tangencia as postulações rousseaunianas, enfocando o homem natural e o homem transformado em sujeito ético pela razão. Trazido ao mundo da existência pela sensibilidade, o homem de pronto encontrou-se imerso nas águas do Estado, maior e anterior a si, pois que dele não participou da construção. Para Murray, a relação nessa Carta dá-se entre um "estado de natureza", que Schiller diferencia daquele que entende como Estado Natural: "O Estado Natural é a forma atual de Estado, o moderno Estado, fundado na força e na compulsão natural. Os homens não adentraram o Estado natural em base voluntária, mas foram forçados a isso para satisfazer suas necessidades naturais básicas, e por circunstâncias externas"[56].

O progresso intelectual é decisivo na construção desse ser que Rousseau qualificou como o "homem do homem", contraposto ao "homem da natureza". Este, contemplado pelos deuses, mergulhado nas esferas da pureza, sem representações e sem a formulação das leis governadoras de sua instância coletiva, teve a seu favor o caminho do lento e

---

56. "The Natural State is the current form of the State, the modern State, founded on force and natural compulsion. Men did not enter the Natural State on a voluntary basis, but were forced into it, in order to satisfy their natural basic needs, and by external circumstances". Patrick T. Murray, *The Development of German Aesthetic Theory from Kant to Schiller*, p. 12.

decisivo desenvolvimento moral. E, com ele, a força imperiosa da razão, que também o fez livre para rejeitar aquilo que a história lhe entregou como legado. Como que amadurecendo da ingenuidade primeva, constrói o raciocínio e o comportamento ético, auto-regulado, determina caminhos para o distanciamento das puras sensações com o concurso da livre necessidade dos mais "simples conhecimentos"[57]. Sabendo-se que "o eu só é na medida em que é consciente de si"[58]; sua condição de natureza e de ser civil da liberdade é-lhe contraditória na própria origem da formação da personalidade, como atesta Fichte:

> Mas o homem, na medida em que ele é sujeito absoluto, não representado nem representável, não tem nada em comum com os seres naturais e, portanto, também não lhes é oposto. Contudo, de acordo com a forma lógica do juízo, que é positiva, ambos os conceitos devem ser unificados; mas não são unificáveis em nenhum conceito, e sim meramente na idéia de um eu cuja consciência não fosse determinada por nada fora dele mas que, pelo contrário, determinasse tudo fora dele por sua mera consciência; idéia essa, porém, que não é em si mesma pensável, uma vez que contém para nós uma contradição[59].

Se existe um ponto dicotômico na relação sujeito civil/natureza, trata-se do destino social do homem de distanciar-se do âmbito das leis naturais para tornar-se mecanismo livre, transformador e capaz de, pela ação inteligente, atuar sobre a exterioridade renitente. A consciência da interioridade e do mundo já o faz cindido quando existe um eu absoluto e um sujeito posto no universo objetivo que se constitui como realidade totalitária independente. Nesse sentido, a consciência é prenúncio da liberdade e ante-sala para a construção do mundo ético. No Livro Primeiro, de *Do Contrato Social*, Rousseau estabelece a premissa de que "o homem nasce livre, e por toda a parte encontra-se a ferros"[60]. Estar no mundo é um ato de liberdade inaugural, em sintonia com as determinações do estágio primeiro, bem aventurado, sem categorias de significações metafísicas e aberto como possibilidade à plena existência, sem os desvios do egoísmo. Em comunhão com a natureza, e dela fazendo uso na exatidão das necessidades, o homem apenas satisfaz as determinações do físico, regidas pelas contingências da sobrevivência. Para Rousseau, no estado primordial, o homem:

> selvagem, abandonado pela natureza unicamente ao instinto ou ainda, talvez, compensado do que lhe falta por faculdades capazes de a princípio supri-lo e depois elevá-lo muito acima disso, começará pois, pelas funções puramente animais. Perceber e sentir será seu primeiro estado, que terá em comum com todos os outros animais;

---

57. Jean-Jacques Rousseau, em *Os Pensadores*, São Paulo, Abril Cultural, 1978, p. 245.
58. J. Gotlieb Fichte, *A Doutrina da Ciência de 1794*, p. 46.
59. *Idem*, p. 59.
60. Jean-Jacques Rousseau, em *Os Pensadores*, São Paulo, Abril Cultural, 1978, p. 22.

querer e não querer, desejar e temer, serão as primeiras e quase únicas operações de sua alma, até que novas circunstâncias nela determinem novos desenvolvimentos[61].

Depreende-se que, na circunstância original e ingênua, o homem já antecipa a aparelhagem da alma infinita, capaz de diferenciar-se no universo da natureza. Nessa instância de integridade natural, instalam-se as paixões e a exacerbação dos sentimentos que o excluirão do propósito harmônico e uno que lhe antecede. Na aurora da cultura, o ser foi totalidade absoluta sem o rígido esquematismo da lógica. Em *Emílio*, Rousseau fala desse ser íntegro, a quem nada fragmentou: "O homem natural é tudo para si mesmo; é a unidade numérica, o inteiro absoluto, que só se relaciona consigo mesmo ou com o seu semelhante"[62]. Contrariamente, a instância moral é construída com o advento de um jusnaturalismo que busca adequar o Estado à realidade humana. A autonomia cósmica rompe-se pelo egoísmo, que qualifica no sujeito íntegro os elementos desnaturalizadores dessa autonomia, pois é do sujeito racional tornar-se civil pela própria injunção social. Assim a crítica e assim a certeza rousseauniana de que o homem não deve perder o que abarcou de conhecimento, mas integrar o civil ao natural, porque os ganhos civilizatórios são inexoráveis e jamais dispensáveis:

> O homem civil é apenas uma unidade fracionária que se liga ao denominador, e cujo valor está em sua relação com o todo, que é o corpo social. As boas instituições sociais são as que melhor sabem desnaturar o homem, retirar-lhe sua existência absoluta para dar-lhe uma relativa, e transferir o eu para a unidade comum, de sorte que cada particular não se julgue mais como tal, e sim como uma parte da unidade, e só seja perceptível no todo[63].

Não se extingue o universo da sensação que permanecerá como reminiscência, na medida em que o mundo moral se edifica progressivamente e se consubstancia na prática civilizatória da humanidade. Como atesta Montaigne: "cada homem carrega a forma inteira da humana condição". Se o passado de natureza se atenua na experiência moral quando a educação e a civilização se fazem estatuto para a espécie, a pureza inaugural persiste porque nenhum juízo é capaz de contaminá-la ou maculá-la em essência. O próprio Deus expulsou o homem de sua circunstância paradisíaca, porque o último conjecturou racionalmente sobre sua possibilidade divina e agiu sobre o mundo conforme essa razão comparadora. Mas a fé, através das leis formais da religião, pela razão teológica promete religá-lo ao estado de delícias supremas, que recuperará em essência um dia, não em circunstância, porque a ele é dado o livre arbítrio e o direito de reconquista sensível

---

61. *Idem*, p. 244.
62. Jean-Jacques Rousseau, *Emílio ou Da Educação*, p. 11.
63. *Idem*, p. 11.

de um possível devir paradisíaco. Como consciência inelutável, a potência primeira não se esgota na história como também não na experiência. Enquanto o saber se amplia na reflexão e na informação recebida pelos sentidos, os olhos estão postos no futuro edificante mas sente-se ecoar no coração a nostalgia que mais se assemelha, logicamente, a privação. O homem individual é um fragmento da espécie com a consciência de que houve unidade anterior à separação, seja da natureza, seja do sagrado, e não lhe escapa a certeza de que o hoje é fruto de um longo percurso no tempo. A irresistível ação do que lhe antecedeu foi vital para o progresso do mundo em constante desvelamento, mas corroeu a expressão de um eu cósmico, um dia feito de permanência sensível porque capaz de evoluir na necessidade natural que Rousseu entende como *alimento*, *repouso* e *procriação* e não no sobressalto da vontade. O tempo, essa relação *lógico-subjetiva*, como quer Kant, e que pressupõe o antes e o depois, faz gestar no homem civilizado o mito do mundo natural e o do mundo da cultura:

> E então começa uma nova época, uma outra era da consciência. E essa nova era se define por uma descoberta essencial: pela primeira vez a consciência tem um passado. Mas, ao enriquecer-se com essa descoberta, ela descobre também uma pobreza, uma falta essencial. Com efeito, a dimensão temporal que se cava atrás do instante presente tornou-se perceptível pelo próprio fato de que se esquiva e se recusa. A consciência se volta para um mundo exterior, do qual percebe simultaneamente que ele lhe pertenceu e que está para sempre perdido. No momento em que a felicidade infantil lhe escapa, ela reconhece o valor infinito dessa felicidade proibida. Então não resta mais do que construir poeticamente o mito da época finda; outrora, antes que o véu se houvesse interposto entre nós e o mundo, havia "deuses que liam em nossos corações..."[64]

O que fazer se, pela própria condição humana e pela necessidade da superação dos obstáculos naturais, o estado edênico teve que ser transformado pela razão da espécie. Ao instrumentalizar, necessária e inteligentemente o reino das utilidades, criando-se extensões dos sentidos para superar naquele a alteridade física, amplia-se a potência psicológica. Comentarista acerbo do pensador de Genebra, Jean Starobinski entende que a atuação instrumental do homem sobre o mundo precedeu o juízo e a reflexão. Antes do planejamento e da projeção visando qualquer ação futura, a necessidade imposta pelo meio fez com que um arsenal para a defesa do ambiente hostil, e que não fora ainda dominado pelo conhecimento lógico, se desenvolvesse

> Tal foi a condição do homem nascente; tal foi a vida de um animal limitado, de início, às puras sensações, e pouco se beneficiando dos dons que lhe oferecia a natureza, longe de pensar em arrancar-lhe alguma coisa; mas logo se apresentam dificuldades, foi

---

64. Jean Starobinski, *Jean-Jacques Rousseau: A Transparência e o Obstáculo*, p. 22.

preciso aprender a vencê-las... As armas naturais que são os galhos de árvores, e as pedras logo se encontram sob sua mão. Ele aprendeu a superar os obstáculos da natureza, a combater, se necessário, os outros animais, a disputar sua subsistência com os próprios homens, ou a compensar-se daquilo que era preciso ceder ao mais forte[65].

Como ser moral, o homem tornará a recuperar o estado inaugural como determinação da razão que lhe indica um princípio de finalidade mas universaliza a tudo o que os sentidos fragmentam. O mundo moral se faz indicador acerbo e constante de escolhas e juízos, o que no estado natural não poderiam existir como na amplitude coercitiva do reino civilizado. Escolher, optar, decidir pela vontade são imperativos para a recuperação da condição inaugural, que a cada nova finalidade demonstra um devir, um *começar a*. Recupera-se na escolha o estado atávico, que a circunstância moral civilizatória lhe tirou. A humanidade lhe chega, também, de forma suplementar com a conquista do estado moral através da construção transformadora da educação. Não nega Rousseau a finalidade enobrecedora da humanidade com a razão. É a constatação do estado de princípios:

> Embora nesse estado se prive de muitas vantagens que frui da natureza, ganha outras de igual monta. Suas faculdades se exercem e se desenvolvem, suas idéias se alargam, seus sentimentos se enobrecem, toda a sua alma se eleva a tal ponto que, se os abusos dessa nova condição não o degradassem freqüentemente a uma condição inferior àquela donde saiu, deveria sem cessar bendizer o instante feliz que dela o arrancou para sempre e fez, de um animal estúpido e limitado, um ser inteligente e um homem[66].

A lembrança indelével de um existir pleno no horizonte paradisíaco funda-se como gênese arquetípica da própria civilização da razão. Esta é a possibilidade de superação da elisão e de recuperação da gênese harmônica através da representação e que, no veio rousseauniano, torna-se um caminho para Schiller afirmar que:

> De uma maneira artificial, ele recupera a infância em sua maturidade, forma na idéia e estado de natureza que não lhe é dado por nenhuma experiência, mas é posto como necessário por sua determinação racional, empresta neste estado ideal um fim último que não conheceu em seu estado de natureza real, é uma escolha da qual outrora não seria capaz, procedendo então como se começasse pelo início e, por claro saber e livre decisão, trocasse o estado da independência pelo dos contratos[67].

O tema mereceu outra obra, *Poesia Ingênua e Sentimental* (1795), na qual analisa a natureza do artista em duas modalidades. O *naïf*, que cria monitorado pela totalidade entre o instinto e a razão sem ter a realidade dividida. A ação ingênua é a ação do artista no mundo lógico, que a tudo vê como arte como se guiado por uma visão grega de

---

65. *Idem*, p. 38.
66. Jean-Jacques Rousseau, em *Os Pensadores*, São Paulo, Abril Cultural, 1978, p. 36.
67. Friedrich von Schiller, *A Educação Estética do Homem*, p. 28.

totalidades. E como que atendendo aos ditames de uma pulsão que não se pautou nas regras para o ato criador, não estabelece relação de idealidade com a natureza, porque o *naïf* é a própria natureza sem o propósito do juízo. Ao poeta *sentimental* é dada a condição de operar com o ideal, buscando o uno pela razão e fazendo plasmar na arte a mesma natureza ancestral, mas não uma natureza dada, senão que recuperada pelo entendimento. Portanto, o entendimento embora não crie a pureza, avança no homem sobretudo no artista a capacidade para o resgate do horizonte passado. Esse encontro na reflexão não representa acordo tácito entre Kant, Rousseau e Schiller. Enquanto Kant defende a educação e a disciplina que "transforma a natureza animal em natureza humana"[68] e Schiller a educação para o belo como formulação para o encontro entre razão e sensibilidade, Rousseau é um crítico diametral dos processos construtores pela educação, mas é através dela que se opera a reconciliação. Apresentando o *Discurso sobre a Origem e os Fundamentos da Desigualdade entre os Homens* formula: "É, por assim dizer, a vida de tua espécie que vou descrever de acordo com as qualidades que recebeste, e que tua educação e teus hábitos puderam falsear, mas que não puderam destruir"[69].

Para Starobinsky, outro comentarista de Rousseau, Engels não vê contradições no pensador francês. Lendo-o atesta que:

> Une o contrato ao segundo Discurso, passando pela idéia da revolução (a "negação da negação"). [...] O momento final é o mesmo: a reconciliação da natureza e da cultura em uma sociedade que redescobre a natureza e supera as injustiças da civilização. [...] Reencontramos a natureza no momento em que a arte e a cultura atingem seu mais alto grau de perfeição[70].

Conciliação de estados e unidade indivisa feita de partes constitutivas é temática da educação pelo princípio estético em Schiller. Em Rousseau, acaba por ser o encontro entre a natureza e a cultura no seio de um ambiente social feito de justeza. Dessa forma, a educação acaba por instrumentalizar essa perfeição. Para Starobinski:

> Reencontramos a natureza no momento em que a arte e a cultura atingem seu mais alto grau de perfeição: "a arte consumada torna-se novamente natureza", "alto grau de perfeição". O que Kant chama de arte é a instituição jurídica, a ordem livre e racional a que o homem decide conformar sua existência[71].

---

68. Immanuel Kant, *Education*, p. 20.
69. Jean-Jacques Rousseau, em *Os Pensadores*, São Paulo, Abril Cultural, 1978, p. 237.
70. Jean Starobinski, *Jean-Jacques Rousseau – A Transparência e o Obstáculo*, p. 43.
71. *Idem, ibidem*.

Ao final da Carta III Schiller apresenta um novo problema e sua respectiva solução. Novamente sua sistemática de pensamento formulada na dicotomia faz-se pela separação entre a sociedade física e a moral. A primeira é seqüente, sem interrupção e histórica. Na segunda, o idealismo schilleriano constata que a dignidade humana deve conferir ao homem o conforto existencial, e nisso o Estado como instituição tem alta relevância. Ele deve se auto-regular pela atuação do homem coletivo na medida da necessidade determinada no tempo. Entende que a sociedade deve mesmo tornar-se independente do Estado natural "que se quer dissolver". Para isso necessita de um "suporte para a subsistência". Trata-se de suporte não possível no egoísmo destruidor e característico da natureza humana, nem mesmo na sua instância ética, mas numa terceira potência criada pela vontade, pela educação e com a presença do Estado:

> Seria preciso separar, portanto, do caráter físico o arbítrio, e do moral a liberdade – seria preciso que o primeiro concordasse com leis e que o segundo dependesse de impressões; seria preciso que aquele se afastasse um pouco da matéria e este dela se aproximasse um tanto – para engendrar um terceiro caráter, aparentado com os outros dois, que estabelecesse a passagem do domínio das simples forças para o das leis, e que, longe de impedir a evolução do caráter moral, desse à eticidade invisível o penhor dos sentidos[72].

Com essa poética e racional conclusão sobre o novo sujeito total, cuja passagem da natureza para o âmbito civil se daria, de alguma forma por uma intermediação, Schiller já expressa o que dará suporte a todo o seu pensamento estético reflexionante. É compulsório o encontro de um elemento que coordene a disparidade, ou seja, um outro caráter a ser construído no homem. A partir da Carta X terá claro os pressupostos para a construção de uma terceira via entre o estado temporal do sujeito e a sua essência na infinitude. É o início de sua discussão sobre a estética objetiva com a suspensão da idealidade e da contingência humana em um outro caráter feito de natureza e civilidade, de inclinação e necessidade. A isso chama de estado autônomo estético.

CARTA IV
HOMEM E SOCIEDADE: UM PROJETO DE UNIDADE

Pela extensão reflexiva que demandam os temas tratados na Carta III, nesta foram retomados com inserções de novas postulações que ampliam o pensamento em trânsito pelas três antecedentes. O princípio político na formulação da educação estética é recorrente nesse documento que considera o projeto de uma nova e bela humanidade a tarefa maior

---

72. Friedrich von Schiller, *A Educação Estética do Homem*, p. 29.

do homem e também do legislador. Uma referência à transformação do Estado remete a análise às questões modificadoras da verdade político-social européia, especialmente do pós-iluminismo, período esse que, para Rouanet, é a *matriz do pensamento liberal*. A terminologia utilizada por Schiller nessa Carta pode gerar imprecisões em sua leitura. A palavra "Estado", sempre grafada em maiúscula, é dada para referir-se, tanto a um modo de ser quanto a questão ético-normativa do âmbito social. E o autor reflete sobre ambos. Prepondera o Estado referido à razão teórica e empírica. Há nela dois Estados, um que revela o ser ideal, aquele que suprime o empírico, outro, também respeitante ao ser ideal em sua personalidade única. Para o pensador, sendo o homem legislado pela unidade da razão e pela multiplicidade que demanda sua natureza, tem inscrito em si o fragmento e a síntese e somente através do Estado inteligente que considera no ser, em seu caráter lógico e geral, mais o subjetivo e fragmentado é que se produzirá um efetivo equilíbrio. Essa relação entre o sujeito e as regras canônicas da vida coletiva demonstram a preocupação do autor com a situação pontual da existência à qual conecta o homem em essência. Ao propor o terceiro caráter na Carta III, apresenta um elemento coordenante para a dissidência interna do conhecimento no homem, e que o orienta para a ação. Entende que através dele o homem, na individualidade ou no coletivo, poderá atuar com a totalidade de sua humanidade, seja no princípio sensível quanto no aspecto da racionalidade pura. Fala-se aqui de um Estado social que, constituído sob esse princípio, pode tornar-se perene e equilibrado porque atende ao seu destino de instância moral reguladora. Os homens não serão dele um apêndice. Feitos de inclinação e dever, através da potência do terceiro caráter estarão acima desse Estado, uma vez que não mais se deixarão levar pelo arbítrio egoísta, mas equilibradamente, como entende Robert Lerroux:

> Esse Estado somente existirá efetivamente quando os indivíduos, que são por definição livres entre a inclinação e o dever, se decidirem conforme o dever; e não se decidirão conforme o dever porque suas inclinações serão enobrecidas e serão conduzidas de acordo com a razão, eles agirão segundo a razão, mesmo quando escolherem agir por inclinação. Serão eles então, em todas as circunstâncias, membros infalíveis do Estado[73].

Elizabeth Wilkinson agrega que há, na idéia do Estado como intérprete e espelho da realidade, uma doutrina do Estado e "sua função pres-

---

73. "Cet Etat ne saurait en effet exister que le jour où les individus, qui sont par définition libres entre l'inclination et le devoir, se décideront toujours conformément au devoir; et ils ne se décideront toujours conformément au devoir que lorsque, parce que leurs inclinations se seront ennoblies et se seront mises d'accord avec la raison, ils agiront selon la raison, même quand ils choisiront d'agir par inclination. Ils seront alors en toutes circonstances des membres sûrs de l'Etat". Friedrich von Schiller, *Lettres sur l'éducation esthétique de l'homme* (trad. Robert Lerroux), p. 100.

supõe uma noção de liberdade 'positiva'"[74]. O novo homem total, no qual a unidade da razão se vincula à multiplicidade representada pela natureza, é o sujeito na condição de mudar, de forma "inofensiva", o Estado da necessidade naquele da plena liberdade. O cuidado na formulação da hipótese revela o entendimento que tanto o homem quanto o Estado estão em movimento evolutivo e que a passagem para novos momentos sociais deve ocorrer de forma pacífica e sem as rupturas danosas da forma violenta como ocorreu a condução final da Revolução Francesa. A filosofia contemporânea de Schiller atesta que a Europa encontra-se intelectualmente dividida pela relação entre o pensamento puro que preconiza a razão formadora do conhecimento e, em outra vertente, a experiência. Enquanto na França, na Alemanha e na Suíça, a filosofia da razão constituidora culmina com Kant, a experiência se funda como princípio e fim na Inglaterra. Tanto uma quanto a outra corrente admite o estado burguês como estatuto do sujeito autônomo logo, o âmbito político é determinante na leitura da liberdade do indivíduo. Este é autônomo também em relação à situação absolutista na qual o poder ilimitado e indivisível estava irremediavelmente concentrado nas mãos autônomas da monarquia. O homem ético deve transitar por um Estado moral que lhe garanta condições para promover sua humanidade e a liberdade de tornar-se o ser da vontade. Schiller afirma que: "A vontade do homem [...] é plenamente livre entre dever e inclinação"[75]. O tema foi tratado por Kant na *Fundamentação da Metafísica dos Costumes*, obra em que o autor deduz que as escolhas são determinadas pela razão prática a partir do juízo do que é bom. Schiller, contrariamente, entende que a "faculdade de escolha" assenta-se, também, no agir concorde com a determinação do sentimento, algo subjetivo e até impreciso. Ser livre para realizar as determinações da vontade implica entender e cumprir a lei moral que não está apenas no sujeito, mas na relação entre este e o acordo promovido pelas leis que lhe antecedem e com as quais deve sintonizar-se. Nesse instante presentifica-se a contingência social e o Estado moral, que também concorrem para a conformação do indivíduo em sua subjetividade. Abbagnano expõe que entre a liberdade e a inclinação há um contraste: "A razão tende a suprimir a natureza no homem e a furtá-la aos vínculos sociais existentes para lhes fornecer aquilo que ele poderia e deveria possuir, mas não pode substituir completamente a sua realidade física e social"[76]. Schiller, em várias passagens da obra em análise, tangencia os temas do estado temporal do sujeito e sua essência feita de infinitude e liberdade, mas somente na Carta XI os funda como princípio na formulação de um tratado sobre a educação estética:

74. "this doctrine of the State and its function pressuposes a notion of positive freedom". Friedrich von Schiller, *On the Aesthetic Education of Man*..., p. 228.
75. Friedrich von Schiller, *A Educação Estética do Homem*, p. 31.
76. Nicola Abbagnano, *História da Filosofia*, vol. VIII, p. 152.

A razão exige a unidade, a natureza exige a variedade; e o homem é chamado a obedecer a ambas as leis, uma sugerida pela consciência e a outra pelo sentimento. No homem o eu é imutável e permanente, mas os estados singulares sofrem mutações. O eu é fruto da liberdade, os estados singulares são produto da ação das coisas exteriores[77].

O homem é agente quando pensa e paciente quando sente. Para Schiller, a vontade é "contingente" e "somente no Ser Absoluto as necessidades física e moral coincidem"[78].

Embora o processo schilleriano de aprimoramento prefigure o ideal da sociedade perfeita, finalmente fundada numa ética universal da contenção de tudo o que constranja a razão e a justeza, esse processo ocorre por força da vontade e da disposição inteligente da melhoria. Nesse sentido, Deus não precisa de um lugar destacado em suas reflexões porque o homem, feito de plena liberdade, deve entender que ao espírito nada constrange, nem mesmo a emergência do divino como possibilidade de perfeição no belo. Depreende-se, pela sumária citação de Schiller que em Deus não há as cisões do humano. Se no homem existe o estado e a forma, em Deus tudo é puro sentido estético do eterno existir, porque Ele é pura liberdade e permanência na qual a espaço-temporalidade não se manifesta. Mais que referir-se a Deus, tangencia o conceito, à semelhança com Fichte quando se tem, na obra *A Doutrina da Ciência de 1794*, a seguinte definição:

> [...] isso torna, pois, plenamente claro, em que sentido usamos aqui a palavra eu e nos conduz a uma definição do eu, como sujeito Absoluto. Aquilo cujo ser (essência) consiste meramente nisto: que ele põe a si mesmo como senso é o eu, com sujeito absoluto. Assim que se põe, ele é, e assim que é, ele se põe; e portanto para o eu, o eu é pura e simplesmente, e necessariamente. O que para si mesmo não é, não é um eu[79].

Sujeito Absoluto em Fichte e *Ser Absoluto* em Schiller: ambas terminologias revelam a concepção deísta em vigor no século XVIII e a religião como substrato estético, analisada por Schiller em carta de 17 de agosto de 1795 a Goethe, onde escreve:

> Se se detiver na característica particular do cristianismo, que se diferencia de todas as religiões monoteístas, então isto reside em nada além do que na supressão da lei ou do imperativo kantiano, em cujo lugar o cristianismo quer ter estabelecido um livre pendor. Assim, ele é, em sua forma pura, representação da moralidade bela ou da humanização do sagrado, e neste sentido a única religião estética; por isso é que também vejo explicado por que essa religião trouxe tanta felicidade para a natureza feminina e só é encontrada nas mulheres, uma forma ainda suportável[80].

---

77. Friedrich von Schiller, *A Educação Estética do Homem*, p. 32.
78. *Idem*, p. 31.
79. J. G. Fichte, *A Doutrina da Ciência de 1794*, p. 46.
80. J. W. Goethe e Friedrich von Schiller, *Companheiros de Viagem*, p. 44.

A citação pede uma análise. O Cristianismo propõe, desde Agostinho, em sua base platônica, uma existência plena de contenção e sacrifícios na *Cidade dos Homens* para que, no devir, ao privar com o divino na *Cidade de Deus*, o homem finalmente tenha as benesses do gozo absoluto. Antropomorfizando o sagrado, o Cristianismo deu ao ser o livre arbítrio de uma passagem ideal para a categoria da divindade. Aquilo que o direito canônico considerou modelos de perfeição – os santos – são signos de um caráter ilibado, de infinitude ética e modelar para a perfeição na conduta moral. Entrega, renúncia, estoicismo e nobreza com a dor são qualidades conquistadas pela vontade no sujeito feito e sensualização e sentidos que o fragmentam. Mas, pela razão moral, esses mesmos homens entendem e praticam uma conduta voltada para a totalidade que universaliza o contingente, fazendo-os pura virtude. Por isso o Cristianismo é estético na medida em que humaniza o sagrado e diviniza o sujeito colocando o ideal no real e realizando na ação humana as qualidades do venerável.

Tirando-se a questão dos milagres, que antecipam no homem de reputação ilibada uma possibilidade de santificação, outro item importante para a entronização do santo é a total entrega aos desígnios de Deus, mediante a ação moral e da contenção dos sentidos em prol da elevação do caráter a uma categoria racional de recusa e entrega. Explique-se que isso ocorre pela via da mortificação dos sentidos (estados) e pela entrega do corpo ao ideal da pureza, a destituição do interesse material no caráter, a busca da virtude através de uma razão que conduz o homem à libertação de qualquer contingência. Nossa Senhora da Agonia (e todas as outras) é um modelo de operação da atitude lógica sobre a cupidez dos sentidos. Se ser santificado é estar a par da perfeição, a Senhora da Agonia está branca, de branco vestida, serena, perfeita na determinação quando pisa a serpente que a quer destruir tresloucadamente sem qualquer operação pensamental que justificasse essa dança maniqueísta entre o mal rastejante, escuro, sórdido e o supremo bem que se clarifica à vista. O mal dos sentidos é aniquilado pela serenidade da razão. Isso para Shiller é estético. Porque contém o juízo ético.

Convém lembrar que o Cristianismo de orientação Católica provê a doutrina com o rito que dispõe o sagrado ao circunstante, entronizando neste a totalidade que o faz senhor de sua própria divindade. O rito da missa repete a ação da transubstanciação quando de dois elementos temporais, o pão e o vinho, emerge a unidade transcendente que se incorpora fisicamente ao sujeito "Tomai todos e comei: isto é o meu corpo que será entregue por vós". Da iconografia religiosa, a ceia em que persiste o canibalismo inaugural, ou para outros a grosseria de uma cristofagia, remanesce o signo da incorporação, quando o estado físico e o transcendente se locupletam irresistivelmente. Mas o sangue que vivifica e produz o movimento alimentador da vida física também tem que entrar em comunhão com o divino: "Tomai todos e bebei: este é o cálice do meu sangue, o sangue da nova e eterna aliança, que será derramado por vós e por todos para remissão dos pecados. Fazei isto em memória de mim". A vontade, segundo a boca sagrada não perdura mais que os sentidos. Onipotente, onisciente e onipresente, a totalidade sagrada sabe que será traída quando os sentidos fizerem a vontade enfraquecer para que um estado simpático à tendência se imponha.

Filho do pobre cirurgião Johann Caspar Schiller, seguidor atento da antiga, rígida tradição protestante, foi, no começo, fortemente influenciado pelo pastor Moser (personagem em *Die Räuber*) que o iniciou nos estudos de latim. A mãe, Elisabeth Dorothea Kodweiss era uma fervorosa pietista que, com o pai, recriminava no filho criança as atitudes de caridade com objetos da família (lençóis, sapatos e livros), justificados pela leitura precoce dos ensinamentos de São João Batista: "E nós conhecemos e cremos no amor que Deus nos tem. Deus é caridade; e o que está em caridade está em Deus, e Deus nele"[81]. De tal sorte foi a influência religiosa em sua formação que ainda em Lorch, onde viveu até 1767, tinha o firme propósito de atender à vida eclesiástica. O acaso promovido pela mudança da família para Ludwigsburg, onde o despótico duque Carlos Eugênio de Wurtemberg havia construído a *Carlsschulle* para formar servidores e oficiais que atendessem a sua vontade, obrigou-o a desistir da vocação da infância.

Referindo-se ao imperativo categórico suprimido no monoteísmo cristão, pode estar considerando o livre arbítrio como diferencial, que no Cristianismo significa uma possibilidade para o ato humanizador do sagrado na trágica e transitória experiência do homem. Aquilo que é doutrina e se apresenta como lei na ordem do universo define no mundo o ser contingente e este, criação do *Ser Absoluto*, antepõe-se pelo pecado aos mandamentos, categorias éticas entregues a Abraão. Deus e homem são coetâneos em seu princípio de infinitude. A lei divina, em sua forma categórica, está no mundo da experiência. É de singular interesse a relação da estética com o sagrado, uma vez que permite que este seja vivenciado na ação moral do bem. Estética aplicada à ação inteligente de se estar no mundo significa que não só a forma está a serviço da beleza. A autonomia estética permite essa leitura quando entendida como forma de conhecimento. Vinha sendo buscada desde o início do século XVIII para que, com Baumgarten, atingisse a definitiva categoria independente de ciência do belo. Em 1750, ao lançar à luz seu

---

81. *Bíblia Sagrada*, Brasília, Sociedade Bíblica do Brasil, 1969, 4:16, Primeira Epístola Universal do Apóstolo S. João, p. 309.

Aesthetica, é também o primeiro, na Alemanha, a usar a palavra *gnoseologia* para dar à nova "ciência" do sensível o estatuto de *episteme*. Esta compreende a estética ou o conhecimento sensível e a lógica, que responde pela estrutura objetiva e causal do conhecimento intelectual. Em seus aportes filosóficos, introduz a noção de que o conhecimento sensível, além de prenúncio para o intelectual, é independente e intrínseco. Para Abbagnano:

> A originalidade de Baumgarten consiste no relevo que deu ao conhecimento sensível, ao qual considera apenas como grau preparatório e subordinado do conhecimento intelectual, mas também, e sobretudo, como dotado de um valor intrínseco, diverso e independente do valor do conhecimento lógico... Os resultados fundamentais da estética de Baumgarten são substancialmente dois: 1. o reconhecimento do valor autônomo da poesia e, em geral, da atividade estética, isto é, de um valor que não se reduz à verdade própria do conhecimento lógico; 2. o reconhecimento do valor de uma atitude ou de uma atividade humana que se considerava inferior e, portanto, a possibilidade de uma valoração mais completa do homem em sua totalidade[82].

Baumgarten abre o caminho para a especulação de Schiller, ao entender o princípio de autonomia dando à estética o estatuto de disciplina filosófica, ou de "ciência". Uma ciência independente do saber científico, pois que da sensibilidade, mas onde a verdade também se constitui. Deve-se pensar o caráter de individualidade da sensibilidade fundamentado no gosto (para Kant universalmente válido *a priori*) e, com isso, o âmbito subjetivo dessa ciência. Nessa visão, a arte garante sua autonomia, e como quer Schiller no início da Carta II, é "filha da liberdade e quer ser legislada pela necessidade do espírito". Na relação com o sagrado ou com o institucionalizado, segundo Feijóo vai constituir a "arte da opinião pública, [...] a crítica incipiente da opinião pública burguesa ao estado político"[83]. Promove a noção da humanidade, que Feijóo entende como:

> A arte [...] autônoma enquanto crítica do processo de alheamento do indivíduo com respeito ao seu caráter social, e dentro dessa autonomia, será concebida sua

---

82. "La originalidad de Baumgarten consiste en el relieve que dio al conocimiento sensible, al cual no considera sólo como grado preparatorio y subordinado del conocimiento intelectual, sino también, y sobre todo, como dotado de un valor intrínseco, diverso e independiente del valor del conocimiento lógico... Los resultados fundamentales de la estética de Baumgarten son sustancialmente dos: 1. el reconocimiento del valor autónomo de la poesía y, en general, de la actividad estética, esto es, de un valor que no se reduce a la verdad propia del conocimiento lógico; 2. el reconocimiento del valor de una actitud o de una actividad humana que se consideraba inferior y, por tanto, la posibilidad de una valoración más completa del hombre en su totalidad". Nicola Abbagnano, *História da Filosofia*, vol. II, p. 406.

83. "la crítica incipiente de la opinión pública burguesa al estado político". Friedrich von Schiller, *Kallias. Cartas sobre la Educación Estética del Hombre* (trad. Jaime Feijóo), p. 13.

função de promover a idéia de "humanidade". Existe um manifesto paralelismo entre o desenvolvimento do conceito autônomo da arte e o processo de emancipação da humanidade: a autonomia que a arte conseguiu depois de haver se desprendido de seu caráter religioso e de sua função no seio da "opinião pública", essa autonomia se alimentou da idéia de humanidade; aí que o interesse pela correta conformação ou disposição da totalidade social[84].

Para o autor, a conquista da potência de humanidade ocorre quando os paradigmas religiosos medievais, que determinavam o conhecimento desde que referendassem a fé e validassem as escrituras, deixa de ser um modelo para o artista. Não se trata de eliminar o caráter sagrado característico da contemplação do objeto, mas de reconhecer a independência estética como desprendimento de cânones formais deliberados por quaisquer autoridades na determinação formal das representações. O artista é independente na realização delas, ainda que nelas se presentifique alguma forma ou o estilo de uma época. O barroco assim o atesta. Forma escatológica, recorrente, de conformação dos céus na terra não deixou de produzir artistas personalíssimos com obras inesgotáveis em significação no tempo. A reflexão sobre o artista conduzida por Schiller nessa Carta, embora sumária, é passagem de relevo na leitura de sua obra. Como os gregos, define o artista pelo resultado do seu fazer. A validação de seu trabalho ocorre pelo que a obra atesta enquanto objeto concreto e independente no tempo. Como ser das representações racionais e sensíveis, deve encontrar no Estado o promotor da educação não somente para o que é formal nos indivíduos, mas também na subjetividade sem "despovoar o reino do fenômeno"[85]. A sensibilidade inteligente, para a qual o Belo se dirige, e a objetividade da fatura da arte devem estar sob a égide do Estado, e este atento ao subjetivo e ao invisível. Uma outra forma dialética é lida na oposição interna humana quando Schiller fala sobre o sujeito selvagem e o bárbaro. O primeiro é regido pelos sentimentos antes da moral e o segundo pauta-se em princípios que eliminam os sentimentos. É mister do legislador a ele indicar o caminho para que se torne o Homem cultivado. Este "faz da natureza uma amiga e honra sua liberdade, na medida em que apenas põe rédeas a seu arbítrio"[86].

---

84. "El arte... autónomo en cuanto crítica del proceso de enajenación del individuo con respecto a su carácter social, y dentro de esa autonomía, será concebida su función de promocionar la idea de 'humanidad'. Hay un manifiesto paralelismo entre el desarrollo del concepto autónomo del arte y el proceso de emancipación de la humanidad: la autonomía que el arte consiguió después de haberse desprendido de su carácter religioso y de su función en el seno de la 'opinión pública', esa autonomía se alimentó de la idea de humanidad – de ahí que el interés por la totalidad estética pretendiera ser objetivamente un interés por la correcta conformación o disposición de la totalidad social". *Idem*, p. 13.

85. Friedrich von Schiller, *A Educação Estética do Homem*, p. 32.

86. *Idem*, p. 33.

CARTA V
ANÁLISE HISTÓRICA E CRÍTICA AO PRESENTE

Crítico arguto de sua época, o comentarista Schiller disseca com perspicácia o que observa da história em movimento. Atento à realidade em que a mutação traumática e a descontinuidade social se alterna com a coerência da proposta racional de mudança, pensa a ação do Estado visando o aprimoramento social com a responsabilidade de cada cidadão. Inicialmente cético, rememora o fato histórico que ainda ecoa no ocidente, promovendo o trâmite das transformações nas democracias emergentes. É da Revolução Francesa que fala ao referir-se ao "objeto que mais salta aos olhos"[87]. Referindo-se à supressão do arbítrio pela atitude democrática do sufrágio universal, olha para mais distante e para o passado, não atendo sua crítica apenas às transformações político-sociais operadas numa Europa que vivifica a democracia ora pela violência popular, ora pelo poder instituído, ora pela via da transformação racional e positiva do pensamento. Ao atestar o direito do cidadão aqui e acolá (*diesseits und jenseits*) certamente refere-se, cronologicamente, às mutações revolucionárias na França e à Revolução Americana, que lhe antecedeu. Esta pôs fim a um sistema econômico-social incompatível com a perspectiva da natureza sensível do homem. Em 1760, a nobreza latifundiária sulista americana mantinha quatrocentos mil escravos nas lavouras e como servilismo pessoal em grandes propriedades, e, em 1776, a independência ocorreu pela via da decisão congressista, o que não eliminou a beligerância entre a realeza britânica e os movimentos coloniais autonomistas. A escravidão serviu de suporte para um sistema produtivo, eminentemente capitalista e de desigualdade, em um mesmo Estado cindido. O Sul fornecia matéria prima de baixo custo e produção artesanal para o Norte burguês, que se industrializava transformando em necessidade a *raw material*[88], à qual agregava o valor e o custo da transformação. O sistema escravocrata, frente ao liberal industrializado, foi uma das causas marcantes da Guerra de Secessão (1861-1865). A ocorrência de movimentos fundados em sentimentos de autonomia, liberdade e igualdade, que continuariam afetando as regiões americanas por mais de cinqüenta anos, foi vista e refletida na Europa, onde estavam as matrizes do colonialismo estendido ao novo mundo, à África, à Índia, ao Oriente próximo e ao extremo. A Revolução Francesa não se esgotou na experiência da conquista política que culminou com transformações sociais de apelo popular. Serviu de paradigma a outras revoluções que lhe sucederam. Segundo Hobsbawm:

---
87. *Idem*, p. 35.
88. Matéria-prima.

[...] a Revolução Francesa foi, de fato, um conjunto de acontecimentos suficientemente poderoso e suficientemente universal em seu impacto para ter transformado o mundo permanentemente em importantes aspectos e para introduzir, ou pelo menos nomear, as forças que continuam a transformá-lo. [...] ...metade dos sistemas legais do mundo está baseada na codificação legal que a Revolução Francesa implantou. [...] ... quem poderia entender, digamos, a história alemã desde 1789 sem a Revolução Francesa?"[89]

O historiador Schiller, como estando de atalaia, olha, percebe, lê e reflete sobre o movimento da história e, buscando a participação enquanto artista e pensador, preconiza a idéia da infinita perfeição "para o estado de realização estética onde cada vestígio de alienação foi superado"[90]. Assim, reflete na Carta V o caráter da nova humanidade, com gênese na necessidade e prática na vontade do que entende como um novo ser político, capaz de alterar o curso da história com a atitude coletiva, visando a liberdade do jugo histórico da opressão:

É verdade que o prestígio da opinião decaiu, que o arbítrio está desmascarado e, mesmo armado de poder, não é capaz de alcançar dignidade alguma. O homem despertou de sua longa indolência e ilusão, com forte maioria de votos exige a restituição de seus direitos inalienáveis[91].

Ao considerar os esforços do povo francês na conquista dos direitos humanos, Schiller mostra-se descrente, sem fé na possibilidade de transformação que tanto atenderia ao apelo popular; pode estar se referindo à inicial ineficácia da Declaração dos Direitos Humanos concebida no direito à liberdade do sujeito: "Aqui, selvageria, mais além, lassidão: os dois extremos da decadência humana, e os dois unidos em um espaço de tempo"[92]. Uma inicial crítica para a questão à qual a educação se apresenta como solução é a lacuna sensível entre os primeiros extratos da classe social a "vida orgânica" e as "classes civilizadas"[93]. A primeira por operar sensivelmente dentro da necessidade e do impulso onde não prevalece a letra e a lei, a outra, para Schiller, vítima da cultura onde se deprava o caráter. Vê-se que as classes estão em relação antitética, mas em conjunto são universos concêntricos, se pensadas como estruturas horizontais com uma dando passagem à outra. É inexorável a passagem da vida e do homem orgânico para a situação da cultura, ou de homem civil. A leitura e influência de Rousseau é imanente na tendência especulativa da Carta V:

89. Eric Hobsbawm, *Ecos da Marselhesa*, pp. 124-125.
90. "toward a state of aesthetic fulfillment where every trace of alienation has been overcome". Novalis, Schlegel, *Schleiermacher and Others – German Romantic Criticism*, p. 12.
91. Friedrich von Schiller, *A Educação Estética do Homem*, p. 36.
92. *Idem*, p. 35.
93. *Idem*, p. 36.

Nas classes mais baixas e numerosas são-nos expostos impulsos grosseiros e sem lei, que pela dissolução do vínculo da ordem civil se libertam e buscam, com furor indomável, sua satisfação animal. [...] Do outro lado, as classes civilizadas dão-nos a visão ainda mais repugnante da languidez e de uma depravação do caráter, tanto mais revoltante porque sua fonte é a própria cultura[94].

O tema é tratado de forma colateral no *Discurso sobre as Ciências e as Artes*, na comparação de culturas, dos costumes, do modo de ser na Antigüidade com aquilo que Rousseau chama de "Moderno". Cultura, para Rousseau, é um conceito de extração mais que antropológico, social. Para o autor, o homem na instância da cultura é aquele que deixou as qualidades inerentes ao pleno existir na simplicidade do apenas necessário, para adentrar ao mundo das demandas criadas pelo artifício resultante de um segundo momento da civilização, aquele articulado pelo aprendizado sob a educação cultural. Nesse sentido, opõe o passado ingênuo ao seu presente, analisa a intermediação da arte como elemento civilizatório e a este imputa o mal do engano e da corrupção da alma, na medida do aprimoramento da representação sensível e das ciências. Entende Rousseau que:

Antes que a arte polisse nossas maneiras e ensinasse nossas paixões a falarem a linguagem apurada, nossos costumes eram rústicos, mas naturais, e a diferença dos procedimentos denunciava, à primeira vista, a dos caracteres. No fundo, a natureza humana não era melhor, mas os homens encontravam sua segurança na facilidade para se penetrarem reciprocamente, e essa vantagem, de cujo valor não temos mais noção, poupava-lhes muitos vícios[95].

Arte e ciência concorrem para o desregramento da natureza humana na *medida em que operam no mundo das aparências corrompendo os costumes*. "Ser e parecer tornaram-se duas coisas totalmente diferentes. Dessa distinção resultaram o fausto majestoso, a astúcia enganadora e todos os vícios que lhe formam cortejo"[96]. Quanto às artes que operam representações, há uma controvérsia insolúvel. Se as artes e as ciências aprimoram o espírito, como entendê-las como elementos promotores do ócio e da degradação? A ciência quer desvendar os segredos da natureza, contribuir para a grandeza da espécie, e a arte promover um caminho de valores pautados no belo – nesse sentido se completam na busca de uma perfeição éticamente embasada. O jogo de contraposições de Rousseau vai além da figura de retórica. A "noção abstrata do ser e do parecer" remete à análise da "inocência renegada e a perdição doravante certa"[97]. Para o pensador, a ciência é,

---

94. *Idem, ibidem*.
95. Jean-Jacques Rousseau, em *Os Pensadores*, SãoPaulo, Abril Cultural, 1978, p. 336.
96. *Idem, ibidem*.
97. Jean Starobinski, *Jean-Jacques Rousseau – A Transparência e o Obstáculo*, p. 15.

e a arte representa o que poderia ser. O tema da aparência e da hipocrisia tornou-se comum nas discussões religiosas, na literatura, e popularizou-se com Moliére no final do século XVII e XVIII. Tartufo é o refinado falso devoto que recebe de seu hospedeiro Orgon a fortuna e a filha, mas é Elmire, a mulher de Orgon que o melífluo e ganancioso quer. Proibido em 1664, o texto tornou-se tema corrente e da moda não só na França, comprovando o interesse do tempo nas discussões sobre o que é e o que aparenta ser. Aparentar é mostrar-se. Da relação entre o manifestar-se e a realidade a filosofia constrói teorias que revelam o fenômeno ou o processo humano do conhecer através de juízos.

Na *Divisão Segunda da Lógica Transcendental (Dialética Transcendental)*, Kant analisa a lógica das aparências e através dela diferencia o fenômeno (*Erscheinung*) e a ilusão, ou aparência ilusória (*Schein*). São diferentes, embora venham da mesma raiz, *Scheinen*, para significar cada termo, "brilhar por si" e "parecer de forma geral"[98]. Kant analisa o que classifica como lógica da ilusão. Fundada na relação entre a realidade, o objeto e a recepção pelo sujeito, a ilusão opõe-se ao objeto intuído. A aparência, assim como a verdade, não estão no objeto intuído, mas "no juízo sobre ele, enquanto é pensado". Kant entende que "os sentidos não erram, não porém porque eles sempre julguem corretamente, mas porque eles não julgam de modo algum"[99]. Aparecer, então, significa afetar a sensibilidade para, em seguida, ser sintetizado segundo conceitos gerais do entendimento. O juízo é, na verdade ou na intuição da aparência, o elemento de conexão entre o objeto e o entendimento. Desprovidos de juízo, os sentidos apenas recebem subjetivamente aquilo que parece ser. Se a sensibilidade é a "faculdade das intuições" e o entendimento "a faculdade das regras" e a razão "a faculdade dos princípios"[100], o percurso para o conhecimento lógico inicia-se na experiência dos sentidos. Kant atesta:

> Que todo o nosso conhecimento começa com a experiência não há dúvida alguma, pois, do contrário, por meio do que a faculdade de conhecimento deveria ser despertada para o exercício senão através de objetos que tocam nossos sentidos e em parte produzem por si próprios representações, em parte põem em movimento a atividade do nosso entendimento para compará-las, conectá-las ou separá-las e, desse modo, assimilar a matéria bruta das impressões sensíveis a um conhecimento dos objetos que se chama experiência? Segundo o tempo, portanto, nenhum conhecimento em nós precede a experiência, e todo ele começa com ela. Mas embora todo o nosso conhecimento comece com a experiência, nem por isso todo ele se origina justamente da experiência[101].

Ao pensamento compete dar unidade a toda a multiplicidade de instâncias que se colocam de forma fragmentada como o mundo em

---

98. Immanuel Kant, *Crítica da Razão Pura*, p. 229.
99. *Idem, ibidem*.
100. Georges Pascal, *O Pensamento de Kant*, 1996.
101. Immanuel Kant, em *Os Pensadores*, São Paulo, Nova Cultural, 1996, p. 53.

sua alteridade e o sujeito cognoscente. Buscar e encontrar a unidade é usar logicamente o entendimento pelo concatenamento de fatos para que a razão processe a síntese. Schiller encaminha, nesta Carta, a reflexão para os destinos de sua época, revelando sua confessada descrença em relação ao egoísmo humano cristalizado no meio social. Ali são ditadas as regras para os princípios do eu-coletivo, em detrimento da pureza sensível, o que vai resultar no egoísmo distante do homem natural. Impiedoso com a cultura, agrega que o tempo está delimitado por antinomias, todas negativas e prontas a estabelecer parâmetros e condução para a sociedade. "Vê-se, assim, o espírito do tempo balançar entre a perversão e grosseria, entre desnaturado e meramente natural, entre superstição e descrença moral, e é apenas o contrapeso do ruim que ainda lhe põe, por vezes, limites"[102].

Schiller acentua sua visão pessimista ao constatar que a sociedade de seu tempo estava doente, plena de artificialismo, e caminhando para a desintegração na medida da incapacidade para discernir sobre o que verdadeiramente deveria fazer para a paz do espectro coletivo, sem um projeto de desenvolvimento do sujeito. Certo está que a Revolução Francesa mais a influência da crítica de Rousseau às sociedades contemporâneas, em boa medida, conduziram suas análises. Também o Iluminismo de um lado fazendo vigorar a crença na intelecção do mundo, em oposição às experiências da beleza e do sentido natural das coisas levaram-no a ver cisões aparentemente irremediáveis tanto no corpo social quanto na perspectiva do indivíduo. Quanto a Kant, traz a questão crítica do subjetivismo, que, para Schiller, parece distanciar-se irremediavelmente da natureza, tornando o homem físico uma oposição ao ser universal. Esses contrastes, que constantemente brotam nas Cartas, é o corpo de um problema que, a cada nova investida do autor, torna-se mais recalcitrante e inviabilizador de sua empreitada que é a de encontrar uma via alternativa para a conjugação do intelecto com a necessidade, para encontrar um método que fizesse o sujeito evoluir, inexoravelmente, para a sua condição estética.

CARTA VI
O MODELO GREGO: A ARTE COMO PRINCÍPIO
LEGISLADOR DA NATUREZA HUMANA

Uma análise do estágio de desenvolvimento do homem é realizada por comparação. Caminhando em direção à proposta concreta da educação estética, Schiller adota como modelo o mundo grego, já prenunciado como paradigma em outros escritos, e compara aquele com sua época. O primeiro comprova haver constituído uma cultura da totalida-

102. Friedrich von Schiller, *A Educação Estética do Homem*, p. 37.

de, pela forma como os avanços da razão especuladora harmonizando-se com uma natureza feita de cosmos, deuses e homens. Se a razão unifica e a cultura especializa, os gregos só fizeram coordenar uma instância com a outra ligando saber e arte, fazendo a erudição conforme aos costumes e às crenças na idealidade do homem pleno, culto, total. Na multiplicidade de deuses povoando a ação humana, fizeram constituir uma hagiografia que não confrangeu a liberdade, cara ao pensamento e à ciência. Continuou a razão em liberdade mas o transcendente e o sensível, que Schiller relaciona à arte, permaneceram como verdade impregnando as ações comuns do conhecimento. As dissidências entre o estado natural humano e aquele submerso no mundo das ocorrências extemporâneas determinadas pela cultura remetem o autor à busca teórica da unidade perdida. A cultura estabelece forças especializadoras que acabam por determinar um estado moral regulador do âmbito coletivo. Modo de existir, modo de ser conformam as regras coletivas fundadas no princípio de manutenção do *status quo* e na permanência de valores que se introjetam no sujeito. Condicionante da visão humana de mundo, a cultura é uma perspectiva fora do sujeito, que com ela se coaduna. Por isso relativa e por isso capaz de engendrar visões díspares das coisas, porque cria no sujeito um filtro, através do qual o mundo se apresenta como fenômeno localizado. Outro veio de análise para Schiller é o fato social, que, embora inexorável, não deixa de ser algo desviante da natureza humana entendida na concepção rousseauniana, *stricto sensu*. É assim quando se constata que a característica impressa pela determinação cultural fundamenta o comportamento e a ele indica uma empiria individual e coletiva. Rousseau é um antimedievalista, e, como toda a cultura letrada de sua época, rejeita o que vulgarmente acabaria por ser considerada a cultura da "idade das trevas", muitas vezes analisada sem rigor adequado, visto que grandes avanços na ciência lingüística foram operados no período:

> A Europa tinha tornado a cair na barbárie dos primeiros tempos. Os povos dessa parte do mundo, hoje tão esclarecida, viviam há alguns séculos em estado pior do que a ignorância. Não sei que algaravia científica ainda mais desprezível que a ignorância, usurpara o nome do saber e opunha um obstáculo quase invencível à sua volta. Precisou-se de uma revolução para devolver os homens ao senso comum e ela veio donde menos se esperava[103].

É de se lembrar que o medievo é o período de ampliação na pesquisa sobre a linguagem, sobretudo com o polêmico Pedro Abelardo. Aluno de Anselmo, o teólogo e filósofo francês pesquisou o conceito universal e sua relação com a palavra, com ênfase nas questões gerais e particulares do discurso. Essa anterioridade é desprezada, e pode-se

---

103. Jean-Jacques Rousseau, em *Os Pensadores*, São Paulo, Abril Cultural, 1978, p. 302.

dizer até desconhecida, pelos críticos, que, como Condorcet, no *Tableau des progrès de l'esprit humain*[104] (1794), denotam indisfarçado desprezo pelo medievalismo. Reforçar a importância da cultura cavalheiresca veio a ser tarefa dos pré-românticos e, na Alemanha, um meio de identidade histórica para uma nação em constante reconstrução. A retomada daquele período serviu como fonte renovadora da inspiração literária. A cultura científica mereceu revisão crítica pelo romantismo, mas de Rousseau é o tom implacável com o período que lhe antecedeu e com as artes. Além da cultura entendida no âmbito da sociedade, Rousseau considera as fontes da grande erudição as ciências e as artes. Em visão escatológica, no *Primeiro Discurso sobre as Ciências e as Artes*, atesta:

> Mas como pode ser que as ciências, cuja fonte é tão pura e o fim tão louvável, dêem origem a tantas impiedades, a tantas heresias, tantos erros, tantos sistemas absurdos, tantas contrariedades, tantas inépcias, tantas sátiras amargas, tantos romances miseráveis, tantos versos licenciosos, tantos livros obscenos naqueles que as cultivam, tanto orgulho, tanta avareza, tanta malignidade, tanta intriga, tanto ciúme, tanta mentira, tanta torpeza, tantas calúnias, tantas adulações covardes e vergonhosas?[105]

No mesmo texto, conclui que a solução para os desvios e a brutalidade causados são pela própria ciência revertidos em afabilidade:

> Deixemos, pois, as ciências e as artes adoçarem de qualquer modo, a ferocidade dos homens que corromperam; procuremos disfarçar prudentemente e esforcemo-nos por mudar suas paixões. [...] As luzes do mal são menos temíveis do que a sua brutal estupidez; elas pelo menos tornam-no mais circunspecto relativamente ao mal que ele poderia causar, por conhecer o dano que ele próprio sofreria[106].

O conceito de cultura criticado na Carta VI é o que vigora desde o Iluminismo. Entendendo-se que a cultura, como fato da existência coletiva, deve promover o bem estar do sujeito, deveria corroborar e sua formação moral em última instância. Portanto, a formação e a realização humana deve ocorrer pela sua inserção e pela participação de cada um nessa obra coletiva. Na obra *Kultur und Gsellschaft im klassischem Weimar 1775-1806*[107], Walter H. Bruford expõe a construção do conceito de cultura na Weimar clássica, na última metade do século XVIII. Tomando o autor de *Kultur, werden und Wandlungen des Begriffes von Cicero bis Herder*[108], J. Niedermann, explica que *Kultur* é termo proveniente dos estudos de Samuel Pufendorf. Este a definia em duas vertentes; a do direito natural e a de se aperfeiçoar a moral humana

---

104. *Quadro do Progresso do Espírito Humano*, 1793.
105. Jean-Jacques Rosseau, em *Os Pensadores*, Abril Cultural, 1978, p. 376.
106. *Idem*, p. 390.
107. *Cultura e Sociedade na Weimar Clássica*.
108. *Cultura, o Ser e as Transformações dos Significados de Cícero a Herder*.

pela promoção de um melhor estado de vida coletiva. Essa concepção dual, que traz na origem a partição entre a razão moral e a natureza além de ler o homem coletivamente posto, é refletida como ordem de oposições. O classicismo alemão adota a idéia de *Bildung*, que para Hell:

> Este é um termo tipicamente goethiano. Suas origens remontam à mística da Idade Média, o verbo *bilden* logo se aplica à imagem de Cristo que se imprime na alma do cristão, mas é no curso do século XVIII que a idéia de *Bildung* determina essencialmente a evolução da pedagogia, que visa menos a inculcar conhecimentos do que a desenvolver os dons inatos. Dois princípios resumem os aspectos originais da concepção goethiana da cultura pessoal *Bildung*, os resultados entre a formação do homem e a idéia de natureza de uma parte, e a idéia de totalidade de outra; elas se encontram sob uma só forma e com uma significação totalmente diferente, na vida e na obra de Schiller[109].

Para Schiller, a cultura, traduzida por educação, também tem o dever da promoção de uma totalidade entre o que é determinação natural no homem e sua instância moral. Pensa-a pela via da ação do belo, seja como fim, seja como intermediação. Também para Goethe a formação humana deve ocorrer por uma via orgânica que promova a coerência e, para isso, a cultura, "[...] ela não mais separa o homem da natureza, uma vez que este se integra em uma vasta concepção da natureza que transcende toda uma interpretação mecânica ou materialista do universo"[110]. Os dois poetas pensam, ainda, a *Bildung* como agente da formação intelectual, moral e estética do homem. Nesse sentido, Schiller vê a educação como instrumento da liberdade a ser conquistada, por isso, sua vasta concepção de história, educação e cultura. "*Bildung* na Alemanha clássica bem cabe no conceito de 'cultivo'. Se *bilden* é desenvolver, inflamar e alimentar, nos termos de Ludoviko-Schelling, bilden equivale numa palavra a cultivar"[111], afirma Stirnimann. Também Hell é preciso na leitura da cultura em Schiller "ela deve ser a expressão da energia do homem,

---

109. "C'est un terme typiquement goethéen. Ses origines remontent à la mystique du Moyen Age, le verbe <bilden> s'appliquant d'abord à l'image du Christ qui s'imprime dans l'âme du chrétien, mais c'est au cours du XVIII siècle que l'idée de <Bildung> détermine essentiellement l'évolution de la pédagogie qui vise moins à inculquer des connaissances qu'à développer des dons innés. Deux principes résument les aspects originaux de la conception goethéenne de la culture personelle (<Bildung>): les rapports entre la formation de l'homme et l'idée de nature, d'une parti, et l'idée de totalité, d'autre part; ils se retrouvent, tous deux, sous une forme et avec une signification toutes différentes, dans la vie et dans l'oeuvre de Schiller". Victor Hell, *Friedrich von Schiller – Théories dramatiques et structures esthétiques*, p. 38.

110. "[...] elle ne sépare pas l'homme de la nature, car elle s'intègre dans une vaste conception de la nature qui transcende toute interprétation mécaniste ou matérialiste de l'univers". *Idem*, p. 39.

111. Friedrich Schlegel, *Conversa sobre a Poesia*, p. 13.

de seu poder criador de sua vontade"[112]; a vontade que extingue no sujeito o ser da passividade apenas receptora. O tema será retomado quando se analisar os impulsos.

Schiller toma a cultura grega como paradigma que atingiu o requinte e não se corrompeu nos costumes para contrapô-la à de sua época, antítese da helênica. Elizabeth Wilkinson entende que a análise de Schiller quanto ao helenismo baseia-se na leitura de Winckelmann. Autor refinado, Wilkelmann, nascido na luterana e insignificante Stendal, na região de Brandenburgo, "converteu-se sem lutas íntimas e sem escrúpulos ao catolicismo romano só para se lhe abrirem as portas de Roma governada pelos papas"[113]. A conversão foi uma farsa. Queria conviver com o acervo de estatuária greco-romana, necessário à formulação de seus *Pensamentos Sobre a Imitação de Obras Gregas na Pintura e Escultura* (1755) e *História da Arte da Antigüidade* (1764), obras que deram a Schiller acesso à cultura helênica, e que lhe influenciaram na construção de sua educação estética. Sobre Wilckelmann, Carpeaux afirma:

> Não sabia distinguir bem entre arte grega, a arte helenística e arte romana. Admirava igualmente o Apolo do Belvedere e o grupo de Laocoonte. Só tinha olhos para a escultura, talvez porque seu homossexualismo lhe inspirava admiração ilimitada do corpo esculturado; como pederasta caíra em companhia duvidosas e assim encontrou durante uma viagem, em Trieste, a morte pelo punhal de um "amigo". Admirador exclusivo da escultura grega assim como é representada nos museus modernos, Wilckelmann criou sua imagem pessoal da Grécia: estátua como que petrificada no meio do movimento; e branca como o mármore e as cópias em gesso. É esta a Grécia que redescobriu em sua monumental História da Arte da Antigüidade, obra que conquistou a Europa[114].

O correto é que Schiller teve em Winckelmann, nos acertos e desacertos deste, seu recorte analítico e um eixo de justificativa epistemológica para seu projeto de educação estética ainda em construção. Considerando, ainda o termo cultura, básico para a construção da estética de Schiller, Jung acredita em um viés na visão que o pensador impregna ao termo:

> Schiller cometeu um erro ao colocar-se exclusivamente nesse ponto de vista, confrontando a nossa cultura coletiva com a cultura grega, pois ao fazê-lo esqueceu a diversidade da civilização dos tempos clássicos, o que põe em dúvida a validade ilimitada da referida cultura. Assim, nenhuma cultura é, na verdade, completa, uma vez que se desloca sempre mais ou menos neste ou naquele rumo, isto é, umas vezes o ideal de cultura é extrovertido, o que quer dizer que o valor dominante reside no objeto e na relação com ele, e outras vezes o ideal é introvertido, atribuindo-se neste caso o prin-

---

112. "[...] elle doit être l'expression de l'énergie de l'homme, de son pouvoir créateur, de sa volonté". Victor Hell, *Friedrich von Schiller – théories dramatiques et structures esthétiques*, p. 39.
113. Otto Maria Carpeaux, *Literatura Alemã*, p. 79.
114. *Idem*, p. 80.

cipal significado ao indivíduo ou ao sujeito e à relação com a idéia. Na primeira dessas duas formas, a cultura adota um caráter coletivo e, na segunda, um caráter individualista[115].

Ainda que Jung tenha uma interpretação polarizada do conceito de cultura, deve-se atentar para o fato de que Schiller fez seu recorte, como convém ao intelectual e professor acadêmico, referido a um período em que, concretamente, vigorou o que o próprio psicanalista qualifica como "caráter coletivo". A Grécia não é tema transitório no pensamento de Schiller. É um modelo. Sabendo-se que antes de tudo foi um dramaturgo, é conseqüência natural a sua opção na arte pelo teatro grego de função catártica coletiva, como razão literária para a reflexão. O teatro enquanto função é um fato artístico de alta complexidade para a análise. Abarcando a sensibilidade e o entendimento, tem no homem a sua base material para a representação. Entende-se representação como realidade criada, posta como revelação do fato. O palco é o espaço delimitado para a significação, onde o homem se integra à sua humanidade através da ação do outro – o dramaturgo – e dirige os efeitos de sua ação para um terceiro, o espectador. Tudo o que for potencialidade latente neste estará à mercê do instrumento mobilizador representado pelo ator. Esse homem em sua circunstância é agente para o fato em representação, aquele que se entrega sensivelmente como veículo para a ação inteligente do outro sem abdicar do concurso do entendimento. Sendo a natureza humana uma potência de antinomias, o teatro opera, no drama ou na comédia, elementos dessas antinomias em busca de uma totalidade que as ultrapasse, como pré-cognição, e pode ser instrumento para o aprimoramento estético, e conseqüentemente ético, como ocorre em toda a grande arte. Aí reside um princípio que fundamenta a ação literário-filosófica de Schiller em pensar essas totalidades operativas em ação ética. Após a leitura de Aristóteles, Schiller contrapõe a tragédia à comédia, entendendo que a primeira – e isto está claro em sua dramaturgia – deve ser em essência analisada, como o foi com Schelling e Hegel. Sabendo que pela essência do trágico eleva-se o espírito à transformação, Schiller assegura à comédia, sobretudo em *Poesia Ingênua e Sentimental,* um papel também transformador, como atesta Rosenfeld:

> um lugar mais alto que à tragédia, dizendo que o objetivo daquela (a comédia) se identifica com a meta mais elevada pela qual deve lutar o homem: estar livre de paixões, olhar em torno e dentro de si de maneira sempre clara, sempre tranqüila, encontrar em toda a parte mais acaso do que destino e rir-se mais do absurdo do que encolerizar-se ou chorar pela maldade[116].

---

115. Carl G. Jung, *Tipos Psicológicos*, p. 103.
116. Anatol Rosenfeld, em Friedrich von Schiller, *Teoria da Tragédia*, p. 8.

Nesse sentido, a arte teatral em sua totalidade define o caráter moral da arte, e Schiller a tem não apenas como educação, mas como ideal, infinitude recebida na experiência livre da representação que engendra a coesão dos estados sensível e formal no espírito, tornando o homem passível de aperfeiçoamento moral pela via estética. A beleza é apenas um símbolo da moralidade, não um instrumento moralizador, como já visto por Kant. Na Carta XXII, trata do tema eximindo da arte uma finalidade: "Não menos contraditório é o conceito de bela arte como ensinamento (didática) ou corrigidora (moral), pois nada é tão oposto ao conceito da beleza quanto dar à mente uma determinada tendência"[117]. Santaella, como outros comentaristas, entende que o belo em Schiller tem um papel intermediador na transformação humana, e esta é a leitura adotada neste estudo:

> Diferentemente de Kant, procurou tornar a moralidade disponível não apenas através da compulsão, mas, antes de tudo, através do prazer. Com o equipamento adicional de ser ele mesmo artista e poeta, Schiller quis levar bem longe a noção da percepção estética como uma influência mediadora ligando o sensório tanto à verdade quanto à virtude, aos sentimentos morais e disposições que são as fontes da ação razoável[118].

Se o belo como meio permite a deliberada ação auto-regulada no sujeito, deve haver uma expressão artística que justifique maior eficácia nesse mister. Para Schiller, o teatro tem a grande qualidade educativa e transformadora da humanidade: "O teatro, mais do que qualquer outra instituição pública do estado, é uma escola da sapiência prática, um guia para a vida comunitária, uma chave infalível para as mais recônditas portas da alma humana"[119]. Uma série de palestras suas foram reunidas em um volume com o título *Teoria da Tragédia*. Numa delas, de 1792, "Acerca da Razão por que nos Entretêm Assuntos Trágicos", anterior às Cartas, já buscava a aproximação entre a estética e a moral. Tomando a tragédia como *leitmotiv* filosófico, afirma que o fim supremo da arte é validar, na natureza moral do homem, a experiência individual através da liberdade coincidente na beleza e na virtude representadas.

A tragédia, portanto, longe de moralizar e dar lições de virtude, proporciona ao espectador a possibilidade de experimentar, livremente, lucidamente, o cerne da sua existência moral em todos os seus conflitos, em todas as suas virtualidades negativas e positivas. A tragédia apresenta a vontade humana, mostra o homem sofrendo, mas resistindo ao sofrimento graças à sua dignidade sublime e indestrutível. Assim, leva o espectador a entrever a possibilidade, por remota que seja, de um último sentido, de uma ordem universal transcendente e de uma harmonia absoluta em que é superado o abismo entre

---

117. Friedrich von Schiller, *A Educação Estética do Homem*, p. 116.
118. Lucia Santaella, *Estética de Platão a Peirce*, p. 65.
119. Friedrich von Schiller, *A Educação Estética do Homem*, p. 116.

os mundos da necessidade natural e da liberdade moral, entre o dever e as inclinações dos sentidos[120].

A visão schilleriana da cultura grega leva-o a pensar essa unidade transcendente em sentido prático e instalada no seio da cultura alemã. Se o mundo grego não separava o sentido causal da vida utilitária daquele domínio onde agitam livremente as forças espirituais, é porque vigorava um outro sentido harmônico, de poucos recortes, numa realidade feita de ordem direcionada pela *tekné*. A arte, definida pelo conceito de *tekné*, não é categoria isolada do mundo das utilidades práticas e constitui-se em ação que se expande às tarefas cotidianas, como a arte habilidosa de se fazer coisas. O fazer artificial produtivo cedo passou a ser aplicado à atividade intelectual, quando é conceituada como grande arte a filosofia, da ciência e o saber dialético. Segundo Mora:

> [...] como as outras atividades também eram artes e, como era igualmente arte a criação artística, a poesia, o termo ficou muito ambíguo e só podia ser corretamente entendido dentro de um determinado contexto. Não obstante, pode-se concluir que tekné designava um "modo de fazer" algo (incluindo-se no fazer o pensar). Como tal "modo" implicava a idéia de um método ou conjunto de regras, havendo tantas artes quanto os tipos de objetos ou de atividades, organizaram-se essas artes de uma maneira hierárquica, desde a arte manual ou o ofício até a suprema arte intelectual do pensar para se alcançar a verdade (e, de passagem, reger a sociedade segundo essa verdade)[121].

Transformar, fazer, realizar são os fins da *tekné* que se define como competência oposta à capacidade instintiva da natureza (*physis*) ou ao acaso (*tyche*). A ação subjacente da arte, aplicada ao cotidiano tanto quanto ao produto da sensibilidade e da educação, fundamenta a arte como correlato da realidade em conjunção com o entendimento. Essa constatação faz de Schiller um idealista quando propugna a reconquista da bela humanidade perdida na especialização em si. Por isso, sua estética é entendida como objetiva e deve estar manifesta na comunhão entre a racionalidade e a natureza sensível humana como caminho para a unidade, sem mais o concurso das antinomias entre o sujeito e seu fazer ou seu estar no mundo. Considerando o homem grego e o moderno, Schiller os diferencia quando constata essa unidade harmônica no primeiro, com o fragmento imposto pela cultura da época, e pelo pensamento especulativo reforçador da dissidência interior no segundo. Resultado da cultura e da fragmentação operada pela ciência, o embate entre sensibilidade, intuição e entendimento levam-no a buscar no sujeito o referente para uma possível experiência do *totum*. O Estado, como conjunto de forças reguladoras, também é ele-

---

120. *Idem*, p. 11.
121. J. Ferrater Mora, *Dicionário de Filosofia*, p. 47.

mento desagregador. Ele civiliza e separa o sujeito da natureza. O egoísmo, que secciona, impõe-se na medida em que o homem moderno perdeu a capacidade de ver-se como eu no corpo coletivo, onde as forças vitais se revigoram em prol de uma harmonia desinteressada, como preconiza a arte. Schiller pergunta na Carta VI:

> que indivíduo moderno apresentar-se-ia para lutar, homem a homem, contra um ateniense pelo prêmio da humanidade? De onde vemes tarelação desvantajosa dos indivíduos, a despeito da superioridade do conjunto? Por que o indivíduo grego era capaz de representar seu tempo, e por que não pode ousá-lo o indivíduo moderno? Porque aquele recebia suas forças da natureza, que tudo une, enquanto este as recebe do entendimento que tudo separa?[122]

A certeza da totalidade cultural do mundo grego e a decepção com as cisões operadas na cultura pelo progresso, tão recorrentes em Schiller, têm eco nas reflexões posteriores de Nietzsche. A diferença entre os dois reside em muito no idealismo schilleriano, oposto ao essencialismo *nihilista* de Nitzsche. Este tem traços de similitude com o outro. Seus conceitos de apolíneo e dionisíaco já guardam, no princípio das oposições, aspectos assemelhados a Schiller. Em *O Nascimento da Tragédia*, vê os gregos recebendo "uma extraordinária educação estética que era a chave para o seu tipo e qualidade de cultura e a habilidade deles para ver com entusiasmo a vida de forma tão grandiosa como fizeram, apesar de sua aguda consciência do terror e do horror da existência..."[123] Tampouco é Schiller um romântico nostálgico, idealizando um passado irreprodutível. Reconhece a inevitabilidade das mudanças mesmo para os gregos, sem o que não poderia haver o progresso. É cético com relação à forma de organização do progresso que descose o real, enfatizando antagonismos que pouco contribuem para a felicidade do homem e para o atingimento de um estado ético absoluto para a humanidade. O progresso não deveria ser causa de desigualdade gerada pela propriedade privada e pelo acúmulo de riquezas. A ciência e a arte que se tornaram antagônicas poderiam concretamente recompor-se como um todo. O Estado e a sociedade, tornados instâncias que não se reconhecem, poderiam ser correlatos e representativos um do outro, mesmo pelas convenções. O povo quando autônomo, *livre*, *igual* e *fraterno* é o próprio Estado e este: a sociedade,

> O estado continua eternamente estranho a seus cidadãos, pois que o sentimento não pode encontrá-lo em parte alguma. Forçada a simplificar a multiplicidade dos

---

122. Friedrich von Schiller, *A Educação Estética do Homem*, p. 40.
123. "[...] an extraordinary aesthetic education that was the key to both their kind quality of culture and their ability to relish life as greatly as they did – despite their acute awareness of 'the terror and horror of existence' ", Peter R. Sedgwick, *Nietzsche: A Critical Reader*, p. 225.

homens pela classificação e recebendo a humanidade somente por representações de segunda mão, a parte governante acaba por perdê-la completamente de vista, já que a mistura a um mero produto do entendimento, e a parte governada não pode receber senão com frieza as leis que são tão pouco endereçadas a ela[124].

A crítica ao estado moderno justifica-se pela leitura da não-representatividade da inserção do poder constituído no âmbito social e por este ser uma mera representação através de leis, logicamente formuladas e que não atendem aos anseios primários das populações. Schiller revela sua descrença no Estado moderno como metáfora do direito e interesse da coletividade. É crítico da organização política, julga o sistema um organismo fragmentador da ação humana para o trabalho através da especialização. Conclui, com desapontamento, que "a sociedade positiva decompõe-se num estado de natureza moral no qual o poder público é apenas um partido a mais, odiado e ludibriado por aquele que o torna necessário e acatado somente por aquele que pode dispensá-lo"[125]. O século XVII foi pródigo com a discussão sobre a transformação da potência grega, Elizabeth Wilkinson atesta que:

> [...] esse contraste entre a totalidade dos gregos e a fragmentação do homem moderno deve, sem dúvida, como sugere Watzel, muito ao texto de Herder, *Vom Erkennen und Empfinden der menschlichen Seele* (1778)[126]. Mas, como observa Green, o tema do desvanecimento da grandiosidade grega constitua-se em clichê mesmo em 1749; somente o gênio da linguagem de Rousseau que o dotou com a qualidade de uma nova e original emoção. E, certamente, a noção de que as faculdades hoje distintas haviam sido originalmente uma totalidade é tão velha quanto Quintilhiano (que Schiller havia há não muito lido)[127].

Influenciado ou não, tanto Schiller quanto Rousseau atentaram para a questão da época de fragmentação, e anteviram um futuro pródigo e realizador se aquilo que supunham perdido ao longo do tempo fosse novamente buscado: a totalidade. Um vendo o homem enquanto totalidade na cultura da natureza e o outro vendo-o como sujeito capaz de reorganizar-se harmonizando a sensibilidade bruta com a razão formal. O âmbito das atividades práticas na Europa, desde Rousseau, era visto com ênfase crítica pelo aspecto de descaracterização do sujeito em prol

---

124. *Idem, ibidem.*
125. *Idem, ibidem.*
126. *Do Reconhecimento e Percepção da Alma Humana.*
127. "[...] this contrast between the wholeness of the Greeks and the fragmentation of modern man no doubt does, as Walzel suggests, owe much to Herder's Vom Erkennen und Empfinden der menschlichen Seele (1778). But as Green observes, the theme of vanished Grecian grandeur was a cliché even in 1749; it was only that Rousseau's genius for language endowed it with the quality of a new and original emotion. And, of course, the notion that faculties now distinct had originally been one is as old as Quintilian (Whom Schiller had recently been reading)". Friedrich von Schiller, *On the Aesthetic Education of Man in a Series of Letters* (trad. Elizabeth Wilkinson e L. A. Willoughby), p. 231.

da especialização requerida pelo seu estatuto civil. Expandiu-se a mão-de-obra com novos conhecimentos, levando a atividade a ser o instrumento qualificador do homem, o que, lingüisticamente, se justifica em uma sociedade em processo de cristalização de novos valores profissionais. A profissão sempre determinou o homem, mas o que se critica é a particularização descaracterizadora. Isso leva a eficácia técnica a se sobrepor às qualidades naturais intrínsecas do homem. Friedrich Hölderlin, em *Hipérion* (1797), retoma a unidade grega, tão cara a Schiller, e relata a sanha de um grego contemporâneo seu em busca da beleza e perfeição perdida que seus antecessores distantes conheceram e viveram. Apaixona-se por Diotima, mas sacrifica o amor ao ideal do encontro com a perfeição que quer para a pátria. A condição humana que o coloca diante de limites leva-o à solidão e à exaltação do próprio sofrimento em prol de uma humanidade coletiva. Dentro dos princípios românticos de produção literária, *Hipérion* é a um tempo literatura e reflexão, sob a forte influência de Schelling.

> O ideal helenizante de *Hipérion* é, em realidade, o ideal romântico. Ser uno com o todo: esta é a vida dos deuses e do céu do homem. Ser um com tudo o que vive, fundir-se em um feliz esquecimento divino de si mesmo, e nele o todo da natureza: este é o vértice do pensamento e da felicidade, este é o santo cume do monte, a sede da eterna quietude[128].

Na mesma obra avilta a singularidade que os novos tempos imprimiram ao homem alemão, a quem Hölderlin assim se refere:

> Bárbaros de milênios, tornados ainda mais bárbaros pela destreza, ciência e mesmo pela religião, profundamente incapazes daquele sentimento do divino, corrompidos até o fundo para receberem a felicidade das graças sagradas, praticando, no maior grau do exagero e da miséria, ultrajes para qualquer alma de boa índole, estúpidos e desarmoniosos como os cacos de um vaso estilhaçado... São palavras duras mas as pronuncio porque verdadeiras. Não consigo lembrar um outro povo tão dilacerado como os alemães. Artesãos, vê bem, mas não homens, pensadores, mas não homens, padres, mas não homens senhores e servos, jovens e pessoas sisudas, mas não homens – não é como um campo de batalha em que, sobre o chão, se dispersam mãos e braços e todos os membros esquartejados, enquanto escorre pela areia o sangue da vida derramada?[129]

É na especialização que se estabelecem os antagonismos sobre os quais está a cultura; esta, em processo de modernização com os avanços da ciência e os benefícios da reflexão. A experiência histórica com-

---

128. "El ideal helenizante de Hipérion es, en realidad, el ideal romántico. Ser uno con todo: esta es la vida de los dioses y el cielo del hombre. Ser uno com todo lo que vive, fundir-se en un feliz olvido divino de si mismo, en el todo de la naturaleza: este es el vértice del pensamiento y de la felicidad, esta es la santa cumbre del Monte, la sede de la eterna quietud". Nicola Abbagnano, *História da Filosofia*, vol. VIII, p. 30.
129. Friedrich Hölderlin, *Hipérion*, p. 169.

provou que não houve, nem mesmo para os gregos, outro caminho que não o do progresso material que aparta. Schiller entende que a separação entre o entendimento, a intuição e a sensação é inevitável, incoercível. Na Carta VI afirma: "Não houve outro meio de desenvolver as múltiplas potencialidades do homem senão opondo-as"[130]. Se a totalidade existiu, é possível e deve ser almejada por outro mundo, mesmo com suas forças de alteridade e sem o desprendimento do processo histórico. Não se elimina a experiência da *presentidade*, da mesma forma como o futuro não seria realizável sem o presente, do qual a cisão é a marca. Se, como define Leibniz, o idealismo é o pensamento daquele que vê na realidade a forma (ou a idéia), Schiller pode ser lido como pensador dessa categoria. Ao propor uma nova utopia fundamentada na construção de uma humanidade plena, coloca a idéia a serviço da ação no campo da realidade. Ainda que concretamente inatingível, o ideal é razão efetiva em processo para a transformação do real. Por isso não se trata de uma utopia à qual assemelha-se o que Nicholas Reschner intitula "O Problema das Causas Perdidas" e que o autor explica pelo seguinte esquema matemático:

- X é um agente racional
- X adota e persegue o objetivo G.

Portanto: X acredita que alcançar o objetivo G é possível

O esquema é um recorte da ação *in futuro*, senão um ideal, uma utopia. Concretamente, a idéia é a antevisão para a realização de uma ação ideal que representa, embora não exista. Sendo "X" a gênese racional daquilo que está fora da realidade, uma vez que apartada do presente enquanto fato, o objetivo "G" não pode ser totalmente irreconciliável com a realidade, já que formado em bases virtuais, mas existentes *in futuro*, racionalmente. É realizável, mas como causa é perdida, o que não significa inexistente:

> no sentido das preocupações atuais, é o compromisso com um objetivo cuja não-realização é conclusão prévia da mais evidente certeza. O risco todo está predestinado à falha – não apenas por algum golpe de sorte ou singularidade do destino, mas por razões de princípios fundamentais[131].

Isso não elimina a validade da intenção pela causa impraticável, sabendo-se que não é irracional pretender o inalcançável. Não pressupõe irracionalidade a idealização do inexeqüível, desde que a busca se funde em condições razoáveis e adequáveis à realidade. Tendo a pro-

---

130. Friedrich von Schiller, *A Educação Estética do Homem*, p. 44.
131. "in the sense of the present concerns is a commitment to an objective whose nonrealization is a foregone conclusion of a more deep-rooted kind. The entire venture is foredoomed to failure – not just by some fluke or quirk of fate, but for reasons of fundamental principle". Nikolas Rescher, *Ethical Idealism...*, p. 7.

posta da nova humanidade como paradigma, Schiller é pleno de idealismo em sua doutrina, que pressupõe a atitude humana realizável dentro de um enfoque da ação futura do homem. A realidade deve ser transformada, mas é o sujeito constituidor na sua singularidade que a transforma primeiro, como idealidade na consciência para construir um mundo presumido, cognoscível agora e realizável *in futuro*. O caráter ético do bem e do belo estão antevistos na ação do pensamento sensível, cujo princípio é o bem comum. A questão indica que, "[...] dissolvido o entendimento puro e pura intuição, será o espírito capaz de trocar as severas algemas da lógica pelo livre andamento da força poética, de aprender a individualidade das coisas com um sentido fiel e casto"[132]. Sua crítica fundamenta-se no evento histórico e na observação sensível da vida. Por isso, sua postura clama por uma realização positiva do homem e, assim, alguns o consideram como um humanista clássico. A proposta de Schiller não se embasa no ressentimento, mas na amorosidade e no ideal por onde a força poética transita, tanto no pensamento político libertador quanto na antropologia e lógica da construção de um novo homem. O geral compulsoriamente participa do particular e, nessa comunhão em que a totalidade põe-se à vista, a beleza fatalmente abrirá os olhos no coletivo, pois a ação de um será o bom e o belo que aprimora a todos. O poeta Schiller encerra assim o documento: "é falso, portanto, afirmar que a formação das formas isoladas torna necessário o sacrifício de sua totalidade; e mesmo que a lei da natureza se empenhe por isso, tem de depender de nós restabelecer em nossa natureza, através de uma arte mais elevada, a totalidade que foi destruída pelo artifício"[133].

CARTA VII
PODE O ESTADO TRANSFORMAR-SE EM INSTRUMENTO MORAL HUMANIZADOR?

Qual a possibilidade de o Estado ideal (moral) integrar-se ao homem na busca da totalidade humanizadora? Nenhuma, conclui. E difícil tarefa, essa, pois o Estado tal como estruturado na força da razão é apenas a origem, a fundamentação do erro histórico na organização social do homem. O Estado deve ser reconstruído com base no que se preconiza como humanidade estética. Da essência humana deve sair o indicativo para a transformação geral do Estado, eliminando-se as cisões singulares entre o caráter civil necessário e a natureza perdida. É pela arte que se restaura a totalidade "capaz de assegurar realidade à criação política da razão"[134]. Evolucionista, Schiller fala que o desenvolvimento social po-

---

132. Friedrich von Schiller, *A Educação Estética do Homem*, p. 44.
133. *Idem*, p. 45.
134. *Idem*, p. 47.

deria atender aos mesmos desígnios da natureza, já que esta indica, em seu caráter de verdade, o crescer do que chama de "organismos inferiores"[135], até o ser supremo no esquema do *filo* biológico: o homem. A terminologia vem da monumental obra do conde Georges-Louis Leclerc de Buffon, *Histoire naturelle, générale et particulière*, em 44 volumes, de influência decisiva no pensamento científico na segunda metade do século XVIII. Autor da célebre frase "l'estile est l'homme même", Buffon antecipa-se a Charles Darwin nas pesquisas e na popularização das ciências biológicas, tornando comum os temas da mutabilidade, ajuste ao meio e evolução das espécies. Schiller não se esquivou de considerar o tema nesse documento, sobretudo porque cabe aqui o princípio de que o enobrecimento moral é questão evolutiva, na medida em que se distancia das forças brutas conflitantes do caráter, quando a educação, ou *bildung*, constrói o ser moral, na medida do tempo, sem os sobressaltos que podem ocorrer na natureza. No homem ético, também o conflito e as oposições devem ser apaziguados para o definitivo concurso da liberdade. Elizabeth Wilkinson chama a atenção para a reflexão seguinte de Schiller, entendendo que o autor pode ser considerado reacionário se lido fora do contexto dessa Carta:

> A aprovação de princípios liberais é traição ao todo quando ela se conjuga a forças ainda em fermentação, reforçando uma natureza já de si prepotente; a lei da unanimidade torna-se tirania contra o indivíduo quando conjugada à fraqueza e limitação física já dominantes, apagando assim as últimas centelhas de espontaneidade e particularidade[136].

Tirada da totalidade do documento, a afirmação só se justifica se mal interpretada. Schiller entende, aqui, o ímpeto como gênese da ação. O que pede é a maturidade, mesmo na adoção de princípios liberais, para eximir a sociedade de desmandos. Contudo, se lida contextualmente e em relação à crítica que vem sendo desenvolvida desde a Carta I, revela que a razão deve ser o princípio norteador da assunção de princípios liberais. Enquanto forças revolucionárias estão em fermentação, não se tem a maturidade decisória que elimina a prepotência e, assim, a unanimidade pode converter-se em tirania. Trair princípios liberais significa tomar a força inexata em formação como determinado sucedâneo social de verdade antes que a serenidade forme a verdadeira liberdade. O princípio liberal deve provir do homem maduro, integrado ao interesse geral e guiado pela razão ética na condução política. O que Schiller desenvolve é a idéia de que o princípio liberal deve ser adotado somente quando todas as forças conflitantes estiverem apaziguadas, inexistindo o despotismo característico de eras pós-revolucionárias. Em seguida constata que: "O caráter da época, portanto,

---
135. *Idem, ibidem.*
136. Friedrich von Schiller, *A Educação Estética do Homem*, p. 48.

deve por um lado reerguer-se de sua profunda degradação, furtar-se à cega violência da natureza e, por outro, regressar à sua simplicidade, verdade e plenitude: uma tarefa para mais de um século"[137].

Não há dúvida de que o desaguar dos princípios liberais da Revolução Francesa no despotismo deletério é uma das razões dessa análise. Outra passagem que demonstra Schiller como um acurado observador da história diz: "Em outras partes do mundo a humanidade será honrada no negro; na Europa será humilhada no pensador"[138]. A alusão às iniciativas anti-escravagistas de William Wilberforce é evidente. O político inglês, membro do parlamento desde 1780, assumiu declarada postura pró-abolicionista, mobilizando para seu feito os extratos inteligentes da Europa. Originalmente mortos nas conquistas ou oferecidos como sacrifício aos deuses dos vencedores, os escravos da Antigüidade logo passaram a ser aproveitados como mão-de-obra gratuita, o que os alinha, no tempo civilizatório, à domesticação dos animais. O questionamento da escravatura moderna iniciou-se nos primórdios do século XVIII, quando o influente liberal Adam Smith a viu como aética e improdutiva do ponto de vista econômico. Oficializou-se a proibição em 1833 após determinações do Congresso de Viena de 1815; na França já havia sido rechaçada com a Convenção de 1794 e depois, em 1848, foi definitivamente aviltada. Nos Estados Unidos em 1865. Berlim a condenou em 1885 e na cidade de Bruxelas, por ato oficial em 1890. Schiller denota uma dúbia visão: otimista e pessimista a um só tempo. Poderia, otimista, acreditar na certeza da igualdade propugnada pelas campanhas abolicionistas, o que não lhe pareceu convincente no âmbito da filosofia. Pessimista, compara-a ao pensamento e à opressão secular da Igreja que nada fez para coibir o estado de sujeição que o sistema de servidão imputa ao escravo. Na crítica, "a filosofia emprestará seu nome à opressão antes autorizada pela Igreja"[139], Schiller considera a filosofia determinista e de base biológica de Julien Offray de la Mettrie. Era este um médico que observou em si os efeitos da febre no cérebro e expandiu a análise para efeitos fisiológicos e psíquicos. É inaceitável a Schiller a teoria de La Mettrie em *Histoire naturelle de l'ame*, na qual sustenta que a vida psíquica do pensamento e da volição decorre de sensações e é desenvolvida pela educação. Para o francês, onde há pouca educação não há riqueza de idéias, só as há onde houver inteligência cultivada, e mais, a mente e a alma existem na dependência da organização física do homem. Pensar a alma independente do corpo perfeito é, para o dogmático La Mettrie, apenas uma hipótese. O materialismo de La Mettrie foi desenvolvido no *Systéme de la nature ou des lois du monde physique et du monde morale* (1770). No sugestivo *L'homme machine*, toma a descri-

---

137. *Idem, ibidem.*
138. *Idem, ibidem.*
139. *Idem, ibidem.*

ção cartesiana do corpo vivo como máquina. Assevera que o homem é feito de duas instâncias: a substância pensante, livre e imaterial, e o corpo material. Frederick Copplestone assim o analisa:

> La Mettrie diferencia-se consideravelmente de Descartes em sua idéia de matéria. Uma vez que esta não é mera extensão: também possui o poder de movimento e a capacidade de sensação. Por fim a matéria organizada possui um princípio de movimento que a diferencia de matérias não organizadas; e a sensação nasce do movimento[140].

Na esteira do pensamento de La Mettrie, de amplo espectro na época, está outro determinista, ateísta dogmático, barão Paul von Holbach, nascido na Alemanha, conhecido na França como d'Holbach. Contrariamente a Descartes que afirma que a matéria é inerte e a ela deve ser agregado o movimento, d'Holbach reconhece que o movimento nasce da essência da matéria, da natureza dos átomos. Afirma que há diferentes fomas de movimento e que cada matéria obedece àqueles de sua natureza. Uma terceira corrente determinista foi professada por Jean-Georges Cabanis, um médico que assina os *Relatórios do Físico e do Moral no Homem* em "Os Nervos. Eis o Homem Total", afirma que o cérebo segrega pensamentos como o fígado a bile. A partir dessa alegação, Copplestone que aos três analisa, entende que:

> Nesse caso, poder-se-ia supor que existem, simplesmente, diferentes formas de secreções e é algo difícil de se decidir qual possui o maior valor de verdade. A alegação, contudo, pode ser enganosa ao sugerir que todo o Iluminismo francês deveria ser mensurado à luz das toscas asserções feitas por materialistas como Cabanis. Na verdade, não consideramos a significância da corrente de pensamento materialista se atentamos apenas para essas toscas opiniões. A importância dessa significância reside em seu aspecto programático, mais do que no dogmatismo contra o qual D'Alembert e outros protestaram. Vale dizer que sua longa importância no tempo reside em seu programa para o estudo das conexões entre os fenômenos fisiológicos e psicológicos, ao invés de em sua dogmática redução do último ao primeiro[141].

---

140. "La Mettrie differs considerably from Descartes in his idea of matter. For this is not mere extension: it also possesses the power of movement and the capacity of sensation. At last organized matter possesses a principle of motion which differentiates it from unorganized matters; and sensation arises from motion". Frederick Copplestone, *A History of Philosophy*, p. 48.
141. "In this case, one would have thought, there are simply different sets of secretions, and it is somewhat difficult to decide which possesses the greater truth-value. It would, however, be misleading to suggest that the whole French Enlightenment should be evaluated in the light of the crude assertions made by materilists such as Cabanis. Indeed, we miss the significance of the materialist current of thought itself if we pay attention simply to these crudities. For its importance lies in its programatic aspect rather than in the dogmatism against which d'Alembert and others protested. That is to say, its long-term importance lies in its aspect as a programme for studying the connections between physiological and psychological phenomena rather than in its dogmatic reduction of the latter to the former". *Idem*, p. 51.

Esses autores, literalmente rejeitados à época, sobretudo por D'Alembert, acabaram por ter importância nos estudos futuros que buscaram a conexão entre a fisiologia e a psicologia humana. Na Carta VII são colateralmente citados, com a certeza da elegante recusa de Schiller a um estado de coisas de princípio dogmático e que reduz a condição subjetiva às meras funções de resposta a estímulos. O tema geral dessa Carta refere-se à possibilidade de se impregnar no Estado a transformação dos males que ele mesmo causou. Mas o Estado ideal, que teria em si todas as qualidades da promoção da moral, não poderia ainda gerar uma nova humanidade feliz e incorruptível no homem probo. Este é quem deve iniciar o movimento para a constituição de um novo Estado moral. Murray agrega que nessa carta encerra-se a pesquisa do tema político e que agora inicia-se a reflexão sobre a estética propriamente dentro dos aspectos psicológicos da obra de Schiller. Conclui-se que toda a transformação social deve partir do sujeito em direção às instituições e não o contrário, como questionado no início dessa Carta.

CARTA VIII
OUSA SER SÁBIO: O ENOBRECIMENTO DO CARÁTER COM O EQUILÍBRIO ENTRE SENTIMENTO E RAZÃO

Havendo criticado, na Carta VII, o caráter determinista de uma filosofia que se equiparasse à Igreja como realidade influenciadora, nesta retoma a análise sobre a função daquela no mundo social, sabendo-se que é ao sujeito que o maior papel transformador está reservado. Se a filosofia torna-se indiferente aos destinos do homem, somente o acaso governa, o egoísmo recrudesce e o que chama de "forças cegas"[142] perpetuam-se na política. Não sujeitas à sociabilidade desinteressada, só pela clareza do ideal filosófico que se opõe ao egoísmo aviltador da essência do homem, poderiam desaparecer da esfera coletiva. Mas, como os ideais da filosofia, os do saber puro, os da libertação do homem de toda a escravidão à ignorância podem tomar a seu serviço prático a dura tarefa de eliná-los da ordem social. Não, a filosofia não pode se engajar na luta contra a desordem social porque não pode ser força. Iguálá-la ao que estaria dissipando seria tomá-la como oponente em uma contenda que não lhe é de natureza. Tem a seu encargo a tarefa sábia do pensamento, mas a sua aplicação é mister da política, com o concurso da ética. Com a glória da razão, o saber filosófico não abandonará seu papel de iluminar a justeza para a humanidade diante da realidade política adversa dos tempos. Está referida nessa carta como "âmbito mais importante de

---

142. Friedrich von Schiller, *A Educação Estética do Homem*, p. 49.

todos"[143]. A metáfora de Júpiter é modelo para o pensamento da não adesão da filosofia como práxis, ação estabilizadora do segmento social. O filho de Saturno, divindade de primeira grandeza na hagiografia do Olimpo, ensina a razão aos homens. A serenidade na postura soberana da razão é vista na ação de Júpiter, dono do céu e da terra na mitologia clássica. O recurso de o filho mais novo usurpar o poder do pai e substituí-lo é um fato revelador da forma como o poder se transmitia entre os homens. A profecia de Gaia, de que Cronos perderia o trono para um dos filhos foi evitada, com este defendendo-se ao engolir cada um deles. Para fugir da fúria do pai, amedrontada e grávida de Júpiter, Cibele dá à luz em uma gruta no alto do Monte Ida, em Creta. Salvo, Júpiter torna-se o deus da justeza. Semblante maduro, grave, coroado pelas folhas do carvalho. Divindade plena de saber, entende que cada qual deve viver na instância pessoal as descobertas e a experiência da razão. Premia a virtude, pune os ímpios pois que mestre da justiça. A tudo vê, de tudo sabe, porque conhece o devir. A sabedoria serena o faz retirar-se para o Ida quando gregos e troianos batem-se escatologicamente, mensurando a força cega que faz escravos e elimina a cidadania dos vencidos. Usando sua melhor arma, a prudência, abandona o mundo das contradições feitas pela impossibilidade de solução pela razão, quando a brutalidade desenfreada em ódio determina a desumana contenda que nem mesmo a política conseguiu solucionar. Observador pleno de entendimento, assim Homero o vê na Ilíada:

> No Ida, que em fontes brota e abunda em feras
> Junto ao Gárgano[144] o autor de homens e deuses
> Onde ara[145] tem fragrante e umbroso luco,
> Solta os frisões[146] do coche e os enevoa.
> De glória a comprazer-se, está no pino
> Contemplando a cidade e a frota argiva[147].

As metáforas gregas são um recurso constante no tratamento empírico que Schiller quer dar às suas certezas teóricas. Aquele mundo pleno de antropomorfismo é o espaço de trânsito do sagrado pelo humano e totalidade interior, na qual o transcendente, o sobrenatural e o contingente se harmonizam. Razão e sensibilidade, na visão de Schiller, não estão antagonicamente postas pela cultura antiga como em seu tempo. É da razão a organização das leis, e destas o papel da ordenação do corpo social pela via do dever ético. A verdade postula-

---

143. *Idem, ibidem.*
144. Promontório na Itália peninsular, na apúlia.
145. Mesa destinada aos sacrifícios; altar.
146. Da Frísia, frísio.
147. Do Argos, antiga cidade do Peloponeso, o mesmo que grego.

da pela lei também pode validar os aspectos sensíveis do saber que se contrapõem a qualquer força. Aqueles não são o êxtase apenas, a fonte da mera fruição ou somente a entrega às paixões. Entendimento e sentimentos conformam o pleno saber onde impera a nobreza da razão ética e "se até agora ela não comprovou sua força vitoriosa, a culpa não cabe ao entendimento que não soube revelá-la, mas ao coração que a ela se fechou e ao impulso que por ela não agiu"[148]. Se o projeto intelectual do século XVIII foi determinado pelo governo da razão, buscando a verdade na iluminação do espírito sensível, é incompreensível a negação do sentimento que pareceu ser a antítese do saber filosófico e de toda a ciência. Como entender a barbárie destruidora que se instala como enganoso projeto de construção da história? Nunca, quando se tem no mesmo Iluminismo a primazia do entendimento como determinação para a ação. Schiller retoma a expressão latina de Horácio *sapere aude* (tenha a ousadia de servir-te de teu próprio conhecimento, ouse ser sábio), também utilizada por Kant em 1784 no estudo "Was ist Aufklärung?"[149] O saber a serviço do homem em busca do entendimento glorifica a razão, e esta define o ser na magnitude da espécie, mesmo sensivelmente. A razão cria a liberdade, e esta faz a distinção entre a escuridão e a luz. Saber depende de coragem, de apetição, como esclarece Horácio:

Para estrangular um homem, os salteadores saem na noite; e tu, para te salvar, tu mesmo, tu não te acordas mais? E então. Se tu não queres mais apressar-te, terás como herança a hidropsia, e, se tu não demandares de pronto um livro e a iluminação, se não te aplicares teu espírito aos estudos e às coisas honestas, a inveja e o amor saberão tê-lo alerta e te torturarão. Porque estás tu tão apressado em tirar dos teus olhos aquilo que te afeta negativamente, e porque se um mal despedaça aos poucos tua alma, tu protelas de um ano ao outro o momento de atenção. Trabalho iniciado e feito pela metade. *Tenha a coragem de ser sábio*: comece o trabalho, pois o rio termina por correr: ele corre, ele correrá e rolará seus líquidos até o fim dos séculos[150].

O princípio do *sapere aude* foi pesquisado por Elizabeth Wilkinson que afirma:

Richard Bentley, no prefácio de sua famosa edição de Horácio (1711-1713), havia feito uso da frase para estimular os editores de textos a pensar por si: "Noli itaque

148. Friedrich von Schiller, *A Educação Estética do Homem*, p. 49.
149. "Que é Ilustração?"
150. "Vt iugulent hominen surgunt de nocte latrones. Ut te ipsum serues, non expergisceris? Atqui si noles sanus, curres hydropicus; et ni posces ante diem librum acum lumine, si non intendes animunm studiis et rebus honestis, inuidia uel amore erigie torquebere. Nam cur, quae laedunt oculum, festinas demere, siquid est animus, differs curandi tempus in annum? Dimidium facti, Qui coepit, habet; SAPERE AUDE, incipe. Viuendi qui recte prorogat horam, rusticus expectat dum delenant amnis; at ille labitur et labetur in omne uolubilis aeuum". Horácio, Epístolas, 2: 40, 47.

Librarios solos venerare; sed per te sapere aude" (Não façam da tradição um fetiche; ousem ter o seu próprio pensamento). A citação foi generalizada entre os Aufklärer alemães no início de 1736, quando serviu como mote de uma das inúmeras sociedades filosóficas inspirada por Wolff, a dos Alethophilos, ou Amantes da Verdade, em Berlim. No final do século tornou-se uma máxima do Aufklärung, e Kant em seu famoso panfleto "Was ist Aufklärung?" o havia interpretado como: "Habe Mut, dich deines eigenen Verstandes zu bedienen." (Tenha coragem, siga o seu próprio entendimento). Uma análise comparativa feita por Meyer a respeito do tratamento dado por Schiller e Kant ao tema mostra certas diferenças entre o uso da linguagem pelo poeta e por um filósofo[151].

As bases teóricas do Iluminismo alemão, onde o *sapere aude* constituiu-se em dístico para a organização do pensamento e da atitude para o conhecimento, têm gênese em Leibniz (1646-1716), sobretudo em *Da Arte Combinatória*. O *sapere aude* como recurso retórico vem da tradição feita na história da filosofia, como a certeza de que o conhecimento está em cada um remonta à *maiêutica* socrática. Mais que fundamentar filosoficamente o movimento, o pensamento de Leibniz é de expressiva influência em toda a filosofia européia do século XVIII. Como Platão, sua concepção do universo está calcada no conceito do belo, de onde parte para construir um sistema de pensamento. Em *Beatitude* (1710-1711), texto de princípios religiosos e morais, reflete sobre o ideal de que o prazer está baseado no aporte intelectual do sujeito. O prazer, para Leibniz, é o sentimento estético guiado pelo intelecto. Na *Monadologia* (1714), o pensador opõe-se à dualidade cartesiana dos princípios irredutíveis de extensão e pensamento: "O seu pensamento unificador é um dos elos mais fortes na continuidade espiritual que, partindo da Antigüidade, passando pela Idade Média e pelo Renascimento, culmina na filosofia alemã"[152]. Para o filósofo de Leipzig, a ação, a força, os corpos, a imaterialidade pertinentes a cada organismo concreto constituem a mônada. Criada por Deus e só passível de destruição por ele, a mônada (unidade) é substância simples, indivisível, irredutível, que define a formação de todos os seres. O que Descartes define como geometrismo e

---

151. "Richard Bentley, in the preface to his famous edition of Horace (1711-1713) had made use of the phrase to exort editors of texts to think for themselves: "Noli itaque Librarios solos venerare; sed per te sapere aude" (Don't make a fetish of tradition; dare to have a mind of your own). The tag was in general used amongst German Aufklärer as early as 1736, when it served as the motto for use of many philosophic societies inpired by Wolff, that of the Alethophiles, or Lovers of Truth, in Berlin. By the end of the century it had become the maxim of the Aufklärung, and Kant in his well-known pamphlet Was ist Aufklärung? had interpreted it as 'Hab, Mut, dich deines eigenen Verstandes zu bedienen'. A comparative analysis of Kant's treatment of the theme and Schiller's by Meyer (*loc. cit.*, pp. 315ff.) brings out certain differences between a poet's use of language and a philosopher's". Friedrich von Schiller, *On the Aesthetic Education of Man in a Series of Letters* (trad. Elizabeth Wilkinson e L. A Willoughby), p. 237.
152. Maurice Dupuy, *A Filosofia Alemã*, p. 27.

mecânica dos corpos, aquele interpreta como forças. Para Leibniz, no mundo natural só as forças constituem a totalidade dinâmica da existência. Estas não invalidam o princípio de extensão e movimento cartesianos, que são "reduzidos a um princípio último que é ao mesmo tempo físico e metafísico, a força"[153]. Há uma ordem constituidora livre e espontânea do mundo, com regras não-necessárias, pois necessárias são as ordens lógicas da razão e não as da realidade que daquelas se distinguem como ordens efetivas. Se o conhecimento humano é estocástico, do ponto de vista evolutivo, a natureza pode ter sobressaltos aos quais se ajusta no tempo. Sobre a unidade perfeita considera: "A existência da mônada perfeita ou Deus é demonstrada pelas provas tradicionais, mas a prova teleológica tem uma importância particular no sistema da harmonia pré-estabelecida"[154]. O sujeito leibniziano está descrito em seu *Discurso de Metafísica* (1686), no qual o conceito de substância individual é entidade lógica e suficiente, "elevando a entidade metafísica a elemento constitutivo de uma ordem contingente e livre"[155]. Da análise estrutural em *Novos Ensaios sobre o Entendimento Humano* nasce a *Teoria do Conhecimento* ou *Gnoseologia (Erkenntniskritik)* ou *Epistemologia*, capaz de fornecer bases para a psicologia e para a própria estética. Analisando a natureza da essência humana, a citada obra constitui-se em conhecimento sobre a multiplicidade de faculdades comuns ao homem. O espírito matemático de Leibniz levou-o a buscar a demonstração de todo e qualquer conhecimento humano segundo um sistema combinatório de base universal. Do racionalismo cartesiano, herdou a noção das idéias inatas (*ideae innatae*), segundo as quais:

> são-nos inatos certo número de conceitos, justamente os mais importantes, os conceitos fundamentais do conhecimento. Estes conceitos não procedem da experiência, mas representam um patrimônio originário da razão. Segundo Descartes, trata-se de conceitos mais ou menos acabados. Leibniz é da opinião que só existem em nós em gérmen, potencialmente. Segundo ele, há idéias inatas enquanto inata do nosso espírito a faculdade de formar certos conceitos independentes da experiência. Leibniz completa o axioma escolástico nihil est in intellectu quod prius non fuerit in sensu com a importante adição nisi intellectus ipse. Pode-se designar esta forma de racionalismo com o nome de racionalismo imanente, em oposição ao teológico e ao transcendente[156].

Os princípios matemáticos caros ao saber cartesiano serviram, inicialmente, de preparo para Leibniz professar uma análise combi-

---

153. "reducidos a un principio último que es al mismo tiempo físico y metafísico, la fuerza". Nicola Abbagnano, *Historia de la Filosofia: La Filosofia del Romanticismo, la Filosofia entre los Siglos XIX y XX*, p. 262.
154. Maurice Dupuy, *A Filosofia Alemã*, p. 28.
155. "elevado a entidad metafísica, a elemento constitutivo de un orden contingente y libre". Nicola Abbagnano, *La Filosofia del Romanticismo...*, p. 263.
156. Johannes Hessen, *Teoria do Conhecimento*, p. 66.

natória do mundo, que Marilena Chauí nomeia uma "espécie de cálculo filosófico que lhe permitiria encontrar o verdadeiro conhecimento e desvendar a natureza das coisas"[157]. O cálculo de probabilidades, tão afeitos ao pensador a partir do hábito social do jogo, são levados a efeito como operação criativa, como cita o próprio Leibniz: "Eu sempre observei que os homens nunca são mais inteligentes que durante suas diversões, o que faz os jogos dignos do interesse dos matemáticos, não por eles mesmos, mas pela arte de inventar"[158]. Essa perspectiva do jogo será fundamental para a conformação final da teoria estética de Schiller, nas últimas cartas. Sabe-se que a ordem calculada está presente no texto de filósofos racionalistas, que na construção de seus sistemas elaboraram planos com definições de termos e prolegômenos explicativos, como o método de Spinoza com proposições, demonstrações, corolários e escólios. Em Kant, a estruturação e um caminho lógico com definições de termos e fundamentação de conceitos são um caminho para o trânsito de uma teoria acabada. Contudo, o sistema de tendência geométrica, segundo Copleston:

> [...] é inútil para o desenvolvimento do conhecimento real do mundo. Um filósofo pode imaginar que suas definições expressam uma apreensão da essência; mas efetivamente são arbitrárias. Na realidade significa que são arbitrárias a menos que sejam propositais ao simplesmente atestar os sentidos nos quais certas palavras são comumente usadas. E se são apenas definições no dicionário, pode-se dizer que não podem significar o que deveriam no sistema filosófico[159].

A linguagem é a composição formal através da qual as verdades filosófico-científicas são expressas, e no universo lógico de Leibniz constituem-se em um todo harmônico e hierarquizado, no qual o ser vivo feito de sensibilidade procura antepor-se à fealdade. Ao antepor o feio ao belo, estabelece seu registro sobre o conhecimento de base estética, também contraposto a Descartes. A posterior estética alemã, no século XVIII, constrói suas bases de dois eixos: o do racionalismo cartesiano e outro resultante do sensualismo inglês. Segundo Descartes, belo é o verdadeiro, resultante das idéias inatas e claras. Os sensualistas ingleses, em especial Shaftsbury, vêem o conhecimento como experiência sensível da beleza. Combinando-se as várias belezas, o homem em sua infinita generosidade forma belas comunidades e belas

---

157. G. W. Leibniz, em *Os Pensadores*, São Paulo, Nova Cultural, 1996, p. 8.
158. *Apud* Colas Duflo, *Le jeu de Pascal à Schiler*, p. 32.
159. "[it] is useless for developing a real knowledge of the world. A philosopher may imagine that his definitions express an apprehension of essence; but in reality they are arbitrary. That is to say, they are arbitrary unless they are intended to state merely the senses in which certain words are used as a mater of fact. And if they are merely dictionary definitions, so to speak, they cannot do the job which they are supposed to do in the philosophical system". Frederick Coplestone, *A History of Philosophy*, p. 29.

sociedades a partir de belas ações. Esse aspecto positivo e congênito da beleza, presente na escola inglesa, mais um biologismo renitente, aparece nas primeiras produções de Schiller. Entre os dezoito e vinte anos, ainda estudante, escreve os opúsculos morais: "Formam Parte da Virtude a Benevolência e a Generosidade (1775)?"; "A Amizade de um Príncipe é Igual a de um Particular (1777)?"; "A Virtude e Suas Conseqüências (1780)". São ensaios de caráter geral, que se conformarão como obras de clareza teórica na maturidade. Já nesses textos, a educação estética do homem é um sinal, como se constata na análise de Raymond Bayer:

> o amor formava já parte essencial da doutrina escocesa; Schiller a adota a tal ponto que o amor desempenha um destacado papel em seus poemas de juventude. Todos os seres, afirmam os escoceses, e muito particularmente Adam Smith, são necessários para nossa vida; devemos amá-los. Schiller desenvolve essa teoria e toma, depois, um rasgo mais que a doutrina de Shaftesbury: todo ser tende a cumprir com o seu fim. É o primeiro que fala, no século XVIII, com fervor da arte posterior ao Renascimento, ao dizer que o homem se dirige por natureza à beleza e repudia também por natureza tudo o que seja feio [...] Quando cultivamos nossas faculdades estéticas, cultivamos nossas faculdades morais, tanto assim que a educação estética torna supérflua uma educação moral[160].

A Carta VIII é finalizada apresentando um Schiller moral contrapondo, sob a égide do *sapere aude*, "a covardia do coração à instrução" voltando aos gregos pela imagem de Minerva. Prudente, ela é a sábia conselheira dos deuses, o ícone da razão que preside os segmentos do conhecimento sensível das artes e da literatura. Embora sábia, tem a cabeça protegida pelo elmo de ouro, adereço bélico, signo da força que se sobrepõe à investida do outro. Minerva, surgida no mundo dos sentidos cedo, é convocada à razão e dela não se esquiva. Assim devem ser os homens na relação com o outro e dentro da perspectiva do Estado, porque pensar é o compulsório exercício na construção da liberdade: "satisfeitos de escaparem, eles mesmos, ao penoso esforço do pensar, concedem de bom grado aos outros a tutela sobre os seus conceitos, e se carências mais altas manifestam-se neles, agarram-se com fé ávida às fórmulas que Estado e clero têm reservados em tais casos"[161].

---

160. "el amor formaba ya parte esencial de la doctrina escocesa; Schiller la adopta, a tal punto que el amor desempeña un destacado papel en sus poemas de juventud. Todos los seres, afirman los escoceses, y muy particularmente Adam Smith, son necesarios para nuestra vida; debemos amarlos. Schiller desarolla esta teoria y toma después un rasgo más que la doctrina de Shaftesbury: todo ser tiende a cumplir com su fin. Es el primero que habla, en el siglo XVIII, con fervor del arte posterior al del Renacimiento, al decir que el hombre se dirige por naturaleza a la belleza y repudia también por naturaleza todo lo que es feo. [...] Cuando cultivamos nuestras facultades estéticas, cultivamos nuestras facultades morales, tanto así que la educación estética hace superflua una educación moral". Raymond Bayer, *História de la Estética*, p. 305.
161. Friedrich von Schiller, *A Educação Estética do Homem*, p. 50.

Ao *sapere aude* contrapõe o coração que busca em si as razões para a transformação e entrega-se, acrítico, às instâncias exteriores, que tomam o dever de construir o Estado. Em *Die Künstler* (Os Artistas), Schiller glorifica a razão usando a estrutura poética. A propósito, a *Poesia Filosófica* de Schiller é uma construção sensível dentro dos rigores dessa forma expressiva, na qual o poeta opera o veio reflexivo, fazendo o fato poético tornar-se substrato para a razão. Como nos antigos, em especial Hesíodo, Ovídio e nos poemas de Horácio, Schiller toma para a filosofia o instrumento dirigido à sensibilidade, sem objetivar, apenas extasiar, os sentidos, mas tendo como fim o pensamento em toda a sua conformação lógica.

> Então escapou a alma bela
> livre do sonho dos sentidos,
> desencadeado por vós, saltou o escravo
> da preocupação ao seio da alegria.
> Então caiu o sufocante limite da animalidade
> e a humanidade se pôs em marcha com a frente clara.
> E o sublime estrangeiro, o pensamento
> surgiu assombrosamente do cérebro[162].

Ao proclamar a grandeza do pensar, os sentidos como porta de entrada para o saber se desqualificam como a instância que pode errar pela a ilusão. A percepção sensorial não é causa única do equívoco na relação com a verdade ou com o conhecer o mundo. Iludir-se é entregar-se à aparência como verdade, quando os sentidos não conseguem gerar o juízo verdadeiro sobre o fenômeno da realidade que recebe. Interpretar logicamente os fenômenos pode resultar no erro que só a razão, como metáfora do já refletido, pode corrigir. A teoria aristotélica do lugar natural teve validade científica até Newton, e enquanto vigorou foi verdade absoluta. Platão viu no mundo das aparências a possibilidade da mera opinião ou de uma segunda realidade copiada da verdade absoluta na idéia. Kant distinguiu a ilusão (*Schein*) da aparência (*Erscheinung*) ao indicar que a ilusão encontra-se no juízo pela afecção dos sentidos. Classificou as ilusões em *empíricas*, *lógicas* e *transcendentais*, trazendo nova compreensão sobre as regras do conhecimento humano. Schiller fala da ilusão resultante da preguiça, que confere à

---

162. Jetzt wand sich von dem Sinnenschlafe
 Die freie schöne Seele los,
 Durch euch entfesselt, sprang der Sklave
 Der Sorge in der Freude Schoss.
 Jetzt fiel der Tierheit dumpfe Schranke,
 Und Menschheit trat auf die entwölkte Stirn,
 Und der erhabne Fremdling, der Gedanke
 Sprang aus dem staunenden Gehirn (Friedrich von Schiller, *Sämtliche Gedichte*, 201).

religião e ao Estado a tarefa da decisão pelo sujeito. Essa ilusão que mais é uma entrega ao destino social exterior do que um recurso sensorial para a recepção do objeto, obscurece a verdade e cria uma felicidade de penumbra que "só o conhecimento deve dissipar". Coerente, entende que "o caminho para o intelecto precisa ser aberto pelo coração", já pensando na unidade de oposições, sem a ilusão. Se a fantasia esmaece a verdade falseando o real, só o coração ético e de vontade pode abrir caminhos para o aprimoramento do conhecimento. Há uma circularidade nesse movimento que, lido na complexidade do pensamento de Schiller, aponta para um *totum* no qual razão e sensibilidade são os componentes de uma ética fundadora da relação homem-mundo. O coração a que Schiller se refere é a medida do fundamento sensível que predispõe o sujeito para a verdade na formulação de juízos. Levar-se pelo coração em direção à verdade é estar, esteticamente, em processo de conhecimento do mundo sem o equívoco da ilusão. É, antes de tudo saber-se estético, fundamentar-se ético e conduzir-se lógico. A razão humana não pode buscar apenas no mundo contingente um resultado prático, nem submeter-se aos sentidos como intuição e recepção do mundo.

CARTA IX
A TRANSFORMAÇÃO DO ESTADO PELA ARTE

A leitura inicial dessa Carta é ambígua na medida em que apresenta um problema e, ao mesmo tempo, a impossibilidade de sua solução. Pelo enobrecimento do caráter inicia-se o aprimoramento político. Mas, na medida em que a constituição política é imperfeita, pois permite a corrupção, qual a chance da teoria desaguar em uma efetiva prática de aprimoramento? O recurso capaz de recuperar a integridade social do homem colocando-o em equilíbrio individual e coletivo são as belas artes. Refere-se às artes belas tendo em mente que o conhecimento em sua base estética é recurso para o prazer do sujeito cognoscente, seja na simples sensação na relação com o objeto, seja na apreensão efetiva deste pelo saber racional e eticamente fundamentado. Em clara referência à Grécia, afirma que educar pela arte significa assumir seus "modelos imortais"[163]. É preciso que uma instância na qual o coletivo se organize como lei gere as razões para esse aprimoramento, e essa instância é o Estado. Mas este pode assumir-se rígido, fazendo com que a arte não opere seu fazer na liberdade e a ciência se confranja diante da opressão. O Estado pode, ainda, tender a outro extremo: o da lassidão, quando a arte serve à finalidade do contenta-

---

163. Friedrich von Schiller, *A Educação Estética do Homem*, p. 53.

mento sensível e não mais da formação ética e a ciência busca "aprazer". Entretanto, a corrupção e os interesses imediatos não permitem que o Estado ateste seu mais alto papel, o de fundamentar uma sociedade verdadeiramente justa. E como o caráter humano se aprimora dentro de um estado que pode ser dito bárbaro? Como sintetizar a cisão entre cultura teórica e prática, esmaecer a barbárie no enobrecimento, amalgamar o entendimento e a inclinação? Só o rigor evolutivo do caráter pode produzir resultados e respostas que conduzam a esse aperfeiçoamento. Sendo ambos interdependentes, a dialética não se resolve, porque nesse círculo de dependências há de se interferir concretamente, pois se está diante de um sistema feito de relações, com a possibilidade do desvio.

A entrada para o conhecimento, que através da arte se aprimora, é um prazer que refina a lei moral. Sabendo-se que a arte não se constitui somente pelo aspecto positivo do conhecimento de ordem contingente, histórico e fatual, tem-na como instância atópica, regida por leis universais oriundas do espírito. Se por positivo entende o que resulta das "convenções dos homens", e se a arte para Schiller não é somente o objeto dessas convenções, pode-se entendê-la como transcendência infinita impregnando o mundo. A constituição da arte, assim entendida, é aquela de que fala Schelling: uma representação geral do absoluto na efêmera existência do contingente. O real é apenas o corpo por onde transita o ideal, a realidade se faz espírito externo ato de acesso ao absoluto. Para Schiller, o artista é o ser ideal nessa dinâmica homem-Estado, porque é o ser do Absoluto, que não se deixa corromper pelas épocas. A totalidade do infinito está no talento e este abre a interioridade humana para o divino. Tudo começa com a experiência de unidade, com o maravilhamento pela divindade. O grande ato de amor cósmico inicia-se com a divindade que se faz natureza por sua própria vontade. Volição é ato de amorosidade. Como um *continuum*, a natureza é a figuração do infinito, porque sua existência é toda idealidade pura de Deus. Isso não elimina a razão como intermediação para a unidade. A própria natureza é racional, porque para si tudo tem um fim. A experiência sujeito-objeto é um exercício de busca de continuidade, de eliminação de cisões. Construir a obra de arte é permitir que a finitude seja meio para a manifestação do infinito, onde habita a sacralidade. O divino inerente ao homem particulariza-se como absoluto possível na fatura expressiva. Por isso, o verdadeiro objeto da arte não se esgota na temporalidade, não tem limites objetivos e, ainda que represente o existente, porta a dimensão aurática.

Analisar uma grande obra pode auxiliar na compreensão desse idealismo aparentemente intangível de Schiller. Ao se tomar como exemplo *Las Meninas*, de Diego Velázquez, chega-se, pela via da análise do objeto artístico, às razões possíveis da arte e do artista como educadores universais. O quadro mostra que, para se conhecer a obra de arte, não é suficiente olhar para ela, fruí-la pelos sentidos apenas, porque é mais que isso. Conhecê-la significa nutri-la de indagações, dando-lhe voz, renovando-lhe a existência, fazendo-a viva e atuante no tempo. A obra artística é uma particularidade, que propõe um léxico aberto à interpretação da história. É sua emergência enquanto sagrado, envergando a qualidade poética. Uma rápida descrição poderia dar conta de que em *Las Meninas* há algo além da mera fisicidade do quadro onde oscila a atmosfera. Se um dos personagens fosse animado por um toque hipostático, à sua mais leve inflexão o quadro seria outro teorema propondo outras relações com a incógnita. Como assinado em 1656 por Velázquez é apenas um registro tensionado, geratriz de símbolos de qualidade que não se evidenciam como frases precisas. Um rol de imagens mentais, sem seqüência, aviva a sensibilidade com esses personagens mudos e seculares. A infanta Margarita ostenta um traje comum à corte de Felipe IV que, pela armadura de sustentação, a faz uma pequena estátua de gesso. Está no centro, exatamente para onde converge o primeiro olhar indagador. Pela postura de presunção requer a atenção desvaída de uma pequena corte. São as damas de honra, ou *Las Meninas*. A primeira, dueña Maria Augustina de Sarmiento está ligeiramente ajoelhada e lhe oferece uma pequena bandeja com um jarro. A segunda, dueña Isabel de Velasco, ainda que com ar ausente coloca-se servil e cuidadosa com a criança real. Os dois bufões que lhe divertem, a anã alemã Maria Bárbola e o italiano Nicolaso Pertusato, estão à direita da cena para o observador, próximos a um cão adormecido e esfíngico. Se a representação ocorresse em um palco, o cão seria dele o primeiro elemento, a boca de cena, porta de entrada para o enigma sagrado. Por ele todos os atores passariam, como Édipo pela esfinge antes de chegar à Tebas. A pequena troupe congrega dois outros funcionários da casa da Rainha: a dama de companhia dueña Marcela de Ulloa e um guarda-damas. Ao fundo, por onde entra a pouca luz que ilumina o ambiente, sai, enigmático, José Nieto de Velázquez, chefe da tapeçaria da rainha. Seu taciturno perfil é uma realidade na tênue contraluz, região central em plano ligeiramente superior ao dos outros personagens. Do lado esquerdo, diante de outra grande tela, da qual se vê a parte posterior, olhando para um modelo ausente, ou para o observador, ou para Felipe IV e sua esposa Mariana, o pintor Velázquez segura no ar um pincel como que a indagar-se sobre sua ação imediata. Olha para fora do quadro em direção ao espectador e o que olha é observado e forma grave e silenciosa por todos os outros sete. O que vê está sugerido na imagem refletida como tênue película no espelho ao fundo. Seriam, realmente, o rei e a rainha? Ou a imagem deles que Velázquez estaria, eventualmente, pintando na segunda tela? O campo de indagações não se esgota com as centenárias interpretações que a história e a teoria da arte se incumbiram de professar. E nada satisfaz ao espírito indagador. Completando o jogo de indagações, na parede duas cópias de Mazo, uma de Rubens e uma de Jordaens. O objeto de arte tem essa qualidade absoluta, a de não se revelar à lógica conclusiva de imediato, como se dela nada mais restasse como discurso. Justificam-se as premissas de Umberto Eco:

> A poética da obra "aberta" tende, como diz Pousseur, a promover no intérprete "atos de liberdade consciente", pô-lo como centro ativo de uma rede de relações inesgotáveis, entre as quais ele instaura sua própria forma, sem ser determinado por uma necessidade que lhe prescreva os modos definitivos de organização da obra fruída; mas (apoiando-nos naquele significado mais amplo do termo "abertura" que mencionamos antes) poder-se-ia objetar que qualquer obra de arte, embora não se entregue materialmente inacabada, exige uma resposta livre e inventiva, mesmo porque não poderá ser realmente compreendida se o intérprete não a reinventar num ato de congenialidade com o autor[164].

Fica a obra como hierofania, próxima da revelação à qual não se entrega, não se explicita *in totum* e é apenas uma pequena fatura efêmera por onde transita o infinito. Conhecer o verdadeiro objeto da arte significa revesti-lo de significações, dando-lhe voz, renovando-lhe a existência na temporalidade, fazendo-o orgânico e atuante sobre a razão, no tempo. A obra artística é um significante, propondo um léxico particular aberto à interpretação na história. É sua emergência enquanto mito, envergando a qualidade poética. Reportando-se a Velázquez, ao passear pelo quadro, o olhar é capturado pela armadilha do desconhecido. As sensações habituais suscitadas pela pintura como a admiração pela cor, as transformações feitas pela pátina do tempo, a intimidade com a luz, o deslumbramento pela composição se entrecruzam com algo inexplicável. A cena de Velázquez, aparentemente corriqueira, não é de adesão imediata. Esquiva, mostra personagens cúmplices de um evento obscuro, que intriga a razão. Por quê estão assim, suspensos no silêncio do tempo, oferecendo ao espectador o olhar do mistério, a feição de infinita dúvida? A falta de um ato dramático ou singelo (que pudesse requerer emoção imediata ou o sentimento do sublime kantiano) está mediada por algum toque sedutor operado pelas mãos transfiguradas de um interlocutor ausente. Inconcluso é o entendimento dessa congregação de disparidades. O olhar faz com que a razão seja acionada no jogo de intermináveis metáforas. Esquadrinhar aquele momento é abrir o universo do insondável, tal o caráter polissêmico da obra do pintor sevilhano. Estados infraverbais do observador são irremediavelmente acometidos pela dúvida. Ele está diante de um jogo inteligente... Ele está diante de um objeto belo...

O belo inteligente de Velázquez, que convida o expectador a entrar irremediavelmente em sua obra, serve de modelo plástico para a

---

164. Umberto Eco, *Obra Aberta*, p. 41.

certeza teórica de Schiller trazer unidade ao homem no mundo, o real e o ideal, a razão e os sentidos.

Particulariza-se o pensamento de Schelling no de Schiller através da análise de uma unidade geradora. Aquele relaciona consciente e inconsciente, objetivo e subjetivo, o real e o ideal lendo o homem como elemento que integra inteligentemente o cosmos e, em instância imediata, a natureza. Analisa a unidade indivisa e sagrada do universo representada no homem. Como ele, Schiller atesta pelo veio histórico-antropológico, na Carta VI, o momento de quando "os sentidos e o espírito não tinham ainda domínios rigorosamente separados". Copleston entende que, para Schelling, o homem é unidade de natureza sensível e racional, em consonância com a natureza e, por isso:

> Devemos concebê-lo como que experimentando essa unidade com a natureza no nível da imediatidade dos sentidos. Mas pela reflexão distinguiu entre o objeto externo e sua representação subjetiva, e tornou-se seu próprio objeto. Em geral, a reflexão fundamentou e perpetuou a distinção entre o mundo exterior objetivo da Natureza e a vida subjetiva interior da representação e a auto-consciência, a distinção entre Natureza e Espírito. Natureza, assim, torna-se algo exterior, o oposto do Espírito, e o homem enquanto ser de auto-consciência reflexiva aliena-se da natureza[165].

Na medida em que a reflexão passa a ser uma atividade sutil, apartada da natureza, torna-se uma "doença espiritual"[166] gerando a inexorável fenda entre o que é objetivo e a instância subjetiva no sujeito, entre o real e o ideal. Como encontrar a unidade, sobre a qual Schiller especula, em *Poesia Ingênua e Sentimental*? A cisão, já analisada antropológica e socialmente por Rousseau, em Schelling pode ser refletida tendo-se a idealidade da reconciliação: "A natureza e o espírito não podem ser superados pelo retorno à imediatidade do sentir, à infância, da raça humana como ocorreu. Se os elementos separados devem ser reunidos e a unidade original restaurada, isso deve ser alcançado pela própria reflexão na forma filosófica. Afinal, é a reflexão que traz à tona o problema"[167].

---

165. "[...] we must conceive him as experiencing this unity with Nature on the level of the immediacy of feeling. But through the reflection he has distinguished between the external object and its subjective representation, and he has become an object for himself. In general, reflection has grounded and perpetuated the distinction between the objective external world of Nature and the subjective inner life of representation and self consciousness, the distinction between Nature and Spirit. Nature thus becomes externality, the opposite of Spirit, and man, as a self-conscious reflective being, is alienated from Nature". Frederick Copleston, *A History of Philosophy*, p. 105.

166. "Spiritual malady". *Idem, ibidem*.

167. "Nature and Spirit, cannot be overcomed by a return to the immediacy of feeling, to the childhood, as it were, of the human race. If the divided factors are to be reunited and the original unity restored, this must be achieved by reflection itself in the form of philosophy. After all, it is reflection which raises the problem". *Idem, ibidem*.

A reflexão constrói, através de representações, seus sistemas de avaliação, busca a justificativa ou as causas geradoras de efeitos e não se extingue no homem, porque dele é essa característica de não se deixar esgotar, enquanto questionador, pelo que já sabe. Mas na razão apenas, para Schiller falta um elemento de reconciliação que una a permanência ao transitório. O homem universal institui-se como ausência ao saber positivo; ele, quando objeto da arte e da ciência que "prendem-se ao que há de eterno e necessário na natureza humana, não ao que é arbitrário, contingente, positivo"[168], é o ser em essencialidade. Nesse sentido, arte e ciência conformam a liberdade e o absoluto, rompendo com as formas de arbítrio na singularidade do tempo. Se antecipam a liberdade, por esta estão condicionadas, pois "durante séculos inteiros vêem-se os filósofos e os artistas ocupados em imergir a verdade e a beleza nas profundezas da humanidade vulgar; aqueles naufragaram, mas estas emergem vitoriosas por sua força vital indestrutível"[169].

A crença na arte como princípio ético, desatrelado do mundo de eventos pontuais, é atestada nesta carta com a reflexão de que a beleza como decorrência do fazer da arte não está impregnada do seu tempo apenas. Embora o evento temporal possa estar impresso no signo criativo do artista – artífice e filho da época –, irrompe com seu jogo de imprecisões fecundando no seu objeto o intangível. A matéria da arte não foi conspurcada com a mesquinhez das épocas. Contrariamente ao que no sentido ético deplora, como "as vilanias de um Nero", o que feito de essência primordial de seu tempo permaneceu sagrado ao olhar contemplativo. A arte não se corrompeu diante da vileza das épocas porque não é apenas fruto do seu tempo, como *Las Meninas*. Se o presente atavicamente se envergonha de algum período em que a humanidade cruel procedeu sem os preceitos de uma moral justa, o instrumento do artista ficou para, no futuro, libertar o passado da escravidão que constrange. Pode-se contemplar hoje a arte de períodos, assim tendo-se essas faturas como liberdade em si. Contemplar é estender o olhar desinteressadamente ao mundo e com ele harmonizar-se, como que gerando uma suspensão sensível entre o que se contempla e o sujeito observador. Por isso a religião tanto se utilizou de imagens para realçar o fervor em sua doutrina e predispor o circunstante à relação intangível com o sagrado. Só a arte permaneceu como fiel ético e imaculado para que a humanidade se orgulhasse inexoravelmente de todos os tempos éticos, bábaros, grosseiros, civilizados ou não.

Schiller evoca, uma vez mais, a nobreza da arte grega como exercício necessário de purificação do artista que, mesmo quando as humanidades foram usurpadas, construiu o eterno ao revestir suas repre-

---

168. Friedrich von Schiller, *A Educação Estética do Homem*, p. 153.
169. *Idem*, p. 55.

sentações com a transcendência. De Phidias ficou o maravilhamento que transpõe épocas e se revela pelo Partenon dedicado a Atena. De Praxíteles a herança é *Hermes Carregando Dionísio Criança*. Referindo-se certamente à sua época, complementa Schiller que: "A humanidade perdeu sua dignidade, mas a arte a salvou e conservou em pedras insignes; a verdade subsiste na ilusão, da cópia será refeita a imagem original"[170]. Idealista, acredita que da arte um dia será refeita toda a grandeza e unidade do homem. Inicia um ligeiro julgamento do artista creditando-lhe a responsabilidade de sobrepor-se às atribulações de sua época, permanecendo puro ainda que na convivência com o que de ímpio se lhe possa circundar. Se a imaginação produtiva pode realizar grandes feitos com a razão criadora, assim a obra será um artifício no tempo apontando para o infinito das significações.

É de se supor que Schiller, com esse discurso, estivesse justificando sua própria condição de artista e corroborando suas crenças através de uma profissão de fé. Falar sobre o compromisso e a situação do artista para Schiller é, também falar de si. Deve-se lembrar que as Cartas de Augustemburgo foram escritas como agradecimento ao príncipe Friedrich. Não com o imediatismo que se esgota em uma situação, mas saindo desta para compor um discurso universal e atemporal, como é a maior tarefa do grande artista. A síntese filosófica da Carta IX é a de que o artista indica o bem, o verdadeiro e o belo, que Anatol Rosenfeld chama de "adesão do pensamento e a apreensão amorosa dos sentidos"[171]. Nesse particular, a arte é instrumento moralizante e constituidor ético uma vez que o impulso criador divino atira-se muitas vezes imediatamente: "a realidade é vida ativa, tentando figurar a matéria informe do mundo moral"[172].

A missão do artista, aqui refletida na individualidade do processo epistolar, volta a ser ampliada em carta a Goethe de 27 de março de 1801, quando Schiller atesta que, em discussão com Schelling, impressionou-se com a afirmativa deste de que "na natureza se começa pelo inconsciente para elevá-lo ao consciente, e na arte, ao contrário, parte-se da consciência para o inconsciente"[173]. Mesmo após a leitura da filosofia transcendental, Schiller reafirma sua crença na objetivação da beleza gerada pelo artista ao afirmar, no mesmo documento a Goethe, suas preocupações quanto à experiência advinda da realização criativa. Ao artista cabe a experiência do inconsciente no caminho claro para a consciência, que lhe fará engendrar a totalidade na obra. É sua função impregnar com o inconsciente o objeto, fazendo-o potência

---

170. *Idem*, p. 54.
171. Anatol Rosenfeld, em Friedrich von Schiller, *Cartas sobre a Educação Estética da Humanidade*, p. 29.
172. Friedrich von Schiller, *A Educação Estética do Homem*, p. 55.
173. J. W. Goethe e Friedrich von Schiller, *Companheiros de Viagem*, p. 192.

para a reflexão, uma vez que "o que forma o artista é o inconsciente unido ao refletido"[174]. Então, na arte, consciente e inconsciente são coetâneos. Sabendo-se que a beleza mais que a forma é o mister da arte e a determinação do artista, Schiller apresenta sua concepção moralizadora ao convocar o homem e o artista à educação pela via dos sentimentos e do entendimento, visando à construção de uma transcendência ética:

> No silêncio pudico de tua mente educa a verdade vitoriosa, exterioriza-a na beleza, para que não apenas o pensamento a homenageie, mas para que também os sentidos apreendam, amorosos, a sua aparição. E para que não te aconteça receber da realidade o modelo que deves oferecer-lhe, não te atrevas à sua duvidosa companhia antes de estares seguro de um cortejo ideal em teu coração. Vivas com teu século mas não sejas sua criatura; serve teus contemporâneos, mas naquilo de que carecem, não no que louvam. [...] Escorraça de seus prazeres o arbítrio, a frivolidade, a brutalidade, e os terás escorraçado imperceptivelmente também de suas ações e, finalmente, banido de suas intenções. Onde quer que os encontrares, cerca-os de formas nobres, grandes e cheias de espírito, envolve-os com os símbolos da excelência até que a aparência supere a realidade e a arte, a natureza[175].

---

174. *Idem*, 193.
175. Friedrich von Schiller, *A Educação Estética do Homem*, p. 56.

2. DEDUÇÃO DO CONCEITO RACIONAL PURO DE BELEZA

Da Mente Humana e da Beleza

CARTA X
DA MENTE HUMANA E DA BELEZA/A AMBIGÜIDADE DA
BELEZA E SEU CONCEITO EMPÍRICO

Os termos "bárbaro", "selvagem" e "selvageria" são recorrentes, uma vez que já utilizados no parágrafo 6 da Carta IV. Trata-se da herança rousseauniana do princípio dialético do *noble sauvage*, através do qual o francês faz confluir no homem as qualidades brutas da natureza e os requintados desígnios formativos da cultura, como que a definir uma totalidade entre natureza e civilização primeva, isso na contradição humana. No *noble sauvage* promove-se o ser sensível das determinações da natureza, ao mesmo tempo que nele se reconhece o destino do aprendizado racional, caminho para o ser civil e sua existência de organizador da informação no âmbito coletivo. A Carta XII aborda o tema sob a perspectiva interna humana, considerando o princípio dos impulsos sensível e formal. Nesta, "selvagem" e "bárbaro" são sinônimos e qualificam as tendências críticas da contemporaneidade vividas por Schiller. Este reconhece a indiscutível premência de se operar a passagem do estado natural para o da razão e mostra-se concorde com os princípios do *Emílio*; ser "não exilado" da natureza e capaz de conviver em harmonia na esfera civil. Se a observação leva Schiller a crer que a contradição entre natureza e cultura está aprofundada pelas mazelas de sua época, a razão o conduz a supor que a unificação dessas contradições deve ser realizada pelo estado do belo.

Quando por ele existe a opção de uma época, os costumes atingem seu mais alto grau de civilização. A questão do aprimoramento, em par com o concurso da elaboração formal de objetos, remonta à própria gênese do aprendizado sensível no homem. Ao libertar as mãos para a produção de objetos facilitadores da vida prática, o homem primitivo não se satisfez com isso apenas. Seguindo uma tendência de sua natureza para a representação, fez uso das mãos para a produção do adorno, juntando à utilidade a forma inútil do embelezamento. A civilização ocorreu *pari passu* à elaboração de formas. Sir Herbert Read, em *As Origens da Forma na Arte*, atesta:

> Há duas possíveis hipóteses que poderiam levar-nos no sentido de uma explicação das origens da forma estética. A primeira poderia ser chamada de naturalista, ou mimética, a segunda talvez de idealista. Segundo a primeira hipótese, todos os desvios formais em relação à eficiência são devidos à imitação, consciente ou inconsciente, de formas encontradas na natureza, de acordo com a segunda hipótese, a forma tem significação própria, isto é, correspondente a uma necessidade psíquica interior, expressando um sentimento que não é necessariamente indeterminado: pelo contrário, é com freqüência um desejo de refinação, clarificação, precisão, ordem[1].

Pensando-se no aspecto de finalidade operado pelo homem civil, pode-se ver que a arte também se viu cindida com a passagem do âmbito da unidade, onde o belo e o prático eram uma síntese, para o momento em que beleza e utilidade se tornam forças antagônicas. Uma, lógica e pronta para um resultado e a outra, forma para os sentidos satisfazendo ao desejo da ordem, do ritmo e de acordo com os sentimentos individuais e coletivos do gosto. Trata-se, ainda, de estabelecer relações do objeto consigo mesmo e dele com o sujeito. No primeiro caso tem-se a prevalência lógica de sua existência e, no segundo, a sua validade enquanto representação. Otávio Paz, referindo-se a um objeto de uso na cultura ancestral azteca, afirma o âmbito da forma vigindo como apêndice da necessidade prática e ambas em comunhão, em totalidade para o homem: "... lindos objetos, não apesar de, mas graças à sua utilidade. A beleza lhes vem por acréscimo, como o odor e a cor para as flores. Sua beleza é inseparável; de sua função. São lindos porque são úteis. As artesanias pertencem ao mundo anterior à separação entre o útil e o agradável"[2].

O aspecto objetivo da proposição de Schiller está no culto à beleza para que, do selvagem, a brutalidade física reflua e a cultura atinja e mantenha seu papel humanizador com o desenvolvimento de potencialidades, tanto no indivíduo quanto no coletivo. A Antigüidade mostra que nem sempre o florescimento da arte ocorre em períodos de

---

1. Herbert Read, *As Origens da Forma na Arte*, p. 73.
2. Inscrição em ficha catalográfica de apresentação de escultura no Memorial da América Latina, São Paulo, 3 de janeiro de 2000.

apogeu de força das civilizações. Contrariamente, para Schiller, a experiência de Atenas, Esparta, Roma e dos árabes do passado comprovou que durante os períodos de decadência e quando as forças viris e guerreiras estavam já se esgotando na contenda é que a sensibilidade da arte mostrou sua excelência: "O nosso olhar, onde quer que perscrute o mundo passado, verá sempre que gosto e liberdade se evitam e que a beleza funda seu domínio somente no crepúsculo das virtudes heróicas"[3]. Por isso sua esperança da recomposição da arte, intermediando as ações individuais e coletivas em seu período de desacertos políticos e sociais. Quando a força revela o engrandecimento e a glorificação da virtude física no homem, a arte reflui para sua condição de grandeza solitária. Entende que a experiência revela que "um gosto cultivado quase sempre ligado à clareza do entendimento, à vivacidade do sentimento, à liberalidade e mesmo dignidade na conduta, enquanto o gosto inculto se apresenta de ordinário ligado a atributos opostos"[4].

A influência de Rousseau é novamente uma evidência, sobretudo do "Primeiro Discurso", e o aspecto social da beleza define-se na medida em que é dela o compromisso com a evolução harmônica do homem, visando o equilíbrio entre os princípios antitéticos do ser: natureza e civilização. Tem-se aqui a leitura da autonomia da arte como elemento imperativo professado por Schiller, que critica e amplia o postulado de Kant. O pensamento deste, enquanto epistemologia que inclui teoria da sensibilidade, é determinante na organização das reflexões sobre a arte e a produção criativa do século XVIII. Reflete sobre a função prática da razão com o concurso das leis morais e sistematiza estudos sobre a função estética do gosto existente livre na subjetividade. Na *Crítica da Faculdade do Juízo* expressa o estético como a validação do belo no sujeito em relação sensível com o objeto:

> Aquilo que na representação de um objeto é puramente subjetivo, isto é, aquilo que constitui a sua relação com o sujeito e não com o objeto, é a natureza estética dessa representação: mas aquilo que nela pode servir ou é utilizado para a determinação do objeto (para o conhecimento) é a sua validade lógica[5].

Quando se considera o aspecto subjetivo, novas questões se impõem no estabelecimento de juízos. O gosto é uma determinação nesses juízos sobre o mundo em recepção porque relacionam-se com o desejo. A questão do agrado promovido no sujeito foi tratada por Kant em *Da Analítica do Julgamento Estético*, dividida em duas seções: "Analítica do Belo" e "Analítica do Sublime"; tem aqui interesse imediato a primeira, feita de quatro momentos. O primeiro trata do juízo

---

3. Friedrich von Schiller, *A Educação Estética do Homem*, p. 60.
4. *Idem*, p. 57.
5. Immanuel Kant, *Crítica da Faculdade do Juízo*, p. 23.

de gosto segundo a *qualidade*. "O gosto é a faculdade de julgar um objeto ou um modo de representação mediante um agrado ou um desagrado, sem qualquer interesse. O objeto de um tal agrado chama-se belo"[6]. É a satisfação desinteressada que determina o juízo do gosto, e dessa conclusão Kant analisa as formas de satisfação estética fundadas no bem e no agradável; este sendo "o que apraz aos sentidos na sensação"[7]. Esse *primeiro* momento do julgamento do gosto tem a satisfação como parâmetro e atesta a capacidade subjetiva da imaginação do sujeito, ligada ao sentimento de agrado ou desagrado. O belo não pode ser um juízo lógico objetivo, mas fundamentalmente escudado na subjetividade. Afetado pelo sensível, o sujeito manifesta o gosto de extração no prazer ou no desprazer.

O *segundo* momento do julgamento do gosto ocorre pelo aspecto da *quantidade*. Nessa categoria estão harmonizados o gosto e o belo, sendo que este impõe-se como "objeto de uma satisfação necessária", e universal. O sentimento de prazer resulta da beleza, nesse segmento definida como o que agrada universalmente sem conceito. Cabe agregar à questão da universalidade no juízo do gosto o fato de que, uma vez que a satisfação gerada pelo belo é pontualmente desinteressada, conclui-se que deve ser sentida de maneira universalmente válida para todos os homens. As condições do juízo do gosto sobre o objeto, não sendo representadas por conceitos determinados mas pelo valor subjetivo, resultam na satisfação universal: "Este juízo, no qual temos a consciência de nos descartarmos de todo interesse, deve pretender ser válido para todos os homens, sem que tal universalidade dependa dos objetos, isto é: a universalidade a que pretende o juízo de ver ser subjetiva"[8]. A universalidade desse juízo é estética, não lógica, posto que enquanto os juízos são singulares e subjetivos, os conceitos são gerais e objetivos. Diferencia-se aqui a universalidade do "bom" que assim o é a partir de valores lógicos para julgamento.

O *terceiro* momento de julgamento do gosto define-se pelo que Kant convencionou como *relação*. Essa é a questão fundamental do conhecimento humano independente de toda a experiência e que constitui a razão cognoscente através do princípio do *apriorismo*. Trata-se da representação do objeto não dado à experiência e é, por isso, uma ordenação no universo das formas sensíveis. Kant sustenta que o julgamento do gosto funda-se em princípios *a priori*, todos independentes da inclinação, da emoção e do conceito de perfeição. Repousa nesse segmento de conhecimento do gosto e o ideal da beleza. A partir desse momento, beleza passa a ser definida como "... a forma da finalidade de um objeto, enquanto é percebida nele sem a representação de

---

6. Georges Pascal, *O Pensamento de Kant*, p. 160.
7. Immanuel Kant, *Crítica da Faculdade do Juízo*, p. 50.
8. Georges Pascal, *O Pensamento de Kant*, p. 161.

um fim"⁹. O objeto como um fim em si é belo porque é feito para assim ser, e essa beleza lhe chega como sua própria natureza. O belo tem uma finalidade mas nunca uma idéia de fim. Ele simplesmente é. O *quarto* momento é o da *modalidade* de um juízo de gosto gerada pela satisfação resultante da relação humana com um determinado objeto. A representação do belo está indiscutivelmente associada ao prazer necessário, pois o "belo é o que é representado sem conceitos como objeto de uma complacência universal"¹⁰. Independente de qualquer juízo o belo compraz, e por isso é reconhecido como o "objeto de uma satisfação necessária" e universal. Uma necessidade comum humana é satisfeita pelo prazer produzido pela complacência. O objeto é recebido como necessidade subjetiva dentro do senso comum – não entendido no sentido vulgar, mas "como o efeito resultante do livre jogo das nossas faculdades cognitivas"¹¹. A definição do belo dentro dessa categoria é a que trata daquilo reconhecido sem conceitos e passível de uma satisfação necessária e não apodítica. Kant agrega que:

> [...] um juízo estético não é nenhum juízo objetivo e de conhecimento. Muito menos pode ela (a necessidade) ser inferida de generalidades da experiência (de uma unanimidade geral dos juízos sobre a beleza de um certo objeto). Pois, não só pelo fato de que a experiência dificilmente consegue documentos suficientemente numerosos, nenhum conceito de necessidade pode fundamentar-se sobre juízos empíricos¹².

A questão da subjetividade estética kantiana é que leva Schiller a repensar a questão, no sentido de vê-la objetivamente. No começo de 1791, Schiller escreve a Körner: "Certamente não adivinhas o que estou lendo e estudando agora. Nada menos que Kant. Sua 'Crítica do Juízo' empolga-me pelo seu conteúdo lúcido e espirituoso e inculcou-me o mais intenso desejo de familiarizar-me pouco a pouco com sua filosofia"¹³. Analisando a relação belo-sublime, escreveu o artigo "Sobre o Sublime", no qual revela que a natureza provê o homem com dois gênios. Um social, vivaz, faz da vida uma alegria plausível e o situa nas dimensões agradáveis dos sentidos; outro grave, silencioso, capaz de conduzi-lo às mais profundas dimensões da vida, onde não há luz, mas entrega e esforço para todas as superações. Diz Schiller em sua objetividade:

> No primeiro gênio se reconhece o sentimento do belo; no segundo, o do sublime. Certamente o belo já é uma expressão da liberdade, mas não daquela liberdade que nos eleva acima do poder da natureza e nos desliga de todo o influxo corporal,

---

9. *Idem*, p. 163.
10. Immanuel Kant, *Crítica da Faculdade do Juízo*, p. 56.
11. Georges Pascal, *O Pensamento de Kant*, p. 165.
12. Immanuel Kant, *Crítica da Faculdade do Juízo*, p. 83.
13. Anatol Rosenfeld, em Friedrich von Schiller, *Cartas sobre a Educação Estética da Humanidade*, p. 17.

senão daquela que, enquanto homens, gozamos dentro da natureza. Sentimo-nos livres graças à beleza porque os instintos sensível se harmonizam com a lei da razão; sentimo-nos livres porque no sublime os instintos sensíveis não têm influxo algum sobre a legislação da razão, já que o espírito obra aqui como se não estivesse sob outras leis que não as suas próprias[14].

Embora afeito a outros pensadores da estética, como o sensualista inglês Shaftesbury, foi o pensamento estético de Kant, com suas críticas rigorosamente estruturadas para pensar a natureza, a razão, a moral e o aspectos sensíveis do homem, que marcaram influência nas teorias de Schiller e o conduziram na busca do rigor na forma para a expressão reflexiva. A análise sucinta das três críticas feitas por Anatol Rosenfeld é esclarecedora dessa influência e de como a tentativa kantiana de solucionar a cisão entre o reino da natureza e o da moral se faz presente n'*A Educação Estética do Homem*:

> O feito de Kant é ter definido, com grande precisão, a peculiaridade e autonomia do gosto estético e dos objetos a que se refere, diferenciando-os, de um lado, radicalmente do conhecimento e do julgar lógicos e, de outro lado, do aprovar moral e dos princípios morais. Kant concebeu entre as funções teóricas do nosso intelecto – que se refere ao conhecimento daquilo que realmente é – e a função prática da nossa razão – que se refere ao conhecimento das leis morais, isto é, daquilo que não é mas deve ser – uma terceira função, inteiramente autônoma, intermediária entre as outras. Esta terceira função, numa de suas especificações, constitui o gosto estético que, portanto, não pode ser reduzido nem ao conhecimento lógico-científico, nem à razão enquanto determinadora do imperativo moral (isto é, das normas da nossa vontade)[15].

O tema do âmbito moral em oposição ao da natureza já havia sido tratado por Rousseau pelo viés historico-antropológico. Rosenfeld o analisa em Kant, de forma generalizante e sob a perspectiva da liberdade humana em relação à natureza. O homem transita inteligentemente pelos dois domínios.

> O mundo, na concepção de Kant, ameaça fragmentar-se na oposição entre o reino da natureza e o reino moral. Naquela domina a determinação causal, mecânica, segundo as leis rigorosas a cujo exame é dedicada a "Crítica da Razão Pura", isto é, a sua teoria do conhecimento (epistemologia). É deste mundo que o homem faz parte enquanto ser físico, joguete de seus impulsos e inclinações. Mas, como ser espiritual, o homem é ao mesmo tempo parte do reino moral em quem surge uma outra determinação, ao do imperativo moral (determinação da liberdade) a cujo exame é dedicada a "Crítica da Razão Prática" (teoria moral). Ambos os reinos, o da natureza e o da liberdade (pois o homem é livre enquanto determinado pelo imperativo moral), parecem excluir-se mutuamente, da mesma forma como as duas "razões", a teórica e a prática. Todavia, é impossível admitir esta oposição aparentemente irreconciliável, já que a razão humana é uma só, é una, é uma totalidade integrada.

---

14. Friedrich von Schiller, *A Educação Estética do Homem*, p. 222.
15. Anatol Rosenfeld, em Friedrich von Schiller, *Cartas Sobre a Educação Estética da Humanidade*, p. 18.

Deve haver, portanto, uma função mediadora entre os opostos, um elo entre a natureza e a liberdade, entre o entendimento e a razão, entre a determinação causal[16].

O comentarista finaliza justificando a *Crítica da Faculdade do Juízo* como proposta analítica de integração entre as exclusões e como teoria que explicita a unidade entre o mundo-homem tendo na subjetividade deste uma ligação.

O problema da teologia, da organização funcional de totalidades orgânicas (relação funcional entre as partes e o todo, parecendo as partes determinadas pela "idéia" do todo) é examinado na Crítica do Juízo, a qual, portanto constitui o elo intermediário entre "Crítica da Razão Pura" e a "Crítica da Razão Prática", isto é, entre o mundo físico e o mundo moral[17].

Determinante é a capacidade do juízo como intermediação entre as partes constitutivas do homem, ser *in-mundo*. O autor de Königsberg discute, ainda, as formas de julgamento, categorizando-as em juízo "teleológico" e "estético". O primeiro está voltado para o conhecimento do objeto em relação a um conceito explícito sobre seu fim. Quando "estético" relaciona-se ao gosto em conjunção com o belo e tem cinco características:

1. É desinteressado em sua natureza sensível.
2. É intersubjetivamente universal.
3. Diz respeito apenas à forma que atende a um fim em relação ao seu objeto.
4. Esse juízo é necessário e aparecendo universalmente à razão pode ser imputado a outros.
5. O juízo estético é subjetivamente estabelecido e está em relação unívoca com a subjetividade, mais que com qualquer característica do objeto experienciado.

Esses postulados são de imediato reflexo no pensamento estético de Schiller. O conceito do "sublime", agrega-se ao saber sensorial estético e ao julgamento lógico. Algo que pode conter o feio que com o belo estabelece relação antitética. Atestando a universalidade dos sentidos, lembra os *opposita* dos pintores "que se permitem a fusão de um no outro"[18]. Para Kant, o juízo do gosto é estético e universalmente válido. Nele manifesta-se a satisfação positiva ou o desprazer em relação aos fenômenos. Ao se constatar que um mesmo objeto, uma ação humana ou um acaso apresentado pela natureza são recebidos de diferentes maneiras por diferentes sujeitos, pressupõe-se que essa universalidade se relativiza e chega-se à questão: seria, então a afecção da

16. *Idem*, p. 19.
17. *Idem*, p. 20.
18. Immanuel Kant, *Crítica da Faculdade do Juízo*, p. 253.

sensibilidade humana impossível de ser analisada em sua universalidade? Seria o gosto tão singular a ponto de não se ter um parâmetro geral para a sua determinação? Se sim, o adágio de que a beleza está no olho de quem a vê responderia a questão. Kant prova que o sentimento de prazer é uniforme no gênero humano e aquele constitui a fonte do julgamento estético baseado na reflexão. Enquanto julgamento estético reflexivo, fundamenta-se nos sentidos. Mas não tem fundamento apenas no prazer sensível e por isso é um juízo puro. Igualmente, introduz o conceito de "sublime" como juízo pautado no sentimento de "agradável". A propósito, a comentarista Patricia M. Matthews atesta:

> O juízo sobre o sublime é um juízo reflexivo baseado no prazer que é compartilhável. Mas Kant também registra diferenças entre os dois tipos de juízo estético: enquanto no juízo do gosto a imaginação está em harmonia com o entendimento, no juízo do sublime, a imaginação está em harmonia com a razão. No caso do sublime, um objeto que inicialmente é objetivamente contrário ao propósito do julgamento desperta outro estado mental agradável quando o conteúdo imaginativo refere-se à nossa faculdade racional. Então quando nosso sentimento de beleza é agradável, nosso sentimento de sublime envolve tanto o prazer quanto o desprazer[19].

Sublime e belo são as formas de percepção e juízo do gosto geradas no sujeito a partir da qualidade do fenômeno. Distingui-los é tarefa difícil. A noite com seu caráter insondável e mistérios intangíveis da escuridão de onde brota a via láctea é objeto do sublime, já que este é sempre grandioso. O belo, em oposição, se presentifica na manhã rósea das campinas por onde serpenteia o arroio ágil atravessando vales de "verdes lonjuras". Para Kant, "a noite é sublime, o dia é belo"[20]. Enquanto a alegria nasce dessa composição virtuosa da natureza à luz do sol, como se o mundo atuasse positivamente na interioridade humana, no exemplo anterior algo diferente se passa. A noite comove porque é plena de assombro, quando não de melancolia. Como o temor provocado pela tempestade estrondosa. São elementos do sublime, expressão grandiloqüente para o sentimento do efêmero humano. Contrariamente, o belo pode ser pequeno, pleno de adornos, suave e gentil. O

---

19. "A judgement of sublime is a reflexive judgement based on a pleasure that is sharable. But Kant also notes differences between the two kinds of aesthetic judgement: whereas in judgements of taste, imagination is in harmony with understanding, in judgement of the sublime, imagination is in harmony with reason. In the case of the sublime, an object that initially is contrapurposive for judgement awakens another pleasurable state of mind when the imaginative content is referred to our rational faculty. So whereas our feeling for beauty is pleasurable, our feeling for the sublime involves both displeasure and pleasure". Matthews, "Kant's Sublime: A Form of Pure Aesthetic Reflective Judgement", p. 168.

20. "La noche es sublime el dia es bello". Immanuel Kant, *Lo Bello y lo Sublime*, p. 13.

sublime pode, ainda, ser categorizado como terrível, nobre ou magnífico. A altura que pela exagerada proporção causa assombro é registro do sublime terrível. A profundidade que estremece é o sublime nobre e as pirâmides ancestrais, simples e renitentes revelam no homem o sentimento e o gosto do sublime nobre. Outros exemplos são aqueles que apontam para que "um grande espaço de tempo é sublime. Se corresponde ao passado, resulta nobre, se se considera o devir incalculável contém algo de terrível"[21]. Essas descrições não se esgotam e são apenas exemplos que configuram o que os conceitos generalizam. É esclarecedora a reflexão de Santaella quando agrega que:

> Tanto quanto o belo, o sublime também não pressupõe um julgamento dos sentidos, nem um julgamento logicamente determinado mas sim um julgamento reflexivo, quer dizer, o de uma emoção pessoal por mais elevada, magestosa e inspiradora que ela possa ter sido, nem esse julgamento depende de um conceito definido ou de uma concepção cognitiva precisa[22].

Qualidades que podem ser julgadas em sua universalidade surgem da natureza das coisas e se instauram como base analítica na mente. Belo e sublime provocam o prazer, cada qual à sua maneira e ambos são juízos reflexivos, não dos sentidos ou do entendimento.

> A inteligência é sublime, o engenho belo; a audácia grande e sublime; a astúcia é pequena, mas bela. A amabilidade é a beleza da virtude. A solicitude desinteressada é nobre. A cortesia e a finura são belas. As qualidades sublimes infundem respeito. As belas, amor. A tragédia se distingue, no meu sentir, principalmente da comédia em que a primeira excita o sentimento do sublime e a segunda o do belo[23].

Os exemplos não esgotam o sentido do sublime em Kant, que acena para algo que não é belo, um não-belo gerador de juízos fundamentados na sensibilidade, na percepção pela razão constituídora do conhecimento do fenômeno. A Carta X contém, na forma figurada, essa reflexão, quando Schiller afirma que "o homem pode distanciar-se de sua destinação por duas vias opostas e que nossa época marcha sobre ambos os descaminhos, vítima aqui da rudeza, acolá do esmorecimento e da perversão[24]. A beleza deverá recuperá-lo deste duplo desvio"[25].

21. "un largo espacio de tiempo es sublime. Si corresponde al pasado, resulta noble; si se le considera en porvenir incalculable contiene algo de terrorífico". *Idem*, p. 17.
22. Lucia Santaella, *Estética de Platão a Peirce*, p. 54.
23. "La inteligencia es sublime, el ingenio bello; la audacia grande y sublime; la astucia es pequeña, pero bella. La amabilidad es la belleza de la virtud. La solicitud desinteresada es noble. La cortesia y la finura son bellas. Las cualidades sublimes infunden respecto. Las bellas, amor. La tragedia se distingue, en mi sentir, principalmente de la comedia en que la primera excita el sentimiento de lo sublime y la segunda el de lo bello". Immanuel Kant, *Lo Bello y lo Sublime*, p. 17.
24. Uma provável alusão à Alemanha e à França.
25. Friedrich von Schiller, *A Educação Estética do Homem*, p. 57.

Considera o belo objetivo naquilo que verdadeiramente se apresenta à contemplação ao homem ético. A educação estética deste deve ocorrer pelo estado do belo, não pelo concurso do sublime. Isso pontualmente ocorre na forma. Como modelo desta, Schiller retoma a história e o período grego da Antigüidade como o paradigma de uma forma na qual se espelhou o mais alto patamar de uma civilização não mais reconhecida em seu tempo. Há uma aproximação da forma da arte com o procedimento moral quando afirma que a arte já havia sido pensada em sua autonomia: "Já na Antigüidade existiam homens que nada viam de menos benéfico que a bela cultura, inclinados, por isso, a vedar às artes da imaginação o acesso à República"[26]. Engendrar e cultuar a forma bela, provavelmente a mais perfeita e equivalente ao adestramento sensível, ao aprimoramento moral, ao aperfeiçoamento de qualidades verdadeiramente louváveis, é o que indica o caminho de um procedimento ético:

> O homem sem forma menospreza toda graça no discurso como sendo suborno, toda finura no trato como sendo dissimulação, toda delicadeza e grandeza no comportamento como sendo exagero e afetação. Não pode perdoar o fato de que o favorito das Graças alegre todos os círculos como conviva, guie todas as mentes segundo seus desígnios como homem de negócio e imprima, como escritor, seu espírito em todo o seu século, ao passo que ele, vítima da ocupação, com todo o seu saber não granjeia nenhuma atenção, não move uma pedra do lugar[27].

A beleza, como qualidade do que é livre de conceitos, é feita para o conseqüente prazer inteligente e para satisfazer ao gosto pode, segundo Schiller, ter um direcionamento inadequado e tendencioso com fins determinados pelo interesse. É de se lembrar que o barroco (enquanto arte política da Contra-reforma) trabalhou a forma como recurso para recuperar os circunstantes exilados no despojamento resultante da simplificação de culto promovida pela Reforma luterana. É sabido que o barroco ampliou a sensualidade das representações produzindo formas curvas e recorrentes, como que a propor exteriormente a sedução e o prazer sensitivo. A beleza das naves da igreja barroca é uma voragem celeste, plena de êxtase, com revoadas de querubins, mantendo o circunstante em estado de suspensão quando contemplando o espaço sagrado do céu católico. Entende-a e a critica:

> Existem vozes dignas de atenção que se declaram contra os efeitos da beleza, armadas pela experiência de razões terríveis. "É inegável" dizem elas, "que os encantos da beleza, em boas mãos, podem servir a fins louváveis; não lhes contradiz a essência, entretanto, quando, em mãos danosas, fizerem justamente o inver-

---

26. Uma clara alusão a Platão.
27. Friedrich von Schiller, *A Educação Estética do Homem*, p. 58. O tema da forma e da aparência, aqui esboçados, serão retomados em profundidade nas Cartas XXII e XXVI.

so, utilizando sua fascinação sobre as almas em favor do erro e da injustiça. O gosto atenta apenas na forma e nunca no conteúdo, e por isso conduz a alma na perigosa direção de negligenciar a realidade em geral e sacrificar a verdade e a moralidade em favor de uma veste atraente"[28].

Mas o belo como forma apenas, dissociado de uma interioridade qualitativa, não está em conjunção com o bom e com o verdadeiro. Essa é a crítica de Schiller à sedução pela forma apenas. Sabe que ao artista não compete objetivar a beleza com princípio no mundo moral. Ele é o artífice que promove o belo entendendo como o cientista se amplia na ciência, produzindo avanços no conhecimento sobre o mundo e na atuação do homem sobre este. Feita, a obra de arte se universaliza como conhecimento e em si caminha independente do criador, como em *Las Meninas*. Janz afirma que: "A utilização da arte para objetivos estranhos daria à natureza humana uma certa tendência. Do ponto de vista do efeito estético, o princípio da autonomia da arte, porém, estabelece justamente que o sujeito na experiência do belo deve ser libertado de determinações sob quaisquer circunstâncias"[29]. A obra pode ser objeto educativo para a ética. A abertura do poema "Os Artistas" ("Die Künstler") assim glorifica o criador:

> Que belo estás, oh homem,
> com tua palma da vitória no declive do século
> com nobre e orgulhosa virilidade,
> com o ânimo aberto, em tua plenitude espiritual,
> cheio de terna seriedade, em ativa quietude,
> o mais maduro filho do tempo,
> livre pela razão, forte pela lei,
> grande pela benevolência e rico pelo tesouros,
> o passar do tempo aplacou tua alma,
> senhor da natureza que ama tuas correntes,
> que suscita tua força em mil lutas
> e sob teu domínio se elevou resplandecente o embrutecimento[30].

Outra grande questão presente na Carta X é ao "conceito racional puro da beleza", não proveniente de qualquer "caso real", mas dos

28. Friedrich von Schiller, *A Educação Estética do Homem*, p. 58.
29. "Eine Indienstnahme der Künst fur fremde Zwecke würde dem Gemüt eine 'bestimmte Tendenz' geben. Wirkungsästhetisch gesehen besagt das Prinzip der Kunstautonomie aber gerade, daß das Subjekt in der Erfahrung des Schönen unter allen Umständen von Festlegungen freigehalten werden muß". Rolf-Peter Janz, *Schiller Handbuch*, p. 619.
30. "Die Künstler Wie schön, o Mensch, mit deine Palmenzweige/Stehst du na des Jahrhunderts Neige,/In edler stolzer Männlichkeit,/Mit aufgeschlobnem Sinn, mit Geistesfülle,/Voll milden Ernsts, in tatenreicher Stille,/Der reifste Sohn der Zeit,/Frei durch Vernunft, stark durch Gesetze,/Durch Sanftmut grob, und reich durch Schätze,/ Die lange Zeit dein Bussen dir verschwieg,/Herr der Natur, die deine Fesseln liebet,/Die deine Kraft in tausend Kämpfen übet/Und prangend unter dir aus der Verwildrung stieg".

juízos. Trata-se de analisar o belo como qualidade intrínseca da humanidade e não apenas ter a beleza como evento acessório do mundo. Esse é o belo de extração ética universal porque "... a beleza teria de poder ser mostrada como uma condição necessária da humanidade"[31]. Schiller segue a razão kantiana quando relaciona o belo ao juízo de gosto e àquilo que é agradável:

> Com respeito ao agradável, cada um resigna-se com o fato de que seu juízo, que ele funda sobre um sentimento privado e mediante o qual ele diz de um objeto que lhe apraz, limita-se também simplesmente à sua pessoa. Por isso, ele de bom grado contenta-se com o fato de que se ele diz "o vinho espumante das Canárias é agradável", um outro corrige-lhe a expressão e recorda-lhe que deve dizer "ele me é agradável"; e assim não somente no gosto da língua, do céu da boca e da garganta, mas também no que possa ser agradável aos olhos e ouvidos de cada um. Pois a um a cor violeta é suave e amena, a outro morta e fenecida. Um ama o som dos instrumentos de sopro, outro o dos instrumentos de corda. Altercar sobre isso, com o objetivo de censurar como incorreto o juízo de outros, que é diverso do nosso, como se fosse logicamente oposto a este, seria tolice; portanto acerca do agradável vale o princípio: cada um tem seu próprio gosto (dos sentidos)[32].

Em geral, o senso comum, ao dizer que algo lhe é agradável, expressa-se como se esse algo lhe trouxesse uma experiência pontual de beleza. Tacitamente assume-se que existe um conceito empírico de beleza e que, segundo Elizabeth Wilkinson, "espera-se que seja expresso em um determinado fenômeno"[33]. A análise de Schiller está em consonância com o pensamento de Kant, conforme atesta a ensaísta inglesa:

> Schiller continua seguindo Kant que, por sua vez segue o escocês Hume (*Elementos de Crítica*, 1762) – a beleza não é um conceito empírico, mas um "imperativo", *i. e.*, algo que é determinado a ser alcançado pelo ser senso-racional, mas que na experiência real nunca pode ser atingida. Ele conclui com a difícil mas decisiva sentença para sua postura crítica: "Trata-se de tema puramente subjetivo saber se nós realmente experimentamos na prática algo belo como belo; o certo é que, objetivamente falando, ele está em nós determinado". Em outras palavras, sua insistência "transcendental" na idéia objetiva de belo não exclui um aceite "Psicológico" das variações empíricas e subjetivas, tanto na arte quanto no observador – certamente por isso Jung pôde encontrar nos escritos de Schiller, seus próprios tipos psicológicos[34].

31. Friedrich von Schiller, *A Educação Estética do Homem*, p. 60.
32. Immanuel Kant, *Crítica da Faculdade do Juízo*, p. 56.
33. Friedrich von Schiller, *On the Aesthetic Education of Man...* (trad. Elizabeth Wilkinson e L. A. Willoughby), p. 243.
34. "Schiller goes on – following Kant (Critique of Judgement, I,Paragraph 19) who was himself following the Scotsman, Home (Elements of Criticism, 1762, ch. XXV; cf. Meredith, *op. cit.*, p. 257) – beauty is not an empirical concept at all, but an 'imperative', *i. e.* something which is enjoined upon a sensuo-rational being to achieve, but which, in actual experience, never can be achieved. He concludes with difficult sentence but one which is crucial for his critical position: 'It is a purely subjective matter whether we do in fact experience something beautiful as beautiful; but that is what, objectively speaking, it is enjoined upon us to do'. In other words, his

Jung não só produziu uma exegese sobre a tipologia de extração psicológica no texto *As Idéias de Schiller sobre o Problema dos Tipos*, como procedeu a interpretação psicológica do pensador de Marbach, a partir de reflexões sobre *A Educação Estética do Homem*. Inicialmente tateando confessadamente em um campo não familiar, Jung reconhece seus "limitados recursos"[35], para concluir que Schiller, segundo o ponto de vista psicológico, era um introvertido. Comparando-o a Goethe conclui:

> De muitos desses traços deduzi que a índole de Schiller pertence ao tipo introvertido, enquanto Goethe (se pusermos de parte o seu intuicionismo, que a tudo supera) se inclina mais para o lado extrovertido. Não será difícil descobrir a própria imagem de Schiller na sua descrição do tipo idealista. [...] Como introvertido, Schiller entende-se melhor com o mundo das idéias do que com as coisas do mundo. A relação com as idéias é de natureza mais sentimental ou mais especulativa segundo o indivíduo pertence mais ou menos ao tipo determinado pelo sentir ou pelo pensar[36].

CARTA XI
OS FUNDAMENTOS DO ESTADO E DA PERSONALIDADE

A partir desta, Schiller reconhece que o seu projeto filosófico encontra um contorno definitivo. Se toda a boa teoria se sustenta em pressupostos fundamentados no rigor da ciência, este é o momento em que o autor confirma delineada sua tarefa de produzir um sistema teórico para o seu projeto de uma nova humanidade. Pelo método dedutivo chega, finalmente, à forma definitiva de suas investigações. Em carta de 29 de dezembro de 1794 ao amigo Körner revela:

> Quanto aos meus trabalhos, sinto-me extraordinariamente satisfeito. Meu sistema está se aproximando de um amadurecimento e de uma consistência interna, que lhe assegura solidez e durabilidade. Tudo se concatena da melhor maneira, e ao longo do todo reina uma simplicidade perceptível até para mim mesmo pela maior facilidade com que trabalho. Tudo gira em torno do conceito de ação recíproca entre o absoluto e o finito, dos conceitos de liberdade e de tempo, da capacidade de agir e padecer[37].

A reflexão anterior até aqui em muito pautada nos aspectos materiais, sociais, históricos e na cultura, encaminha-se para o exame do ser em relação com o meio, em bases puramente filosóficas e na forma do ensaio, não mais elaborado com os quesitos textuais da carta. A

'transcendental' insistence on an objective Idea of Beauty does not exclude a 'Psychological' acceptance of empirical and subjective variations, whether in art or in the beholder – which is of course why Jung could find in Schillers writings an anticipation of his own psychological types". *Idem, ibidem.*
35. Karl G. Jung, *Tipos Psicológicos*, 1967, p. 97.
36. *Idem, ibidem.*
37. Friedrich von Schiller, *A Educação Estética do Homem*, p. 153.

reverência e a fixidez das mensagens dirigidas ao monarca e mecenas desaparecem para ceder passo ao rigor de Schiller, em muito influenciado pela forma kantiana de pensamento. Sobre o tema Düsing agrega:

> A partir da décima-primeira Carta Schiller desenvolve um "conceito racional puro de beleza" e denomina o seu método de transcendental. Com isso quer dizer, sobretudo, que para a definição do conceito de beleza o campo de experiência tem que ser transcendido. Não significa que Schiller aqui siga o método transcendental kantiano. Antes, trata-se de uma marca pessoal da filosofia idealista. O conceito de beleza desenvolvido através do caminho da "abstração" deve fundamentar a possibilidade da educação estética. Contudo, para isso é necessário que a autonomia da arte seja reconhecida. Autonomia significa primeiramente, apenas auto-determinação o que vem a ser o conceito oposto de heteronomia, algo a partir do outro ou de uma exterioridade[38].

O que se define é a tríade formada pela idéia do divino no *ser*, a *pessoa* ou personalidade e o *estado*. Para o autor, o aspecto humano da abstração revela no sujeito as duas instâncias que compõem sua totalidade. Uma, a personalidade ou pessoa é o que permanece para sempre como marca indelével de cada um e o estado, paralelo do tempo e mutante. Schiller, que pretende reconhecer a beleza objetiva ampliando o conceito subjetivo do belo, em carta posterior ao amigo Körner, de 5 de janeiro de 1795, expressa a certeza do grau elevado que a abstração ocupa em seu pretenso método quando escreve:

> De tudo o que vais ler poderás ter uma visão global sobre o meu plano e verificar o mesmo. Não nego que estou muito satisfeito com ele, uma vez que nunca produzi na minha cabeça uma unidade como a que mantém coeso este sistema, e tenho de reconhecer que considero insuperáveis os meus fundamentos. Tens de desculpar-me a exposição abstrata, que para tal tema ainda tem certamente muita carne e muito sangue; por que creio ter estado perto do limite e não teria realmente podido, sem enfraquecer o caráter conclusivo das demonstrações, abrandar o rigor do estilo[39].

Para Elizabeth Wilkinson, a partir dessa Carta Schiller estabelece as bases filosóficas de seu programa para a educação estética que, finalmente, vai revelar na Carta XIII. Nesse escrito aprofunda a certeza

---

38. "Schiller entwickelt von 11. Brief na einen 'reinen Vernunftbegriff der Schönheit' und nennt seine Methode transzandental (S.39). Damit ist vor allem gemeint, daβ für die Definition des Schönheitsbegriffs der Bereich der Erfahrung transzendiert werden muβ. Es bedeutet nicht, daβ Schiller hier der transzandentalen Methode Kants folgt. Es handelt sich eher um eine eigene Ausprägung idealistischen Philosophierens. Der auf dem Wege der 'Abstraktions' (S.40) entwickelte Schönheitsbegriff soll die Möglichkeit ästhetischer Erziehung begründen. Dazu ist allerdings erforderlich, daβ die Autonomie der Kunst anerkannt wird. Autonomie bedeutet zunächst nur Selbstbestimmung". Wolfgang Düsing, *Über die Ästhetische Erziehung des Menschen – Text, Materialen, Kommentare*, p. 156.

39. Friedrich von Schiller, *Sobre a Educação Estética do Ser Humano Numa Série de Cartas e Outros Textos*, p. 143.

de entender o sujeito como unidade abstrata feita de antagonismos, sem tangenciar o universo humano da experiência. Trata-se de leitura da interioridade dentro de uma perspectiva filosófica que não exime o teor psicológico. Sobretudo ao tratar do estado do ser, seus desejos, suas vontades, o que numa leitura apressada pode sugerir, apenas, o comportamento. O homem forma-se em duas naturezas antagônicas, que juntas podem conformá-lo como síntese entre essência sensível e racional. As forças determinantes do homem no tempo e homem na idéia são analisadas por Hegel em *Estética – A Idéia e o Ideal*:

> A razão exige a unidade como tal, isto é, o genérico, enquanto a natureza solicita a variedade e a individualidade, e assim cada uma delas procura chamar a si o homem. Perante o conflito entre as duas forças, cumpre à educação estética impor-se como mediadora, porque o seu fim consiste, segundo Schiller, em conferir às inclinações, tendências, sentimentos e impulsos, uma formação que as leve a participar na razão, de tal modo que a razão e a espiritualidade ficam despojadas do caráter abstrato para se unirem à natureza como tal, e da sua carne e do seu sangue se enriquecem[40].

Define-as como o *estado* e a *pessoa*. Em Deus (no melhor sentido deísta, em que a divindade é pura causa racional do mundo), esse antagonismo inexiste porque a divindade sempre foi e sempre será. Este é o seu caráter atemporal. Estado é aquilo que tem uma causa e por isso está afeto à temporalidade. Alterna-se porque é de sua natureza a mutabilidade, recurso de existência no tempo. É o fundamento finito que se revela como passagens efêmeras contrapondo-se ao que é eterno, impassível diante dos estados o que vai-se constituir na síntese do *eu* ou *personalidade*. Nesse sentido, o princípio da divindade reside no sujeito como causa e efeito do ato de ser, porque neste existe algo imutável perdurando no universo. Schiller agrega que: "Passamos do repouso à atividade, do afeto à indiferença, da concordância à contradição, mas ainda assim, nós somos, e o que se segue imediatamente de nós permanece"[41]. A afirmação está calcada em Fichte que em *A Doutrina da Ciência de 1794* conclui que: "Eu sou pura e simplesmente porque sou"[42]. Esta é a idéia do ser absoluto que reside em cada um para sempre, determinando e realizando a natureza racional do homem. Por fundamentar-se em si, a essência infinita do ser é pura liberdade, uma vez que não causal e sem antecedência no tempo. O contrário ocorre com o estado, que por ter antecedente e conseqüente encontra no tempo a sua causação. Ele se inicia na pessoa, reside nela, finda-se, é recorrente, mas aquela permanece. O tempo é, então, substância e causa na dinâmica abstrata do ser-pessoa e do ser-em-estado. Ao afirmar que:

---

40. Georg W. F. Hegel, *Estética – A Idéia e o Ideal*, p. 57.
41. Friedrich von Schiller, *A Educação Estética do Homem*, p. 63.
42. Johann G. Fichte, *A Doutrina da Ciência de 1794*, p. 47.

Ao dizermos que uma flor desabrocha e murcha, fazemos dela o permanente nesta transformação e atribuímo-lhe uma pessoa na qual se manifestam aqueles dois estados. Não é objeção dizer que o homem vem a ser primeiro, pois ele não é meramente pessoa, mas pessoa que se encontra num estado determinado[43].

Fichte está corroborando sua tese da infinitude universal. Segundo Colas Duflo, a obra *A Educação Estética do Homem* apresenta o homem partido em antagonismos que defrontam o eu-pessoa com o estado que sobre ele atua como determinação causal do ser. Este é o que, em essência, sempre será. A flor que desabrocha e morre confirma, no simples ato de ser e depois não ser, a sua perenidade enquanto flor. Se deixar definitivamente de existir um dia, continuará sendo o que foi: flor. Essa divindade impressa no sujeito define em Schiller a essência, a pessoa incondicionada, que se contrapõe ao estado.

O Homem Dividido[44]

Pessoa	Estado
Eu	Determinações
Permanência	Mudança
Liberdade	Dependência
Razão	Sensibilidade
Atividade	Passividade
Exigência de Forma Absoluta	Exigência de Realidade Absoluta
Tendência Formal	Tendência Sensível e Material

Schiller reconhece no sujeito uma consciência em si alheia a qualquer alteridade, uma vez que não submetida a quaisquer condicionamentos. Fichte é a base dessa reflexão, conforme excerto sobre o eu em *Primeiro Princípio Pura e Simplesmente Incondicionado*:

> Temos de procurar o princípio absolutamente primeiro, pura e simplesmente incondicionado, de todo saber humano. Este princípio, se deve ser absolutamente primeiro, não se deixa provar nem determinar. Ele deve exprimir aquele estado-de-ação (Tathandlung), que não aparece nem pode aparecer entre as determinações empíricas de nossa consciência, mas que, muito pelo contrário, está no fundamento de toda consciência e é o único que a torna possível[45].

---

43. Friedrich von Schiller, *A Educação Estética do Homem*, p. 64.
44. Duflo, *Le jeu de Pascal a Schiller*.
45. J. G. Fichte, *A Doutrina da Ciência de 1794*, p. 43.

No exemplo, Schiller reforça no fato *ser-homem* uma qualidade que perdura independente do *ser-estado*, ou seja, a permanência do *ser-pessoa*. Isso ocorre na operação de conhecer pela relação entre o sujeito e o mundo dos fenômenos. A percepção recebe a matéria da realidade como exterioridade, como matéria de um saber intuído e apresenta-se como o que no ser está contido, algo subjetivo, variante e sem tempo. A estética humana cuida de transformar a percepção em experiências racionais. E a razão, causa da liberdade, o distingue da natureza, onde seus aspectos sensíveis seriam por ela governados, caso não fosse um ser livre. Logo, o *totus* tão advogado por Schiller não se define nesta análise, uma vez que a dualidade existe na gênese humana e que também define o ser de liberdade contraposto ao seu aspecto de natureza sensível. O seguinte trecho de *Sobre a Graciosidade e a Dignidade* auxilia na clareza do tema:

> Mas o ser humano é simultaneamente uma pessoa, logo um ente que pode ser ele próprio, nomeadamente causa absoluta e última, dos seus estados, podendo transformar-se de acordo com fundamentos que extrai de si mesmo. O modo de manifestar-se depende do seu modo de sentir e querer, portanto de estados que ele próprio determina na sua liberdade, e não a natureza de acordo com a sua própria necessidade. Se o ser humano fosse apenas um ente sensível, a natureza outorgaria as leis e determinaria simultaneamente os casos da aplicação; agora ela partilha a regência com a liberdade e, embora as suas leis se mantenham em vigor, é contudo o espírito que decide sobre os casos[46].

Comentaristas dessa obra reconhecem a clara influência teórica de Fichte nessas conclusões iniciais, circulares na forma em que prevalece a leitura abstrata do homem: "Nós somos não porque pensamos, queremos, sentimos; e pensamos, queremos ou sentimos não porque somos. Nós somos porque somos. Nós sentimos, pensamos ou queremos porque além de nós existe algo diverso"[47]. Tem-se que nem mesmo a alteridade é suficiente para criar a não permanência da pessoa. Diante da diversidade renitente, ela continua pessoa como determinação em si. Os sentidos abrem-lhe as possibilidades para a entrada no seu referencial divino atemporal, aquilo em si que sempre foi e sempre será na personalidade. Com sua capacidade única de representações a personalidade tira da condição de matéria do mundo; e este o contamina quando não intui. Os sentidos, contudo, não são uma limitação à realização da forma humana; ao contrário, abrem o mundo da interioridade ao fenômeno transformador. Nas palavras de Schiller soa poética a especulação sobre aqueles: "O homem traz irresistivelmente em sua pessoa a disposição para a divindade. O caminho para a divindade, se podemos chamar assim o que nunca levará à meta, é-lhe assinalado nos

---

46. Friedrich von Schiller, *Textos sobre o Belo, o Sublime e o Trágico*, p. 105.
47. *Idem*, p. 154.

sentidos"[48]. A tarefa para que o humano não seja apenas ente do mundo e mero organismo da natureza consiste em gerar a forma inteligente para tudo o que é contingente, como a arte que imprime no particular o geral. E, para que não se restrinja a ser mera forma, o homem precisa, no sentido aristotélico, transformar sua potência em ato. Para isso, sensibilidade e razão desempenham papel de escopo no exercício inteligente dessa transformação. Realizar a produção do espírito no homem é transformar a forma em mundo, eliminando em si o que é apenas sensualidade. Esse caráter humano de estar no mundo fazendo-o objeto de sua intercessão é um estar inteligente posto cosmologicamente. Com isso, dá-se consistência ao divino que habita o ser pelo que chama de realidade e pela formalidade. O primeiro princípio é o de realizar no mundo a forma e o segundo, o de introjetar na interioridade no mundo e fenomênico.

CARTA XII
IMPULSO SENSÍVEL E IMPULSO FORMAL

A tarefa equilibradora do conhecimento é de natureza relacional e coloca a consciência frente à realidade. Assim entendido, Schiller fala do sujeito no qual está inscrito o conhecimento como a maneira de se estar no mundo. A interioridade e o que lhe é exterior definem-se como potências individualizadas e intercorrentes, com a razão e a sensibilidade capazes de recriar o mundo pela representação. Impõe-se a tarefa de se buscar o equilíbrio como forma e função do conhecimento. São potências coexistentes e separadas pela própria condição do ato humano de estar inteligentemente no mundo. Se existe o eu, há também algo que lhe é renitente e que não se deixa abarcar pela liberdade da razão sem esforço. Pela natureza inteligente, o homem transforma o que lhe é necessidade em objeto real dominado pela razão, fazendo das leis o processo de governo da realidade. Isso ocorre através do que Schiller chama de impulso, dividido em *sensível* e *formal*. Está-se, pela própria estrutura da natureza humana, sob a primazia de um ou de outro. Fichte é referência na construção schilleriana desse conceito. Na obra *A Doutrina da Ciência de 1794*, escreve:

> No conceito de um impulso está contido: 1. Que ele está fundado na essência interna daquilo a que é atribuído; portanto, produzido pela causalidade do mesmo sobre si mesmo, isto é, por seu estar-posto por si mesmo. 2. Que ele, justamente por isso, é algo fixado, duradouro. 3. Que ele se dirige à causalidade fora de si mas, na medida em que deve ser apenas impulso, não tem, exclusivamente por si mesmo, causalidade nenhuma. – O impulso, portanto, está meramente no sujeito e, por sua natureza, não sai fora do âmbito dele[49].

48. *Idem*, p. 65.
49. Johann G. Fichte, *A Doutrina da Ciência de 1794*, p. 154.

Revela-se que o impulso define-se em três princípios: é determinado para o objeto a qual se dirige; tem uma temporalidade porque uma de suas propriedades é a permanência e isso significa anteceder e ser conseqüente. Finalmente, sendo gerado por si, não tem uma causa que não seja algo em si mesmo. Janz analisa o tema dos impulsos na relação Schiller-Fichte:

> Schiller se apropriou da temática da Teoria dos Impulsos de Fichte, de suas bases da *Doutrina da Ciência de 1794*. Embora os impulsos se oponham, refere-se a objetos distintos e não são "por natureza opostos". O sentimento nada tem a decidir na área da razão, esta, nada no âmbito do sentimento. Eles estão muito mais em "interação", isto é, têm o mesmo valor e se fundamentam e se limitam mutuamente: "sem forma não há matéria, sem matéria não há forma"[50].

Arrematando que por princípio o impulso é pulsão natural do sujeito e somente nele existe, resta saber o seu fim e uma possível concreção fora do sujeito. Kant, sem usar o termo impulso (*Triebfeder*), o relaciona com a natureza e com a cultura, âmbito onde se conforma a prática do destino comum humano:

> Por isso, de todos os seus fins na natureza, fica somente a condição formal, subjetiva que é a aptidão de se colocar a si mesmo fins em geral e (independentemente da natureza na determinação que faz de fins) usar a natureza como meio de acordo com as máximas dos seus livres fins em geral. De resto a natureza pode orientar-se em direção a este fim terminal que lhe é exterior, e isso pode ser considerado seu último fim. A produção da aptidão de um ser racional para fins desejados em geral (por conseguinte na sua liberdade) é a cultura[51].

O impulso é gênese cognitiva na mente que está oposto à reflexão, mas esta só é possível porque ele é um meio de transporte da realidade para o sujeito. Pela razão e com a sensibilidade, a essência humana transita de sua interioridade para o cosmos, nele se reconhece, a ele busca entender como organismo de unidade que a tudo contém. Em nota à segunda edição do *Die Hören*, Schiller atesta:

> Não tenho qualquer reserva em usar esta expressão, em comum tanto com aquilo que aspira a seguir uma lei como com aquilo que aspira a satisfazer uma carência, por muito que exista o hábito de a limitar ao último significado. Ou seja, assim como as idéias racionais se tornam em imperativos ou deveres logo que são colocadas dentro

---

50. "Schiller hat sich hier Motive der Trieblehre FICHTEs aus den Grundlagen der gesamten Wissenschaftslehre (1794) zu eigen macht. Zwar widersprechen die Triebe einander, aber sie beziehren sich auf verschiedene Objekte und sie nicht von Natur entgegengesetzt. Das Gefühl hat nichts zu entscheiden im Gebiet der Vernunft, die Vernunft nichts im Gebeit des Gefühls. Sie stehen vielmehr zueinander in Wechselwirkung, d.h. sie sind gleichberechtigt und begründen und limitieren sich wechselseitig: 'ohne Form keine Materie, ohne Materie keine Form'". Rolf-Peter Janz, *Schiller Handbuch*, p. 617.
51. Immanue Kant, *Crítica da Faculdade do Juízo*, p. 272.

dos limites do tempo, do mesmo modo se tornam tais deveres em impulsos logo que são relacionados com algo determinado ou real[52].

Verifica-se o reforço à relação na medida em que a lei com seu caráter de generalidade apresenta-se como referência a algo exterior. A análise do impulso realizada por Fichte não contempla o aspecto sensível, razão que leva Schiller a recusar a publicação do ensaio "O Espírito e a Letra na Filosofia" daquele, na *Die Hören*. Em carta de 24 de junho de 1795, Schiller se justifica àquele alegando que faltou no ensaio a análise do impulso "sensível", capaz da sensação, necessário no homem para colocá-lo nos limites do tempo. Em correspondência de 28 de outubro de 1794 a Goethe, considerando sua certeza de que a razão interna também deve sustentar-se em bases objetivas, Schiller assim refere-se a Fichte:

> Não acontece o mesmo com a filosofia de nosso amigo Fichte. Fortes opositores já se manifestam em seu próprio círculo e em breve vão bradar que tudo acaba num spinozismo subjetivo. Ele fez com que um de seus velhos amigos acadêmicos, um certo Weishuhn, se mudasse para cá, provavelmente pensando difundir – através dele – o próprio reino. Esse, porém, depois de tudo o que ouvi a seu respeito – uma mente filosófica excelente –, acha já ter feito uma lacuna em seu sistema e escreverá contra ele. Segundo as opiniões verbais de Fichte (pois no seu livro ainda não falou nisso), o eu também é criado através de suas representações, e toda realidade reside somente no eu[53].

Sem qualquer juízo moral quanto às diferenças filosóficas, vê-se que a contenda reflete a preocupação corrente com as questões humanas do sentir e do saber, além da dinâmica entre essas particularidades no homem em relação com o mundo exterior dos fenômenos. Reconsiderando o impulso sensível[54], tema analisado na Carta XII, para Schiller corresponde à materialização do ato; é corporificado na realidade porque está na temporalidade das sensações. O impulso formal liga o homem ao princípio da liberdade e à duração do que foi definido na Carta anterior como "pessoa", sobre todos os seus estados. O impulso à gênese da formação do pensamento vai se dar no tempo e no espaço. Sabe-se que a questão do espaço e do tempo subjetivo, tão corrente então, havia sido, por Kant, relacionada a cinco princípios na "Exposi-

---

52. Friedrich von Schiller, *Sobre a Educação Estética do Ser Humano numa Série de Cartas e Outros Textos* (trad. Tereza Rodrigues Cadete), p. 144.
53. J. W. Goethe e Friedrich von Schiller, *Companheiros de Viagem*, p. 36.
54. Analisando a Carta XIII, Tereza Rodrigues Cadete atesta: "impulso sensível, "sinnlicher Trieb": na primeira versão em Die Hören, Schiller designara este impulso por impulso material, "Sachtrieb", contrapondo-o assim terminologicamente ao, impulso formal, "Formtrieb" (cf. Parágrafo 4). Perante o comentário de Körner, que numa carta dirigida ao amigo em 11 de janeiro de 1795 critica a dureza da expressão, o autor procederá à alteração no sentido que nos é dado conhecer". Friedrich von Schiller, *Sobre a Educação Estética do Ser Humano numa Série de Cartas e Outros Textos* (trad. Tereza Rodrigues Cadete), p. 45.

ção Metafísica do Conceito de Tempo", na *Crítica da Razão Pura*, ed. citada:

1. "O tempo não é um conceito empírico abstraído de qualquer experiência"[55]. Sem a representação *a priori* do tempo não seria possível a simultaneidade e sucessão nos fenômenos. A relação antecedente-conseqüente, que independe de qualquer experiência, não teria validade teórica ou prática. É compulsório intuí-la para que o que é sucessivo ou simultâneo se configure como conceito na interioridade da mente e o mundo se organize. Em última análise, o tempo é condição formal para a auto-consciência, de maneira que o sujeito assim se entenda e também se constate sensível. Antes da faculdade intelectual, subjaz no sujeito a sua faculdade sensível para a qual o tempo não é intransitivo.

2. "O tempo é uma representação necessária subjacente a todas as intuições"[56]. À afirmação eqüivale dizer que não se elimina o tempo do fenômeno, embora a recíproca possa ser verdadeira. É o fenômeno que está no tempo e, por isso, o tempo existe como condição *a priori* do mundo e nele o fenômeno encarna a sua própria realidade. Não se suprime o tempo do ato.

3. O tempo tem dimensão única. Em havendo diferentes tempos, eles serão sucessivos da mesma forma como ocorre com o espaço. Kant sustenta que essas duas categorias não podem ser resultantes da experiência, por esta não ter condições de certeza apodítica, uma vez que carece do princípio da universalidade.

4. "O tempo é uma forma pura da intuição sensível"[57]. A idéia leiga sobre o tempo mostra que ele está aderido aos fenômenos e às coisas, mas nada mais é do que a forma no sentido interno, do intuir no sujeito o próprio estado interior. Enquanto o espaço manifesta-se em três eixos de representação, o tempo pressupõe apenas um. Sem o tempo, torna-se impossível o aparecer do fenômeno e não há sentido interno, o que resulta em não haver o perceber. Para o sujeito, ser sujeito e fazer-se sensibilidade carece do tempo internamente intuído para estar no mundo onde se reconhece.

5. Sobre a infinitude do tempo, Kant afirma que ela só é possível através da existência de um tempo "uno subjacente"[58], o que vale dizer: a representação do tempo dá-se de forma limitada, fazendo com que sua magnitude não possa ser representada por conceitos pois "estes só contêm representações parciais"[59].

Para Schiller, o aspecto experimentalmente subjetivo do tempo em Kant é fundamento para a organização dos impulsos. No sensível está

---

55. Immanuel Kant, *Crítica da Razão Pura*, p. 77.
56. *Idem, ibidem.*
57. *Idem*, p. 78.
58. *Idem, ibidem.*
59. *Idem, ibidem.*

revelada uma noção do tempo da sensibilidade. É um *continuum* experienciável na mente em busca de materialidade:

> Uma vez que tudo o que existe no tempo é sucessivo, pelo fato de que algo exista todo o resto está excluído. Quando produzimos um som, este será o único real entre todos os que o instrumento é possivelmente capaz de produzir; enquanto o homem experimenta o presente, toda a infinita possibilidade de suas determinações fica limitada a esta última espécie de existência. Onde, portanto, este instinto age de modo exclusivo, existe necessariamente a máxima limitação; o homem neste estado nada mais é que uma unidade quantitativa, um momento de tempo preenchido – ou melhor, ele não é, pois sua personalidade é suprimida enquanto é dominado pela sensibilidade e arrastado pelo tempo[60].

Quando afeita ao aspecto sensível, a pessoa torna-se existência no mundo efêmero, onde potencializa toda a sua humanidade naquilo que é contingente e acaba por invalidar a universalidade, na medida em que confere à diversidade uma razão pessoal. O impulso sensível é o momento vazio de conteúdo quando impera apenas a sensação do presente sem liames com a potência infinita do ser na razão. O *eu* torna-se apenas um sentir com aspectos subjetivos e com supremacia do particular. Já o impulso formal subjetivo caracteriza o que é geral e o que Schiller entende como saber absoluto. Promove a supressão do tempo porque é estabelecido na natureza racional humana e nesta permite o exercício da completa liberdade. Adentra o reino universal da moral, rege as mais gerais leis da arte e da ciência. O impulso formal determina a pessoa independentemente de seus estados temporários, sejam eles individuais ou introjetados pelo corpo social, fazendo na razão absoluta imperar os juízos que promovem o acordo de opiniões, o formal. É o conhecimento que equilibra a diversidade dos fenômenos sem contraditar-se, pois que, não estando sob o jugo da temporalidade, imprime na personalidade o aspecto da imutabilidade. A presença de Fichte é clara quando Schiller elabora a reflexão sobre o instinto formal, inscrito no ser contingente onde vigoram os estados. Para Fichte, um dos princípios incomprováveis do conhecimento humano é o fato de ser incondicionado. Em longa e rigorosa dedução na obra *A Doutrina da Ciência de 1794*, Fichte procura comprovar essa proposição valendo-se de princípios de semelhança e desigualdade da matemática. Ao deduzir, ainda, que o "eu só é na medida em que é consciente de si"[61], demonstra o caráter lógico inerente ao sujeito, o que pode contrapor-se ao aspecto sensível do impulso como preconizado por Schiller, que, referindo-se a este afirma: "[...] o homem neste estado nada mais é que uma unidade quantitativa, um momento de tempo preenchido – ou melhor, ele não é, pois sua personalidade é suprimida enquanto é dominado pela sensibilidade e arrastado pelo tempo". Sobre essa mesma afirmação, Schiller agrega em nota de rodapé:

---

60. Friedrich von Schiller, *A Educação Estética do Homem*, p. 68.
61. Johann G. Fichte, *A Doutrina da Ciência de 1794*, p. 46.

A linguagem possui uma expressão bastante adequada para esse estado de dispersão, sob o domínio da sensação: estar fora de si, isto é, estar fora de seu eu. Embora esse modo de dizer só ocorra quando a sensação se torna afeto e esse estado seja mais perceptível por sua maior duração, no entanto qualquer um está fora de si enquanto apenas sente. O regresso desse estado para o da consciência tem também um nome acertado: entrar em si, isto é, retornar a seu eu, reconstituir sua pessoa. De alguém que esteja desmaiado não se diz estar fora de si, mas: ele foi privado de si, isto é, de seu eu, já que apenas não está nele. Daí só voltar a si quem volta de um desmaio, o que pode muito bem coexistir com o estar fora de si[62].

Utiliza o aspecto lingüístico como instrumento na determinação do sujeito consciente, se se entende que a linguagem é a substância do pensamento. Sem ela, o pensamento é apenas uma paratática experiência primeira e bruta que carece de forma. A própria linguagem dá conta que as duas hipóteses são excludentes, como se a forma fosse incompatível com a sensibilidade. O sujeito em suspensão sensível deve regressar ao âmbito da racionalidade incondicionada de onde saiu para entrar no tempo dos estados. Schiller atenta para o fato constituído pelo impulso sensível e para as leis gerais formuladas pelo impulso formal. A inclinação cede à necessidade e o pensamento se organiza com os juízos morais em toda a sua validade universal, porque o que é bom e verdadeiro o é não na particularidade, senão que infinitamente e para sempre porque está-se no reino da verdade. Para Murray, "a operação exclusiva de um impulso leva-nos à imperfeição, limitação e incompletude no que se conceitua como Ser Humano"[63]. Por isso, mais adiante Schiller apresentará a terceira via, capaz de ser a regência sobre o impulso formal.

CARTA XIII
AÇÃO E DETERMINAÇÃO RECÍPROCA

Quando, na Carta XI, Schiller afirma estar em vias de conformar seu sistema para a educação estética, tem claro que a base para o feito do aprimoramento da humanidade deve-se iniciar na congenialidade humana e que desta determina-se o caminho em direção ao ideal da construção libertadora no sujeito, esteticamente proposto à educação. Resguardando a vontade como motor da ação generosa, encontra na esfera da cultura outro movimento que com aquela se imbrica para a possível transformação da espécie. Aparentemente antípodas, como para Rousseau, a inclinação e a cultura, em Schiller, devem fazer coabitar em si o ideal do homem novo, cuja proposição intrínseca é o

---

62. Friedrich von Schiller, *A Educação Estética do Homem*, p. 68.
63. Patrick Murray, *The Development of German Aesthetic Theory from Kant to Schiller*, p. 150.

abandono da brutalidade feita por qualquer progresso prático do conhecimento. A cultura tem papel de relevo nessa tarefa. A ela é creditado o engenho equilibrador de partes constitutivas num compósito; totalidade a ser gerada no homem. Nem sempre a história comprova a cultura com eficácia nessa tarefa, como ocorreu no século XVIII e a olhos vistos nos períodos subseqüentes, quando a densa carga de conhecimento tecnológico e industrial fez transformar e cristalizar a distância entre o sujeito e mundo da natureza. Assim, cumprindo uma tendência geral de desprendimento do conhecimento das humanidades da ciência e da filosofia, para as quais Schiller propõe uma reconstituição pela causa universal, a da busca conjunta perdida.

A base para essa composição no sujeito ocorre pelos pressupostos dos impulsos. Neles está a forma como as coisas aparecem ao conhecimento e deles emana o entendimento de como se dá a recepção do mundo dos fenômenos e a possibilidade da ação do sujeito sobre as coisas do conhecimento. Instâncias correlatas, os impulsos *sensível* e *formal* não se eliminam embora se alternem como antinomias (já que o primeiro pauta a modificação no tempo e o segundo a unidade e permanência), a inclinação e a cultura tornam-se opostos. Para Schiller, oposição, como nos impulsos, significa apresentar-se contraditoriamente, porque "assim se tornam por uma livre transgressão da natureza ao se desentenderem e confundirem suas esferas"[64]. Tarefa da inteligência no homem ou na cultura é eliminar toda a ambivalência que apaga o "conceito de humanidade"[65]. Então, a plenitude é um ideal a ser atingido pelo esforço conjugado, tanto da cultura quanto do sujeito, através do desenvolvimento dos predicados mais gerais e abstratos neste, sem extinguir naquela o compromisso de organizar-se para ser a causa de todo o progresso que leve aos fundamentos da possibilidade do aprimoramento. Sendo a cultura um sistema de organização de informações, existe algo que lhe contrapõe e no qual toda a informação é princípio de entropia para o outro. O que nos impulsos aparece como contradição, na esfera da cultura também é fato. Nas *Tesi per un'Analisi Semiotica delle Culture* (*In Applicazione ai Testi Slavi*), os autores V. V. Ivanov, Ju. M. Lotman, A. M. Pjatigorskij, V. N Toporov e B. A. Uspenski atestam que:

> Numa descrição do ponto de vista externo, cultura e não cultura são representados como âmbitos reciprocamente condicionados e interdependentes. O mecanismo da cultura é um sistema que transforma a esfera externa na interna; a desorganização em organização, os profanos em iniciados, os pecadores em justos, a entropia em informação. Fundamentado no fato de que a cultura não vive apenas graças à oposição entre a esfera externa e interna, mas também graças à passagem de um âmbito ao outro, não

---

64. Friedrich von Schiller, *A Educação Estética do Homem*, p. 71.
65. *Idem, ibidem*.

se limita a lutar contra o "caos" externo, pois ao mesmo tempo dele necessita, e não apenas o aniquila, mas constantemente o cria[66].

A cultura organiza-se na medida em que agrega ao seu repertório sistematizado aquilo que pode ser tornado cultura e que se lhe apresenta como entropia ou, para os autores eslavos, *não-cultura*. Não significa que a *não-cultura* seja, necessariamente, entropia em si, senão que composição estranha a outro segmento cultural que se lhe antepõe. A *não-cultura* é possível de incorporação ordenada no universo das informações no domínio da cultura. A passagem de uma a outra determina a dinâmica feita movimento receptivo entre a esfera do organizado aberto ao que lhe é exterioridade ou desorganização. Se a cultura tem como base o inexorável movimento da informação em processo de aculturação, na proposição da educação estética torna-se um sistema organizado e com leis capazes de determinar eticamente aquilo que melhor serve ao processamento da grandeza no homem, adequando ao perfil deste à *não cultura*. Não é a cultura no sentido antropológico apenas quando há um determinante histórico e autóctone a ser preservado como valor, mas aquela feita da sabedoria social que entende o corpo coletivo como um projeto no qual se encerra a individualidade. O geral encerra o particular e ambos se locupletam na tarefa de permitir o surgimento do homem universalmente ético. Determinação e lei juntam-se à liberdade resultante da razão no feito de equilibrar os impulsos, por onde tudo começa e onde tudo aparece, para constituir-se em ação. É possível recuperar a unidade humana quando o espírito está feito de partes opostas? Para Schiller essa oposição não ocorre como um fato absoluto, como analisa Anatol Rosenfeld:

> Cabe à cultura resguardar os direitos de cada um dos impulsos contra a usurpação do outro, educando a receptividade, as funções sensíveis e emocionais e, de outro lado, as funções racionais, a espontaneidade e autonomia mentais. Nenhum dos dois impulsos deve ultrapassar os seus limites: o impulso material (sensível) deve ser limitado pela personalidade, o impulso formal deve ser equilibrado pela receptividade ou pela natureza sensível[67].

---

66. "In una descrizione dal punto di vista esterno, cultura e non cultura sono representate come ambiti reciprocamente condizionati e bisognosi l'uno dell'altro. Il meccanismo della cultura è un congegno (ustrojstvo/system) che trasforma la sfera esterna in quella interna: la disorganizzazione in organizzazione, i profani in iniziati, i peccatori in giusti, l'entropia in informazione. In forza del fatto che la cultura non vive soltanto grazie all'opposizione tra sfera interna ed esterna, ma anche grazie al passaggio da aun ambiti all'altro, essa non si limita a lottare con il 'caos' esterno, ma allo stesso tempo, ne ha bisogno, non solo lo annienta, ma costantemente lo crea". V. V. Ivanov, M. Ju. Lotman, A. A. M. Pjatigorskij, V. N. Toporov e B. A. Uspenskij, *Tesi per un'Analisi Semiotica delle Culture (In Applicazione ai Testi Slavi)*, p. 195.

67. Friedrich von Schiller, *A Educação Estética do Homem*, p. 30.

A educação é o caminho antevisto por Schiller para o equilíbrio, e ela é objeto do indivíduo, da cultura, da sociedade e da época com suas leis temporais. Schiller anuncia, tanto para o indivíduo quanto para a espécie, o que Tereza Rodrigues Cadete entende como "faculdades empíricas e conceituais, o que requer tanto uma experiência variada como capacidade de abstração, sistematização e disciplina"[68].

Se um sentido pragmático existe na educação estética, ele vem tanto da possibilidade experimental do mundo na temporalidade, quanto na capacidade humana de gerar transcendência a partir do que lhe aparece à mente una e feita do absoluto. Uma extensa nota do autor explicita a questão da divisão inexorável na natureza do homem, retomando a relação entre esses impulsos. Aparece, então, o ser schilleriano, cuja composição fundamental está na idealidade:

> Tão logo se aponte um antagonismo originário e, portanto, necessário entre os dois impulsos, não há certamente nenhum outro meio de assegurar a unidade no homem senão subordinar incondicionalmente o impulso sensível ao racional. Mas daí só pode surgir uniformidade, nunca harmonia, e o homem permanecerá eternamente cindido. Decerto a subordinação tem de existir, mas reciprocamente: pois conquanto os limites jamais possam fundar o absoluto, conquanto a liberdade jamais possa depender do tempo, é igualmente certo que o absoluto não pode, por si só, jamais fundar os limites, que o estado no tempo não pode depender da liberdade. Ambos os princípios são, a um só tempo, coordenados e subordinados um o outro, isto é, estão em ação recíproca: sem forma não há matéria; sem matéria não há forma[69].

A Ação Recíproca, agora introduzida como pressuposto, organiza a dinâmica dos impulsos pelo concurso inteligente da razão. Na Carta seguinte Schiller retoma o tema para esgotá-lo como elemento de intelecção, tendo aquela como princípio de causa, outro conceito filosófico com passagem intermitente pela história do pensamento. "Causa" foi tema de ampla reflexão, no que se pode chamar de era pós-kantiana. Presente na origem da filosofia jurídica como "acusação" e "imputação", é constante na pesquisa filosófica desde sempre e foi retomada como âmbito de construção de doutrinas, na Alemanha dos séculos XVII e XVIII, como designação de gênese ou fundamento absoluto. "Causar algo" também pode ser entendido, empiricamente, como relação causal, noções de causa, causalidade, causação ou nexo causal, como já definiam os atomistas na Grécia. Se em Platão a causa primeira das coisas existentes é inteligível, uma vez que idéia, em Schiller é a razão que sustenta a relação entre princípios formadores na mente cognoscente. Nesse caso, os impulsos *sensível* e *formal* são a base de sua teoria estética. Foi buscar em Fichte a base para formulação de seu sistema. Fundamentando o saber teórico n'*A Doutrina da*

---

68. Friedrich von Schiller, *Sobre a Educação Estética do Ser Humano numa Série de Cartas e Outros Textos*, p. 145.
69. Friedrich von Schiller, *A Educação Estética do Homem*, p. 72.

Ciência de 1794, Fichte propõe a análise do que é "identidade", "oposição" e "razão"[70]. Supondo-se que os conceitos sintéticos originam-se na "unificação de opostos" e tendo como modelo dessa unidade o *eu* e o *não-eu*, agrega:

> Nenhuma ação antitética, como a pressuposta para a possibilidade da análise em geral, é possível sem uma ação sintética: e aliás, nenhuma ação antitética determinada sem sua sintética determinada. Ambas estão intimamente unificadas, são uma e a mesma ação, e apenas na reflexão são distinguidas. Por conseguinte pode-se concluir da antítese à síntese; o terceiro termo, em que os dois opostos estão unificados, pode igualmente ser estabelecido; não como produto da reflexão, e sim como seu achado; mas como produto daquela ação sintética originária do eu; que por isso, como ação, não deve justamente chegar à consciência empírica, como tampouco o deveriam as ações até agora estabelecidas[71].

O princípio de fundamentar o saber em relações de identidade e não-identidade é característico no procedimento tanto teórico quanto artístico em Schiller. Isso pode justificar a influência evidente de Fichte no momento em que dá como conformada sua teoria sobre a educação estética. Se os impulsos *sensível* e *formal* justificam a leitura fichteana do homem em relação com o conhecimento teórico, a poética romântica de Schiller exemplifica no propósito criativo a mesma iniciativa. O poema "A Luva" (1797) antepõe coragem à leviandade e delas conclui a virtude.

> Frente ao seu parque de leões,
> Aguardando o combate,
> Sentado estava o rei Francisco.
> E a seu lado os grandes da coroa,
> E ainda, em redor, na alta galeria,
> As damas, em magnífica grinalda.
>
> E como faz sinal a mão do soberano,
> Logo se abre a grande jaula,
> E avança um leão
> A passo ponderado.
> Silencioso,
> Lança à volta um olhar,
> Com bocejo prolongado,
> E sacode a juba,
> E distende os membros,
> E na arena se deita.
>
> E novamente faz sinal o rei.
> Então se abre ligeira
> Uma segunda porta.
> De súbito,

70. Johann G. Fichte, *A Doutrina da Ciência de 1794 e Outros Escritos*, p. 63.
71. *Idem, ibidem*.

Com um salto selvagem
Surge, correndo, um tigre.
Como descobre o leão
Ruge ruidosamente;
Bate com a cauda,
Descrevendo um círculo terrível.
E estende a língua,
E vai, em volta, receoso,
Nos estrados do circo,
Rodeando o leão,
Rosnando furioso.
Depois estende-se, resmungando,
Ao seu lado, no chão.

E novamente faz sinal o rei.
Eis que da jaula se abrem duas portas:
Dois leopardos saem, simultâneos,
Que sobre o tigre se lançam,
Com bravo ardor de combate.
A fera os prende em suas garras, ferozes.
Endireita-se o leão, com um rugido,
– Faz-se um silêncio –
E à sua volta,
Ardendo em sede de sangue,
Estendem-se os terríficos felinos.
Do varandim da galeria,
Eis que uma luva de mão formosa
Cai, entre o leão e o tigre,
A igual distância, entre um e outro.

E voltando-se para o cavaleiro Delorges,
A jovem Cunegunda diz-lhe em troça:
"Senhor cavaleiro, se é tão ardente
O vosso amor por mim, como jurais
A cada instante, ide buscar a minha luva..."

E o cavaleiro, prontamente,
À arena assustadora desce
E passos firmes.
E, do local monstruoso,
Com a mão audaciosa apanha a luva.

E com espanto, e com temor olham para ele
Os cavaleiros e as nobres damas.
De espírito sereno, a luva traz de volta.
Nascem em cada boca palavras de louvor.
Porém, com terno olhar de amor,
(Promessa de uma próxima felicidade),
Recebe-o a jovem Cunegunda.
E ele atira a luva ao rosto feminino:
"A vossa gratidão, não a pretendo"
E no próprio momento se retira[72].

72. *Gigantes da Literatura Universal*, vol. Schiller, Lisboa, Editorial Verbo, 1972, p. 87.

Na harmoniosa balada, uma das mais famosas peças da poética de Schiller, está revelada na unidade da ação, a tríade de qualidades como pura decorrência da elevação do espírito diante de inesperadas vicissitudes impostas pelo acaso. Delorges não se furta a arriscar a vida entre as feras porque sabe que a vontade deve triunfar sobre a leviandade e para isso a vida física deve contribuir com o sacrifício. Do varandim à arena desce sereno e firme impondo, atemporalmente, a qualidade de seu ato para a história, o que lhe vale mais que a vida pois que movido por um impulso ético. Chafurda em vileza Cunegunda porque fez do grande amor objeto da inconseqüência, apenas pela vontade de sentir o estado da vaidade. A conduta de Delorges intensifica no homem a energia moral, em que o denodo deliberado é o justo meio para a grande ação. A arte nesse poema é pura eticidade porque revela a glória do grande gesto transformador. Certamente Cunegunda jamais será a mesma depois de receber a luva no rosto e o desprezo pela sua arrogância. Isso é educação estética no sabor schilleriano. A relação de contrários em Schiller é metodológica. Para Elizabeth Wilkinson nele torna-se método de extração socrática quando os opostos fazem medrar no interlocutor uma resposta solicitada:

> Ele constantemente dramatiza sua argumentação através de uma situação de diálogo insinuado, no qual o antagonista geralmente expõe o tema como parece ser. Enquanto isso o protagonista faz uma retaliação eliminando as aparências para desvendar um estado de coisas nos temas abordados, como Schiller acredita que realmente deva ser. Sua opinião está expressa no XIX; XXIV; XXV – e em nota de rodapé desse parágrafo: o conflito entre as duas naturezas do homem não é primário, mas nasceu no curso da história através do mau uso e da condução inadequada que dela faz[73].

Seja na literatura dramatúrgica seja na poética, o método socrático constitui a base para Schiller concluir, com a atitude do personagem, um princípio moral decorrente da ação. Na literatura de reflexão, é a gênese que estrutura um modelo de pensamento. Se o autor tem uma conclusão a atingir, como é o caso de estabelecer pressupostos como os dos impulsos, fundamenta-os em relações de distinção. Ao apontar para a cisão, verticaliza a reflexão das partes, sugere delas uma *re-união* e acena com uma totalidade refeita, plena e inaugural. A hipótese nasce dos próprios componentes da cisão que respondem quando harmonizados na síntese e, assim, guardam aproximação com a *maiêutica*, método tra-

---

73. "He constantly dramatizes his argument by an implied dialogue situation, in which the antagonist usually states the case as it appears to be (as he has just done in Paragraph 1), while the protagonist retaliates by breaking down appearances to uncover the state of affairs as Schiller thinks it really is. His own considered opinion appears in XIX; XXIV; XXV – and in the footnote to this paragraph: the conflict between man's two natures is not primary, but has arisen course of history through the misuse and misdirection of them. Friedrich von Schiller, *On the Aesthetic Education of Man* (trad. Elizabet Wilkinson e L. A. Willoughby), p. 246.

tado por Platão, no *Teeteto ou, Da Ciência*. Quando o ateniense apresenta Sócrates explicando ao matemático sua qualidade de partejador, revela a então arte do diálogo, que faz do antagonista o próprio protagonista quando em si encontra o que busca:

> Tenho um ponto comum com as parteiras; sou estéril em matéria de sabedoria e a censura que freqüentemente me fazem de interrogar os outros sem nunca me pronunciar seja sobre o que for, porque não possuo em mim qualquer sabedoria, é uma censura a que não falta verdade. A razão está no seguinte: o deus obriga-me a fazer parir os outros, mas impediu-me de gerar. Assim, de modo nenhum eu próprio sou sábio e não posso apresentar qualquer descoberta de sabedoria que a minha alma tenha dado à luz. Mas os que se ligam a mim, ainda que alguns deles pareçam ao princípio duma completa ignorância, todos eles fazem, ao longo da sua convivência comigo, se o deus lhes permite, progressos maravilhosos, não apenas aos seus próprios olhos, como também aos olhos dos outros[74].

Constatando que a sabedoria está em quem pergunta, Sócrates advoga um nada conhecer, porque não é de si que parte a inquirição. Não pode gerar conhecimento, apenas contribuir através do movimento para que as respostas sejam encontradas na gênese da dúvida.

Se o movimento entre a alternância e a permanência incondicionada definem a dinâmica dos impulsos na formulação de sentido, quanto mais possibilidades para a recepção do mundo houver, tanto mais o homem será mundo inteligente na medida em que o capta como se pudesse recebê-lo em um mosaico de possibilidades. Quanto maior o contato do homem com o mundo, tão mais sensível será sua vida, tão mais aberta sua cultura e tão mais sólida sua existência inteligente. A vida sensível é mutante e evolutiva porque está no tempo e deve definir-se pela disposição em receber o mundo na mente. Assim poderá, também, conceber o mundo e nesse sentido a cultura desempenha suas maiores funções: a de engendrar no sujeito a miríade de possibilidades para a recepção dos fenômenos, tornando apaziguado o que é estado e edificando na razão a liberdade. Esta ajusta sujeito e mundo, pois "tanto mais mundo o homem concebe, tanto mais forma cria fora de si"[75].

Fazer harmonizar aquilo que nessa Carta Schiller introduz como faculdade ativa e faculdade receptiva é a tarefa do aprimoramento humano. Exemplificando em nota de rodapé o sentido necessário da harmonização, pode-se tomar como síntese desse documento a afirmação de que: "Quando as duas qualidades se unificam, o homem conjuga a máxima plenitude de existência à máxima independência e liberdade, abarcando o mundo em lugar de nele perder-se e submetendo a infinita multiplicidade dos fenômenos a unidade de sua razão"[76].

---

74. Platão, *Teeteto...*, p. 38.
75. Friedrich von Schiller, *A Educação Estética do Homem*, p. 72.
76. *Idem*, p. 73.

Sobre o tema que finaliza por sintetizar o pensamento da educação estética, em sua *História da Filosofia*, Nicola Abbagnano agrega uma análise sobre a questão da liberdade como elemento da razão que recupera a unidade no homem:

> O tema da unidade entre a natureza e o espírito encontra a sua melhor expressão na obra-prima filosófica de Schiller, as Carta sobre a Educação Estética (1793-1795). Nesta obra, Schiller começa por discernir no homem uma dualidade que aparece conciliada: a do homem físico e a que vive sob o domínio das necessidades e se descobre em virtude da sua existência na sociedade dos homens, e o homem moral, que afirma a sua liberdade. Mas o homem físico é real, enquanto que o homem moral é apenas problemático. A razão tende a suprimir a natureza no homem e a furtá-la aos vínculos sociais existentes para lhe fornecer aquilo que ele poderia e deveria possuir, mas não pode substituir completamente a sua realidade física e social[77].

A idéia do homem total conforma-se na perfeição que se realiza no jogo surgido do movimento livre efetivado pela dinâmica dos impulsos que determinam no homem a liberdade e sem extrair-lhe a natureza, é o que preconiza Schiller.

CARTA XIV
IMPULSO LÚDICO

Fundar e estabelecer o limite da extensão dos impulsos em relação de reciprocidade é a análise de Schiller neste documento. A razão requer o alcance da relação dessa reciprocidade, tema que Robert Lerroux entende como "um ideal da razão, um infinito do qual o homem poderá se aproximar cada dia mais sem o alcançar jamais, na medida em que realizar o mais perfeitamente a idéia de sua humanidade"[78].

É pelo mecanismo da razão que se estabelece o ideal da existência humana e assim persegue-se a condição plena da liberdade. A adoção do princípio kantiano de *Ação Recíproca* – que em Fichte é tomado como *Determinação Recíproca* – revela na Carta XIII a introdução do conceito universal de causalidade como relação de eficácia na dinâmica alternada do *eu* e do *não-eu* dando sentido aos impulsos, conforme adotados por Schiller. Fichte coloca como relação de causalidade a reunião de particulares como Determinação Recíproca:

> Esta síntese é denominada síntese de causalidade (Wirksamkeist). Aquele a que é conferida atividade, e nessa medida não passividade, chama-se causa (Ursache), realidade originária (Ur-Realität), realidade positiva pura e simplesmente posta, que

---

77. Nicola Abbagnano, *História da Filosofia*, vol. VIII, p. 152.
78. "un ideal de la raison, un infini dont l'homme pourra, sans l'atteindre jamais, s'approcher toujours plus, à mesure qu'il réalisera plus parfaitement l'ideé de son humanité". Friedrich von Schiller, *Lettres sur l'éducation esthétique de l'homme*, p. 204.

por essa palavra é exprimida com acerto: aquele a que é conferida passividade e nessa medida não atividade, chama-se o causado (Bewirkte) (o efeito (Effekt); por conseguinte, uma realidade dependente de outra e não uma realidade originária). Ambos pensados em conexão chamam-se uma atuação (Wirkung). Não se deveria nunca dar ao causado o nome de Wirkung[79].

É buscando um estatuto filosófico no pensamento de contemporâneos seus que Schiller avança no projeto de apresentar sua educação estética. Entende que compete à razão humana o exercício de engendrar a dinâmica equilibradora dos impulsos e, com isso, permitir ao sujeito o acesso à sua plenitude de humanidade. Sabendo-se que os impulsos sensível e formal não são coetâneos, já que um está determinado no tempo e o outro é liberdade para sempre, ao homem que busca a perfeição de sua existência compete o ideal de torná-los reciprocidade regulada. Essa unidade ideal é uma ação recíproca com a construção de uma via necessária, feita pela complementaridade entre componentes constitutivos. Ao entender que é dever constante fazê-los plasmar uma nova realidade no homem, Schiller fundamenta novamente em Fichte sua reflexão sob o influxo da tarefa infinita. Na obra *A Doutrina da Ciência de 1794*, refletindo sobre o incondicionado como determinação no sujeito, atesta:

> O homem deve aproximar-se sempre mais, ao infinito, da liberdade, em si inalcançável. – Assim, o juízo de gosto: A é belo o mesmo que: A contém um índice que está também contido no ideal, já que não conheço o ideal. Muito pelo contrário, meu espírito tem por tarefa, proveniente de seu por absoluto, encontrá-lo; mas nessa tarefa só poderia ser solucionada depois de uma aproximação perfeita e terminada do infinito – Kant e seus seguidores chamaram, por isso, muito corretamente, esses juízos de infinitos, embora nenhum deles, ao que eu saiba, os tenha explicado de maneira clara e determinada[80].

Forma e realidade não são instâncias de uma epistemologia fundamentada em princípios, em si, excludentes. Dominar o embate entre o infinito, que no homem revela o eu, e a realidade determinada no tempo deve ser objeto paciente de auto-superação. Contrapor não significa

---

79. Na tradução da *Doutrina da Ciência de 1794* que serviu de base para esta análise, o tradutor Rubens Rodrigues Torres Filho, em nota de rodapé, (p. 70) atesta: "Neste parágrafo, em que introduz a noção de causalidade, Fichte procede a uma série de ajustes terminológicos, indispensáveis para o rigor da dedução. Em função da idéia-mestra contida no verbo wirken – atuar, efetuar – a causalidade será Wirksamkeit (eficácia), e não Kausalität, assim como o efeito será o Bewirktes (o efetuado, o causado), e não Werkung, como costuma ser chamado, com essa indevida desinência ativa. A causa, por sua vez, sendo o que é propriamente wirksam (atuante, eficaz) na relação, tem na língua um nome feliz: Ursache (de Ur – originário; e Sache – coisa, como trad. Do latim "causa"), palavra que marca bem sua positividade, isto é, seu caráter de posição (Setzung) incondicional e, portanto, de realidade (do latim "res") originária".

80. Johann G. Fichte, *A Doutrina da Ciência de 1794 e Outros Escritos*, p. 59.

excluir, mas ter cada princípio dialético que possa representar a gênese de uma contradição como fato gerador de uma dinâmica harmônica para o conhecimento. À razão compete uma infinita construção ideal. Schiller entende que o homem "deve sentir por ser consciente e ser consciente por sentir"[81], o que vale dizer que na conquista da intuição de toda a sua humanidade não se elimina a pessoa em prol do estado. Como não se oculta o estado para que a pessoa possa emergir com sua tarefa de plenamente existir. Simultaneidade é o resultado do exercício constante da superação de cisões entre a liberdade e a matéria. Schiller denomina "destinação realizada" o atingir da potência da humanidade total em que se inscreve toda a idealidade do sujeito ético. Se possível na experiência, geraria o que na Carta XIII Schiller supôs ser um "conceito impensável", mas que nesta registra como o terceiro caminho onde, finalmente, o sensível e o formal se tornariam outra realidade; onde se plasmariam a "modificação e a identidade"[82]. Trata-se do *impulso lúdico* que atende ao esquema:

Impulso Sensível	*Impulso Formal*
Tempo	Infinito
Dependência	Independência
Passividade	Liberdade
Necessidade física	Necessidade Moral
Impulso Lúdico	Necessidade Física e Moral
INFINI/TEMPO	

A instância física e moral dos impulsos, determinadora da dependência e da liberdade no sujeito cognoscente, para Schiller tem o caráter de necessidade:

> o impulso sensível exclui de seu sujeito toda espontaneidade e liberdade; o impulso formal exclui do seu toda dependência e passividade. A exclusão da liberdade é necessidade física, a da passividade é necessidade moral. Os dois impulsos impõem a necessidade à mente: aquele por leis da natureza, este por leis da razão[83].

Ao construir o impulso lúdico, engendra uma tríade que faz a coesão entre o homem físico e o moral, pondo a necessidade determinada

---

81. Friedrich von Schiller, *A Educação Estética do Homem*, p. 77.
82. *Idem, ibidem*.
83. *Idem*, p. 78.

pelos sentidos em seu processo de experiência possível em harmonia interna, fazendo convergir no sujeito a liberdade, no sentido amplo da razão estar no mundo. Esta significa ao espírito uma ação prática recíproca quando as necessidades físicas e morais tornam-se a um só tempo o compósito determinador de humanidade no sujeito. Analisando a imanência da arte na vida humana, Hegel a elabora como sensor para a virtude, como que se o belo transubustanciasse o bom e a verdade que determina a essência do homem:

> De um lado, deparamos com o homem sujeito à realidade vulgar e à temporalidade terrestre, atormentado pelas exigências e tristes necessidades da vida, amarrado à matéria, atrás de fins e prazeres sensíveis, vencido e arrastado por tendências e paixões; do outro lado, vemo-lo a elevar-se até as idéias eternas, até o reino do pensamento e da liberdade, a sujeitar a vontade às leis e determinações gerais, a despojar o mundo de realidade viva e florescente para o resolver em abstrações, condição esta do espírito que só afirma o seu direito e a sua liberdade quando domina impiedosamente a natureza, como se quisesse vingar as misérias e violências que ela o obriga a suportar[84].

Arte e jogo. De novo essas instância se relacionam aos impulsos. Janz os analisa com propriedade:

> A figura de pensamento característica para Schiller de que o efeito reconciliador da arte ocorra através da neutralização de um duplo constrangimento encontra o seu fundamento antropológico na hipótese de um instinto do jogo no qual atuam conjuntamente dois impulsos básicos fundamentais, o da matéria e o da forma, impulso sensível e impulso formal[85].

Há uma noção de evolução para o aprimoramento pela recepção sensível dos fenômenos e no cumprimento das determinações impostas pela realidade coletiva no tempo em conjunção com a liberdade da razão. Trata-se do caminho libertador da estética, sobre a qual Hegel se manifesta em sua *Estética – A Idéia e o Ideal*:

> Assim é o belo considerado como resultante da fusão do racional e do sensível, no que reside, segundo Schiller, a verdadeira realidade. De um modo geral, já se encontra esta concepção na Graça e Dignidade onde, tal como nos seus poemas, Schiller mais particularmente elogia as mulheres por ver no caráter delas essa íntima união do natural e do espiritual. Foi nessa união do geral e do particular, da liberdade e da necessidade, do espiritual e do natural, em que Schiller via o princípio e a essência da arte e cuja realização incansavelmente procurou alcançar através da arte e da for-

---

84. Georg W. F. Hegel, *Estética, a Idéia e o Ideal*, p. 29.
85. "Die für Schiller charakteristische Gedankenfigur, daß die Versöhnungsleistung der Kunst durch die Neutralisierung einer doppelten Nötigung zustande kommt, finder ihre antropologische Fundierung in der Annahme eines Spieltriebs, in dem zwei Grundantriebe, Stofftrieb und Formtriebe, sinnlicher und vernünftiger Trieb, zuzammenwirken und zum Ausgleich kommen". Rolf-Peter Janz, *Schiller Handbuch*, p. 617.

mação estética, foi ela que, posteriormente e sendo a própria idéia, pareceu como o princípio do conhecimento e da existência, e a idéia foi proclamada como a verdade e o real por excelência[86].

Quanto à experiência moral e material Schiller agrega que se dá pela operação inteligente através dos impulsos:

> o impulso sensível torna contingente a nossa índole formal, e o impulso formal torna contingente nossa índole material, à medida que aquele nos constrange fisicamente, e este, moralmente; ou seja, é contingente se nossa felicidade concorda com nossa perfeição ou esta com aquela[87].

De outra parte, lúdico é um gênero de relação com o mundo e que corrobora como solução para seu projeto, uma vez que nele faz constituir a base para a humanidade proposta na educação estética. Sobre ele o autor atesta que concentra e regra a conciliação, uma vez que permite o surgimento do ser absoluto da humanidade.

> O impulso lúdico, portanto, no qual ambas atuam juntas, tornará contingentes tanto nossa índole formal quanto a material, tanto nossa perfeição quanto nossa felicidade; justamente porque ambas contingentes, e porque a contingência também desaparece com a necessidade, ele suprime a contingência nas duas, levando forma à matéria, e realidade à forma[88].

Este é um dos momentos de relevo que explicitam a educação estética. Se o impulso lúdico plasma a necessidade física e a moral, então faz a inclinação natural do homem amalgamar-se no imperativo categórico como definido por Kant. O imperativo da razão e o que é inclinação ou desejo natural geram outro estado; o lúdico, fazendo o homem em sentido pleno. Sobre o impulso lúdico, Murray confirma:

> Então, quando nesse sentido, através de tal objeto simbólico externo, os dois impulsos primários cooperam em ação combinada, geram um segundo impulso, um produto de sua atividade psicológica, a saber o impulso do jogo. Isso não é visto por Schiller meramente como produto passivo da combinação dos dois outros, uma vez ativado reage a cada um daqueles, determinando-os como uma nova forma modificada, garantindo e desenvolvendo sua harmônica cooperação[89].

---

86. *Idem*, p. 57.
87. Friedrich von Schiller, *A Educação Estética do Homem*, p. 79.
88. *Idem, ibidem*.
89. "Now, when, in this way, through such an external symbolic object, the two primary drives co-operate in converted activity, they give rise to a secondary drive, the combined-psychological product of their activity, namely the play drive. The play-drive is not seen by Schiller as merely a passive product of the two other two drives combinations; once activated it reacts on each of them, determining them to a new modified form, ensuring and developing their co-operation in harmony." Patrick T. Murray, *The German Aesthetic Theory from Kant to Schiller*, p. 35.

O jogo como princípio de realização do homem no mundo é parelho com objeto da estética, tal como atesta Hegel:

> Agora nos aparece uma questão essencial: por que cria o homem obras de arte? A primeira resposta que nos ocorre é que as cria como produtos acidentais de um simples jogo. Ora, o jogo é uma ocupação a que nos dedicamos sem obrigatoriedade e livremente podemos interromper porque há outros e melhores meios de alcançar o que a arte nos alcança e há interesses mais elevados e importantes a que a arte não satisfará[90].

Na Carta XV Schiller o define como "tudo aquilo que não sendo subjetiva nem objetivamente contingente, ainda assim não constrange nem interior nem exteriormente"[91]. Está no jogo (que será retomado em cartas posteriores) o princípio de liberdade, qualidade operada pelo espírito que pode ser ajuizada a qualquer tempo, como pode ser abandonada em prol de um outro atrativo da arte alhures. Também a necessidade, atributo da vontade e da inclinação, presentificam-se na atividade lúdica como possibilidade de escolha dos caminhos de como jogar.

CARTA XV
A SUBSTANTIVAÇÃO DO BELO COMO CONCEITO DE FORMA VIVA

Outro conceito é agregado ao impulso sensível; aquilo que lhe confere materialidade e que Schiller denomina *vida*. Define os sentidos em sua imediatidade sensualizadora antepondo princípios de análise. Chama de forma ao *impulso formal* e que se estrutura pela totalidade significativa dos objetos e a relação dessa totalidade com o pensamento. A combinação dessas duas instâncias faz resultar o *impulso lúdico*, a cujo objeto Schiller designa de *forma viva*. Depreende-se que da conexão entre partes autônomas resulta uma terceira natureza que contém os dois conjuntos primários formadores para resultar em um algo particular, diverso de suas partes constitutivas. A *forma viva* tem as qualidades estéticas dos fenômenos e é "tudo o que entendemos no sentido mais amplo por beleza"[92]. Tem-se, a partir desses pressupostos, uma dedução da idéia de beleza adotada pelo pensador, a de que sempre que algo apresente essas qualidades terá uma vida vibrante no sentimento humano e se tornará forma no entendimento. Adentra o sujeito mas não está encerrada nele como uma coisa em si. Belo para Schiller é o objeto da *forma viva* e por ela entende o instinto natural-antropológico do jogo no homem. Por *forma viva* não se entende o sentido literal, aquilo que se

---

90. G. W. F. Hegel, *Estética, A Idéia e o Ideal*, p. 35.
91. Friedrich von Schiller, *A Educação Estética do Homem*, p. 83.
92. *Idem*, p. 81.

move enquanto fisicidade estruturada no mundo. No âmbito da arte, é um procedimento experimental e sobre ele Lerroux amplia: "Cada vez que um objeto venha a possuir essas qualidades, sua forma viverá em nosso sentimento e sua vida tomará forma em nosso entendimento"[93]. É o caso citado por Schiller como um bloco de mármore inerte que se torna forma viva pela intercessão das mãos de um escultor. A matéria-prima primitiva tem sua estrutura orgânica formal conhecida na natureza, mas isso, apenas, não lhe confere a categoria de *forma viva*. É preciso a operação paciente do artista para que a beleza lhe seja agregada, para que venha por acréscimo através da transformação da matéria em representação, com a mediação do experimento. A forma viva, mais que estrutura, é uma significação. Analisando o propósito da adoção desses impulsos, Murray entende que há um movimento (pode ser entendido como princípio de circularidade) que se inicia no sujeito, passa pelo objeto e volta à origem, criando uma dinâmica na qual o belo nasce como marca desse movimento de conhecimento:

> Na descrição dos nossos dois impulsos primários... há um interessante movimento do sujeito/para o objeto/de volta ao sujeito. Por conseguinte temos o impulso sensível/cujo objeto é matéria/percebida pelos nossos "sentidos". O impulso formal tem/forma na medida em que seu objeto/é dirigido de volta às "faculdades do pensamento"[94].

Há dois elementos formadores do belo em Schiller: a forma e o conteúdo sensualizado, e no autor das *Cartas* busca entender o *apriorismo* kantiano:

> Nós não sabemos como ou por quê por vezes a relação entre ambos produz ou não a beleza. Eles são condições necessárias, não suficientes da beleza. O processo pelo qual tornam-se suficientes em sua mútua relação é desconhecido. Somente podemos reconhecer beleza quando a vemos ou a ouvimos na experiência *a posteriori*; não a podemos formular antecipadamente, *a priori*. Isso, contudo, pode gerar dúvidas sobre a viabilidade dos esforços de Schiller nessa carta em deduzir transcendentalmente uma idéia *a priori* da beleza[95].

---

93. "Chaque fois qu'un objet possédera ces qualités, sa forme vivra dans notre sentiment et sa vie prendra forme dans notre entendement". Friedrich von Schiller, *Lettres sur l'éducation Eesthétique de l'homme*, p. 212.
94. "In the description of our two primary drives...there is an interesting movement from subjetc/to object/back to subject. Thus we have the sense-drive/ whose object is matter/perceived by our "senses". The form-drive has/form as its object/and this is referred back to the "thinking faculties". Patrick T. Murray, *The Development of German Aesthetic Theory from Kant to Schiller*, p. 148.
95. "We do not know how or why sometimes their relation does or does not produce beauty. They are necessary, not sufficient, conditions of beauty. The process whereby they become sufficient in their mutual relation is unknowable. We can only recognize beauty when we see or hear it in experience, *a posteriori*; we cannot formulate it in advance, a priori. But this may raise doubts about the viability of Schiller's attempt

A partir da análise de Murray, pode-se relacionar o belo kantiano que está no sujeito *aprioristicamente* e o que tem sua autonomia, tomado por Schiller como a base de seus estudos. Se em Kant é desinteressado e com universalidade no sujeito, em Schiller comparece como relação harmônica entre objeto e mente. Essa harmonia é totalitária mas não centrada no gosto particular, e isso os diferencia. O que há de universal e existe *a priori* no sujeito como sustenta Kant, na *Crítica da Faculdade do Juízo*:

> Não pode haver nenhuma regra do gosto objetiva, que determine através de conceitos o que seja belo. Pois todo juízo proveniente desta fonte é estético; isto é, o sentimento do sujeito, e não um conceito do objeto, é seu fundamento determinante. Procurar um princípio do gosto, que forneça o critério universal do belo através de conceitos determinados, é um esforço infrutífero, porque o que é procurado é impossível e em si mesmo contraditório[96].

O *background* kantiano não subsiste em Schiller quando este não se atém apenas ao gosto na análise, preferindo discorrer sobre o belo enquanto ação objetiva no mundo. A questão da complacência desinteressada e livre sobre o belo foi tida como contraditória gerando inúmeras interpretações na filosofia posterior a Kant. O comentarista e tradutor de Schiller, Jaime Feijóo, interpreta essa contradição:

> Kant pretendia diferenciar aquele prazer "puro" que sentimos ante a contemplação do belo, do prazer "interessado" próprio do útil ou do moral. Nessa primeira determinação do conceito de gosto, a pergunta pelo livre prazer que provoca a beleza tinha um caráter puramente receptivo que foi mal interpretado no sentido de excluir absolutamente o fato de que a beleza ou a arte puderam despertar algum tipo de interesse, um dos mal-entendidos com maiores conseqüências para a história do pensamento estético. A tese do "prazer desinteressado" foi interpretada pela estética posterior a Kant como uma exacerbação do caráter autônomo da arte, o que vale dizer, como postulado da indiferença absoluta da arte em relação à vida, e vice-versa[97].

A educação estética quer a arte como corolário da vida pois é *forma viva*. Para Janz, a própria obra de arte em sua infinitude significativa porta, concretamente, esse princípio fundante:

in this letter to transcendentally deduce an a priori idea of Beauty". Patrick T. Murray, *The Development of German Aesthetic Theory from Kant to Schiller*, p. 149.
96. Immanuel Kant, *Crítica da Faculdade do Juízo*, p. 77.
97. "Kant pretendia diferenciar aquel placer 'puro' que sentimos ante la contemplacíon de lo bello, del placer 'interessado' próprio de lo util o de lo moral. En esta primera determinación del concepto de gusto, la pregunta por el libre placer que provoca la belleza tenia un carácter puramente receptivo, que fué malinterpretado en el sentido de excluir absolutamente el hecho de que la belleza o el arte pudieran despertar algun tipo de interés, uno de los malendendidos con mayores consecuencias para la historia del pensamiento estético. La tesis del 'placer desinteresado' fue interpretada por la estética posterior a Kant como una exacerbación del carácter autonomo del arte, es decir, como postulado de la indiferencia absoluta del arte hacia la vida, y viceversa". Friedrich von Schiller, *Kallias – Cartas sobre la Educación Estética del Hombre*, p. XVII.

Na concordância livre dos elementos da obra de arte, elementos esses que não estão submetidos a nenhum objetivo não estético, a identificação do homem consigo mesmo chega a ser uma experiência. A obra de arte, entendida como forma viva, conforma sua estrutura estética com qualidades sensoriais, toca simultaneamenmte os sentidos e a capacidade pensante do observador ou do leitor e o deixa perceber aquele equilíbrio harmônico de razão e sensorialidade que resulta na humanidade plena e possível[98].

Merece ainda atenção a análise do mesmo autor e a reflexão posterior a Kant em sentido oposto a essa leitura, inclusive com a presença de Schiller através de seu conceito de humanidade em relação ao belo:

> A polêmica continua ainda em nossos dias, em torno da crítica de Kant na Teoria estética de Adorno, e a atualização de seu pensamento por parte da hermenêutica, desde Heidegger e Gadamer, que interpretam a tese de Kant no sentido de que o prazer desinteressado na contemplação do belo não implica, nem muito menos a ausência de interesse pelo belo: o interesse pelo belo é um interesse em seu máximo grau, aquele estado em que o homem pode ver cumprida efetivamente sua humanidade. Heidegger interpreta o "livre favor" (freie Gunst) que há de determinar nosso comportamento frente à beleza como o máximo esforço de nosso ser: um estado fundamental do ser humano no qual o homem, tal e como proclama Schiller nas Cartas, alcança a completude de seu ser[99].

A condição plena da liberdade na forma, para Schiller, é a presença dos dois impulsos na intuição e deles emerge o belo. Vendo a questão do viés físico e moral, Abbagnano explica a relação entre os impulsos *sensível, formal* e *estético,* tendo o belo como configuração intermediária e condição dessa liberdade:

> Enquanto o homem se mantiver submetido ao instinto sensível que é o primeiro a surgir, não existe liberdade; só quando o outro instinto se afirma, ambos acabam por perder a sua força constritiva e a posição entre ambos dá origem à liberdade. Para

98. "In der zwangglosen Übereinstimmung der Elemente des Kunstwerks, die keinem außerästhetischen Zweck unterliegen, gelangt die Übereinstimmung des Menschen mit sich selbst zur Anschaung. Das Kunstwerk, verstanden als 'lebende Gestalt' vereinigt seine ästhetische Struktur mit sinnlichen Qualitäten, es spricht die Sinne und das Denkvermögen des Betrachters oder des Lesers gleichzeitig na und laßt ihn so erfahren, daßjener harmonische Ausgleich von Vernunft und Sinnlichkeit möglich ist, der die vollendete Humanität ausmacht". Rolf-Peter Janz, *Schiller Handbuch*, p. 616.
99. "La polémica continúa aún en nuestros días, en torno a la crítica de Kant en la Teoria estética de Adorno, y a la actualización de su pensamiento por parte de la hermenéuica, desde Heidegger a Gadamer, que interpretan la tesis de Kant en el sentido de que el placer desinteresado en la contemplación de lo bello no implica ni mucho menos la ausencia de interés por lo bello: el interés por lo bello es un interés en su máximo grado, aquel estado en que el hombre puede ver cumplida efectivamente su humanidad. Heidegger interpreta el 'libre favor' (freie Gunst) que há de determinar nuestro comportamiento ante la belleza, como el máximo esfuerzo de nuestro ser: un estad(i)o fundamental del ser humano en el que el hombre tal y como proclama Schiller en las Cartas, alcanza la completud de su ser". Friedrich von Schiller, *Kallias. Cartas sobre la Educación Estética del Hombre,* p. XIX.

Schiller a liberdade não é como para Kant o produto da pura razão; é antes um estado de indeterminação no qual o homem não se sente constrangido nem física nem moralmente, se bem que possa ser actuante num modo como no outro. Ora se o estado de determinação sensível se chama físico e o de determinação racional, moral, o estado de determinabilidade real e activa deve chamar-se estético. O estado estético é um estado de problematicidade, no qual o homem pode ser tudo o que quiser, embora nada sendo de determinado. Neste sentido afirma que a beleza não pode oferecer qualquer resultado, seja moral, seja intelectual; no entanto só através dela o homem aufere a possibilidade de ser aquilo que deve ser[100].

Logo, a beleza que configura o estado estético determina a liberdade, e a condição de humanidade é algo no âmbito da interioridade, mas está em relação intrínseca com o mundo uma vez que a sensibilidade de cada um harmoniza-se com o sentido natural de moralidade. Afirma a própria natureza humana que Schiller antecipou na Carta X, ainda sob o influxo de Rousseau, quando considerou sobre a beleza como elemento do gosto cultivado e recuperador dos desvios promovidos pela barbárie natural no sujeito da cultura. Sob o influxo da razão, educa-se para o belo e nesse movimento o sujeito torna-se senhor de sua humanidade, potencializando em si o valor ético. Sendo o sujeito a unidade que faz a matéria social e coletiva, a cultura organizada no sentido da educação estética é transformada, como já explicitado na Carta X:

> Com efeito, já se cansou de ouvir a afirmação de que o sentimento educado para a beleza refina os costumes, de modo que novas provas parecem desnecessárias. Apóia-se para tanto na experiência cotidiana, que mostra um gosto cultivado quase sempre ligado à clareza do entendimento, à vivacidade do sentimento, à liberalidade e mesmo dignidade na conduta, enquanto o gosto inculto se apresenta de ordinário ligado a atributos opostos[101].

Conformar o conceito de humanidade no sentido metafísico continua sendo tarefa inacabada para Schiller. Entendê-lo enquanto comportamento não significa tê-lo claro no sentido filosófico em que pretende apoiar sua teoria. Para isso, evoca novamente o difícil engenho de explicar a unificação da qual, a seu ver, procede toda a beleza. É nesse momento que busca o pressuposto do particular e do geral, temas renitentes e toda a filosofia. A pluralidade de particulares não esgota a generalidade do infinito, pois o que aparece é apenas uma possibilidade no dualismo mente-matéria. Plasmá-las é trabalho transformador da subjetividade, por força da razão. A passagem seguinte assim o explicita:

> Embora saibamos apontar as partes de cuja unificação nasce a beleza, a gênese desta ainda não está explicada; pois para isso exigir-se-ia compreender a própria

---

100. Nicola Abbagnano, *História da Filosofia*, vol. VIII, p. 154.
101. Friedrich von Schiller, *A Educação Estética do Homem*, p. 57.

unificação, a qual permanece imperscrutável para nós como toda ação recíproca entre o finito e infinito. A razão, por motivos transcendentais, faz a exigência: deve haver um impulso lúdico, pois que apenas a unidade de realidade e forma, de contingência e necessidade, de passividade e liberdade, completa o conceito de humanidade[102].

Para Murray, há aqui uma inadequação do propósito de Schiller, em relação a Kant:

> Na passagem acima, o comentário de Schiller sobre a "Razão" produzindo exigência no sentido do imperativo metafísico é inadequado. Ele está novamente tomando de empréstimo a filosofia crítica de Kant na qual a razão nos compele à cognição absoluta e à volição, viz. para a completude do conhecimento e do desejo moral. Schiller não estabeleceu filosoficamente a razão como algo mais que a nossa natureza racional. Além disso, para Kant a razão exige perfeição moral, não completude e harmonia psicológica. Sem dúvida, a visão kantiana da perfeição moral envolve – em termos schilleranos – desarmonia psicológica, através do domínio da razão sobre os sentidos[103].

Sem desqualificar a densa análise realizada pelo comentarista inglês, em muito utilizada neste estudo, pressupõe-se que entenda alguma instância da razão como possibilidade de gerar a desarmonia na ação do conhecimento. Kant não desqualifica os sentidos, por onde o conhecimento se inicia, e Schiller agrega que harmonizar sentidos e razão universalizadora, através desta, é o que entende por fim estético. Schiller inicia seu projeto d'*A Educação Estética* confessando a adesão ao pensamento de Kant: "Não quero ocultar a origem kantiana da maior parte dos princípios em que repousam as afirmações que se seguirão..."[104]. Se bem adequou sua análise ao pensador de Königsberg, adotou a passagem seguinte, constante da *Crítica do Juízo*, em que justifica a faculdade da razão mediata e a da razão pura: "Todo o nosso conhecimento parte dos sentidos, vai daí ao entendimento e termina na razão, acima da qual não é encontrado em nós nada mais alto para elaborar a matéria da intuição e levá-la à suprema unidade do pensamento"[105]. Murray poderia ter lido o impulso lúdico como potência psicológica, e não como dinâmica universal possível através do jogo que engendra, o que Abbagnano entende como a indeterminabilidade livre no sujeito. Essa

---

102. *Idem*, p. 82.
103. "Schiller's talk in the above passage of 'Reason' making a 'demand', in the sense of a metaphysical imperative, is inappropriate. He is again borrowing from Kant's critical philosophy, where reason urges us to absoluteness of cognition and volition, viz. to completeness of knowledge and to moral willing. Now Schiller has not philosophically established reason as anything more than our rational nature. Moreover, for Kant reason demands moral perfection, not psychological completeness and harmony. Indeed Kant's view of moral perfection involves – in Schiller's terms – psychological disharmony, through its dominance of reason over sense". Patrick Murray, *The Development of German Aesthetic Theory from Kant to Schiller*, p. 151.
104. Friedrich von Schiller, *A Educação Estética do Homem*, p. 24.
105. Immanuel Kant, *Crítica da Faculdade do Juízo*, p. 232.

estrutura do espírito humano, aqui entendida como lógica, será novamente analisada a partir da determinabilidade passiva e ativa do espírito, na Carta XIX. Esclareça-se que, embora Schiller houvesse construído um *parcours* intelectual com amplo reconhecimento no âmbito da arte dramatúrgica, em que os personagens são animados por emoções, instintos fundamentados psicologicamente e paixões, sua carreira de pensador assenta-se, logicamente, em estruturas pensamentais da razão. No aspecto lógico, Schiller esforça-se por desvestir o dramaturgo e dar lugar à razão idealista, tarefa que não lhe parece irrealizável. É do mesmo Schiller, nesse documento, a seguinte elaboração referente à razão:

> Ela tem de fazer esta exigência porque é razão; porque, segundo sua essência, requer perfeição e afastamento de todos os limites, ao passo que a atividade exclusiva de um ou de outro impulso deixa imperfeita a natureza humana, nela fundando uma limitação. Logo, pois, que pronuncia: deve haver uma humanidade, ela estabelece, por este ato mesmo, a lei: deve haver uma beleza[106].

Não dando ainda por terminada a tarefa de harmonizar razão e sentidos, afirma que: "Como, entretanto, a beleza pode existir e como uma humanidade é possível, isso nem a razão nem a experiência pode ensinar-nos"[107]. Sabe que a beleza não é apenas vida, nem apenas forma. É forma viva. Os sentidos não desqualificam a razão e esta não elimina aquele na construção do saber estético sobre o mundo. Schiller quer encontrar e elidir a separação e para isso teoriza o terceiro caminho, universal embora no sujeito, que não elimina a razão. Não é o psicologismo das escolhas pessoais, mas o procedimento ético universal que subjetivamente faz contingente, porque em cada um. A intermediação é o belo como jogo. Belo que significa liberdade, uma vez que solto dos antagonismos gerados na oposição entre impulso sensível e impulso formal, entre "a necessidade racional e natural que procuram impor sobre a psyche"[108]. Murray admite aqui os impulsos subjugando à *psyche*, instâncias formais da razão. Nesse sentido, entende Schiller como um pensador do psicologismo sujeito à universalidade subjetiva de Kant. Para a incorporação ética da matéria do belo, o homem empírico e o homem transcendental devem reconciliar-se. Ao instinto do jogo cabe essa tarefa. O jogo foi prática social de grande amplitude e temática comum à reflexão filosófica a partir do século XVII. Duflo afirma que "o século XVIII não foi apenas o das luzes. Merece também, como de direito, ser chamado de século do jogo"[109].

---

106. Friedrich von Schiller, *A Educação Estética do Homem*, p. 82.
107. *Idem, ibidem*.
108. "from the natural and rational necessity they respectively seek to impose upon the psyche". Patrick T. Murray, *The Development of German Aesthetic Theory from Kant to Schiller*, p. 151.
109. "Le XVIII siècle ne fut pas seulement le siècle des Lumières. Il meriterait

Como jogo de azar demandou o cálculo matemático invocado como análise de probabilidades e da partição de valores; como elemento educativo foi tratado de forma antagônica no *Emílio*, por Rousseau. O autor o entendeu como atividade educadora para a criança pelo aspecto do divertimento e da distração, mas o condenou como atividade ligada ao dinheiro pelo adulto. O espírito científico de Pascal o teorizou matematicamente:

> Diz-se que Pascal, como cientista, tratou a questão do jogo sob a forma de dois problemas. Foi na ocasião em que contribuiu aos primórdios do cálculo das "probabilidades" – termo que, ao que sabemos, não aparece pouco em sua escrita no sentido matemático. O primeiro refere-se ao dado e o segundo ao "partis"[110].

Do mesmo Duflo é a reflexão histórica sobre o jogo como elemento de conhecimento adotado por Leibniz, a partir da obra *De Arte Combinatória* (1666):

> O interesse de Leibniz pelo jogo da Paciência é, nesse sentido, exemplar. O jogo carece de paixão, mas fornece matéria para um exercício desinteressado da inteligência e, finalmente, Leibniz desenvolve um interesse do tipo mais matemático que propriamente lúdico, no qual se pode verificar na realidade como a revalorização leibniziana do jogo vem do modelo matemático da análise dos problemas. Leibniz chega a inventar um jogo, "incomparavelmente mais bonito e variado" a que chama de "jogo das produções" e que é um tipo de Paciência invertido. Naquele, inventar é combinar, neste invertendo-se o movimento ordinário do jogo, faz aumentar nossa inteligência saindo-se do que já conhecemos para enriquecer com um novo ponto de vista, uma vez que obtém-se assim um novo jogo, uma análise mais completa das possibilidades do jogo de onde se partiu[111].

Finalmente, Schiller o eleva à categoria de fato da humanização, fazendo-o instrumento de ampliação do subjetivismo kantiano em rela-

---

aussi, à bon droit, d'être nommé le siècle du jeu". Colas Duflo, *Le jeu de Pascal à Schiller*, p. 57.

110. "On dit que Pascal, comme scientifique, a rencontré la question du jeu sous la forme de deux problèmes... C'est en cette occasion qu'il contribua aux débuts du calcul des 'probabilités' – terme que, à notre connaissance, n'apparaît guère sous sa plume en son sens mathématique. Le premier... concerne le dés, et le deuxième les 'partis' ". *Idem*, p. 34.

111. "L'interét de Leibniz pour le jeu du Solitaire est a cet égard exemplaire. Ce jeu manque de passion, mais il fournit matière à un exercice désinteressé de l'intelligence, et finalement Leibniz semble y prendre un intérêt de type plus mathématique que proprement ludique, où se laisse bien lire en réalité comment la revalorization leibnizienne du jeu vient aussi du modèle mathématique de l'analyse des problèmes. Leibniz va même jusqu'à inventer un jeu, 'incomparablement plus beau et varié', qu'il appelle 'jeu des productions' et qui est une sorte de Solitaire inversé. Lá encore, inventer, c'est combiner, ici en inversant la marche ordinaire du jeu, et augmenter notre inteligence de ce que nous croyons déjà connaître en l'enrichissant d'un nouveau point de vue, car on obtient ainsi, outre un nouveau jeu, una analyse plus complète des possibilités du jeu dont on était parti". *Idem*, p. 30.

ção ao belo, capaz de educar as faculdades sensíveis e racionais. Enquanto para Kant o jogo é relação incondicionada e livre entre a imaginação e o entendimento, para Schiler está concebido como fato antropológico que intermedia o finito e o infinito, o tempo e a liberdade. Feijóo, retomando o aporte desinteressado do belo, comenta que: "O outro ponto fundamental desta primeira tese kantiana é o da determinação de liberdade: o jogo das faculdades psíquicas que dão lugar ao juízo de gosto. [...] O jogo é a liberdade colocada em prática"[112]. Em carta de 25 de janeiro de 1793 a Körner, Schiller expressa novamente a sua dúvida quanto ao belo inscrito somente na subjetividade *a priori* e como experiência apenas. É o caso em que não há a liberdade absoluta no sentido relacional, liberdade na aparência:

> A dificuldade em se estabelecer objetivamente um conceito de beleza e de legitimá-lo por completo *a priori*, a partir da natureza da razão e de modo que a experiência o confirme, é quase inabarcável se, em alguma circunstância, não necessite de nenhuma maneira para sua validade do mesmo pronunciamento da experiência. Com efeito, tentei uma dedução de meu conceito do belo mas sem o testemunho da experiência é inviável. Sempre subsiste esta dificuldade: que me permitirá minha explicação tão somente porque se vê ajustada aos juízos singulares do gosto, e que a alguém pode não parecer correto o juízo sobre o que na experiência se destaca individualmente como belo porque concorda com minha explicação (como deveria ser, no caso de um conhecimento a partir de princípios objetivos). Dirás que isto é exigir muito, mas, enquanto não se leve até este ponto, o gosto seguirá sendo empírico, tal como Kant tem por inevitável. Mas é justamente dessa inevitabilidade do empírico, dessa impossibilidade de um princípio objetivo para o gosto que não posso todavia convencer-me[113].

Comparece o jogo como elemento prático que comprova a liberdade, assim como a experiência do belo é um imperativo para a sua

---

112. "El otro punto fundamental de esta primera tesis kantiana es el de la determinación de libertad: el juego de las facultades psíquicas que dan lugar al juicio de gusto. [...] El juego es la puesta en práctica de la libertad". Friedrich von Schiller, *Kallias. Cartas sobre la Educación Estética del Hombre*, pp. XIX e LXVI.

113. "La dificultad de establecer objetivamente un concepto de belleza y de legitimarlo por completo a priori desde la naturaleza de la razón, de modo que la experiencia lo conforme, si, en cualquier circunstancia, pero que no necesite de ninguna manera para su validez de este pronunciamiento de la experiencia, esta dificultad es casi inabarcabale. De hecho he intentado una deducción de mi concepto de lo bello pero sin el testimonio de la experiencia es inviable. Siempre subsiste esta dificultad: que se me concederá mi explicación tan sólo porque se la ve ajustada a los juicios singulares del gusto, y que a uno no le parece correcto su juicio sobre lo que en la experiencia se destaca individualmente como bello porque concuerde con mi explicación (como debería ser, empero, en el caso de un conocimiento a partir de principios objetivos). Dirás que esto es exigir mucho; pero, en tanto en cuanto no se lleve hasta este punto, el gusto seguirá siendo empírico, tal como Kant tiene por inevitable. Mas es justamente de esta inevitabilidad que lo empírico, de esta imposibilidad de um principio objetivo para el gusto, de lo que no puedo convencerme todavía". Friedrich von Schiller, *Escritos sobre Estética*, p. 4.

inscrição na mente como forma. Esse duplo caráter da natureza humana é um vácuo supra-sensível que abarca em sua cisão os princípios de conhecimento do mundo, onde também reside o belo, determina a tese estética de Schiller, pois para:

> superar o hiato da filosofia kantiana entre sensibilidade e razão, o ponto de partida de sua investigação não é, como o método kantiano, a experiência enquanto unidade de conhecimento objetivo, nem tampouco como para Fichte, a unidade e identidade da autoconsciência, mas a unidade do ser humano realizada[114].

E o sujeito se realiza como absoluto quando harmoniza a sensibilidade com a razão na liberdade lúdica. Se entre o que é dado como fenômeno e o sujeito deve haver uma co-presença para que o mundo se torne esteticamente inteligível, no sujeito resta algo em suspensão, que é mundo e mente. É o jogo engendrado, a parte lúdica que Schiller entende como o belo objetivo. A contemplação estética do mundo dá-se quando o homem joga como entende Schiller, "pois, para dizer tudo de vez, o homem joga somente quando é homem no pleno sentido da palavra, e somente é homem pleno quando joga"[115].

CARTA XVI
BELEZA ENERGIZANTE E BELEZA SUAVIZANTE –
O BELO COMO EXPERIÊNCIA

Sobre essa Carta, Düsing processa análise ao contrapor Schiller a Kant, tomando o belo e o sublime como oposições para fazê-los encontrar o belo ideal. Essa intermitência em Schiller justifica-se pelo caráter temporal demandado em suas reflexões que posteriormente desaguarão no conceito de ação recíproca:

> Na 16ª Carta Schiller abandona temporariamente o plano da teoria pura. Ele se volta para a beleza empírica e a classifica segundo o seu efeito em uma beleza "dissolvente" e uma "energizante". Com isso retoma um pensamento de correção da Carta de 11 de novembro de 1793 ao príncipe de Augustemburgo. Depois disso o belo exerce uma influência hermonizante que aprimora culturalmente o ser humano ainda pouco civilizado, enquanto o sublime compensa através de seu apelo à vontade, as desvantagens de um refinamento demasiado. A nova terminologia escolhida na Educação Estética supera a oposição absoluta do belo e do sublime em Kant e une a ambos no belo ideal[116].

---

114. "superar el hiato de la filosofia kantiana entre sensibilidad y razón". El punto de partida de su investigación no es, como en el método kantiano, la experiencia en cuanto unidad de conocimiento objetivo, ni tampoco, como para Fichte, la unidad e identidad de la autoconciencia, sino la cumplida unidadad del ser humano". Friedrich von Schiller, *Kallias. Cartas sobre la Educación Estética del Hombre*, p. LIX.
115. Friedrich von Schiller, *A Educação Estética do Homem*, p. 84.
116. "Mit dem 16. Brief verläßt Schiller vorübergehend die Ebene reiner Theorie.

A beleza pode ser perseguida pelo equilíbrio alcançado na união entre a realidade e a forma no pensamento através do princípio da ação recíproca. Trata-se de buscar a perfeição na harmonia entre o mundo dos fenômenos e a significação desses na mente. Esse equilíbrio somente ocorre na idéia pela prevalência da forma, que acaba por ser dada pelo pensamento racional, que a tudo unifica. Mas a experiência da beleza continua sempre "dupla, pois na variação o equilíbrio poderá ser transgredido por uma dupla maneira, para aquém e para além"[117]. Ora a forma racional pura está vigindo, ora a realidade experienciável e renitente à vontade impõe-se. Resulta desse movimento duas formas de beleza manifestas. Uma predomina sobre a forma e outra sobre a realidade, fazendo inexistir entre elas uma perfeita simetria. Discute-se aqui o caráter dos desequilíbrios que fazem prevalecer ora a beleza *suave*, ora a *enérgica*, conforme definidas por Schiller. Esses são dois novos pressupostos no lento caminho traçado pelo autor, que já aos poucos se define com a clareza do pensador que se revela. São categorias de beleza que podem operar sobre a cultura. Portanto, a beleza tem dois efeitos na experiência, quando *suave* é *dissolvente* e quando *enérgica* é *tensionante*. Tanto na idéia quanto na experiência, apresenta as propriedades *dissolvente* e *energizante*. Esses conceitos relativos à maneira como o homem é afetado pela beleza são tomados de Kant, que na *Crítica da Faculdade do Juízo* as expõe na "Observação Geral sobre a Exposição dos Juízos Reflexivos Estéticos". Para Elizabeth Wilkinson, os termos podem ter sido, ainda, buscados em Edmond Burke, um dos autores que, com Hume, seriam a razão para a posterior reflexão kantiana:

É indubitável que são Hume e Burke que provêm de armas e de temas de reflexão para a universalidade kantinana e que com maior força sugere a Kant o escrever, depois de todas suas críticas do gosto, uma crítica do juízo e o falar da antinomia do gosto[118].

Categorizando a beleza como estado de ânimo no sujeito, Kant atesta:

Er wendet sich der empirischen Schönheit zu und gliedert sie nach ihrer Wirkung in eine 'schmelzende' und eine 'energische' Schönheit. Damit greift er einen Gedanken aus dem 'Einschluβ' zum Brief vom 11. Nov. 1793 na den Prinzen von Augustenburg auf. Danach übt das Schöne einen harmonisierenden, kultivierenden Einfluβ auf den noch wenig zivilisierten Menschen aus, während das Erhabene durch seinen Appel na den Willen die Nachteile allzu groβer Verfeinerung ausgleicht. Die in der Ästhetischen Erziehung gewählte neue Terminologie überwindet die absolute Entgegensetzung des Schönen und Erhabenen bei Kant und vereinigt beide im Idealschönen". Wolfgang Düsing, *Über die Ästhetische Erziehung des Menshcen – Text, Materialen, Kommentar*, p. 160.
117. Friedrich von Schiller, *A Educação Estética do Homem*, p. 87.
118. Es indudable que son Hume y Burke, quienes proveem de armas y de reflexión a la universalidad kantiana y quienes con mayor fuerza sugieren a Kant el escribir, después de todas sus criticas del gusto, una crítica del juicio, y del hablar de la antinomia del gusto". Raymond Bayer, *História de la Estética*, p. 266.

Cada afeto do gênero vigoroso (animi strenui – ou seja, que desperta a consciência de nossas forças a vencer toda resistência) é esteticamente sublime, por exemplo, a cólera e mesmo o desespero (ou seja, o indignado, não o desencorajado). Mas o afeto do gênero lânguido (animum languidum) – o qual faz mesmo do esforço para resistir um objeto de desprazer, não contém nada de nobre, mas pode ser contado como belo do tipo sensível. Por isso as comoções, que podem tornar-se fortes e comoções ternas[119].

Quando a beleza é tema de aproximação entre Kant e Schiller, a aclaração de Bayer é imperativa:

Schiller segue Kant, volta-se para ele e o comenta, mas não deixa em nenhum momento de introduzir objeções e aclarações. Na realidade fala menos como discípulo de Kant que como estudioso dos escoceses. O erro de Kant havia consistido em relacionar o belo à razão teórica, ou seja, ao juízo. Schiller, por outro lado, a relaciona à razão prática, ou seja, à razão ligada à ação. Exclui as determinações exteriores e a beleza que imita a razão prática se faz autônoma. Um objeto da natureza, determinado por definição, imita a liberdade quando atua por natureza pura. A razão lhe atribui, então, a liberdade na aparência. No objeto final e perfeito, a finalidade e a perfeição aparecem de fora. O belo tem, então, sua autonomia[120].

A beleza enquanto liberdade na natureza configura-se, também, na permanência. Um pôr de sol é livre porque permanece pôr de sol independente do que sobre ele se pode significar. A liberdade na aparência é essa vontade artificial de permanecer o que se é. No homem é o resultado do *constructo* de sua razão, que engendra formas evolutivas no tempo e no espaço e equilíbrio dos impulsos.

A beleza está nos objetos belos porque tem liberdade na aparência (Carta XXVI) e esta lhe é reconhecida pela razão. É autônoma, não tendo sua existência somente determinada pela subjetividade lógica humana. Se a beleza liga-se à ação e se está na contingência em que opera o homem, este a revela na maneira de agir sobre o mundo. Portanto a beleza também está no belo procedimento. É no pensar e no agir que se expressa o ideal da maior tarefa do homem, a educação estética. A beleza pode harmonizar-se com o ideal político porque o homem tem em si o engenho de construir e inteligir o mundo como forma que lhe garanta harmonizar-se na interioridade, pela consciência de si e do mundo. Ao dizer que as Idéias da razão devem ser "realizadas

---

119. Immanuel Kant, *Crítica da Faculdade de Julgar*, p. 119.
120. "Schiller sigue a Kant, vuelve sobre él y lo comenta, pero no deja en ningun momento de introducir objeciones y aclaraciones. En realidad habla menos como discípulo de Kant que como estudioso de los escoceses. El error de Kant había consistido en relacionar lo bello a la razón teórica, es decir, al juício. Schiller, en câmbio, lo relaciona a la razón práctica, o sea a la razón ligada a la acción. Excluye las determinaciones exteriores, y la belleza que imita a la razón práctica se hace autónoma. Un objeto de la naturaleza, determinado por definición, imita la libertad cuando actúa por naturaleza pura. En el objeto final y perfecto, la finalidad y la perfección aparecen desde fuera. Lo bello tiene, pues, su autonomía". Raymond Bayer, *Historia de la Estética*, p. 308.

na humanidade"[121], Schiller atesta no sujeito as possibilidades transformadoras em movimento singular e de adensamento no coletivo. Também o infinito torna-se aderência nas demarcações da temporalidade. Como existe a beleza *enérgica* e a *suave*, há o seu veículo na realidade; o homem potencialmente ativo e aquele que tem a qualidade da reflexão. Pela beleza, ambos tornam-se estéticos porque capazes de exercitar em si o ato da auto-transformação, cuja resposta será capaz da afecção no âmbito do interesse comum, o mundo social e político. Ambas as formas de beleza apresentam mazelas características da natureza de cada uma. A *enérgica* não exime o homem daquele aspecto de selvageria já tratado na Carta IX, como a *suavizante* pode oprimir o caráter em suas características mais nobres:

> [...] nas épocas de força e exuberância vê-se a grandeza verdadeira da representação andar de par com o gigantesco e aventuroso, e o sublime da intenção com as mais horrendas irrupções da paixão; por isso, nas épocas de regra e forma, ver-se-á a natureza tanto oprimida quanto dominada, tanto ofendida quanto superada; [...] nas épocas refinadas, ver-se-á não raro a brandura degenerar em lassidão, a amplitude em superficialidade, a correção em vacuidade, a liberalidade em arbítrio, a desenvoltura em frivolidade, a calma em apatia, e a caricatura mais desprezível chegar próxima dos limites da humanidade mais esplêndida.

Quando uma das energias se potencializa em detrimento da outra, o homem revela sua eterna incompletude para a perfeição, mas é de sua natureza o desequilíbrio. Schiller reconhece e sabe anuir com o aspecto positivo e ético resultante do exercício da razão, que tem a seu encargo promover o ideal do todo harmônico no sujeito:

> O homem reflexivo pensa a virtude, a verdade, a felicidade; o homem ativo, entretanto, apenas exercerá virtudes, apenas apreenderá verdades, apenas gozará de dias felizes. Reduzir esta àquelas – substituir os costumes pela eticidade, os conhecimentos pelo conhecimento, o bem estar pela felicidade –, esta é a incumbência da cultura física e moral; a tarefa da educação estética é fazer das belezas a beleza[122].

Chega-se ao estágio em que a sabedoria moral determina-se como ação transformadora de caráter sensível-objetiva e a sabedoria estética eleva-se ao patamar de transcendência, quando faz da beleza um ideal absoluto no devir, um imperativo ético porque bom e, conseqüentemente, belo, estético. Analistas atestam que Schiller apenas propõe a análise das formas de beleza, sem contudo extender-se na de caráter enérgico. Na Carta XVI há um tratamento amplo do caráter suavizante porque nele está o aspecto de atenuação, o que lembra controle e equilíbrio. O exame da questão prevalece sobre a beleza suavizante, como entende Patrick Murray:

---

121. Friedrich von Schiller, *A Educação Estética do Homem*, p. 88.
122. *Idem, ibidem*.

É curioso que, embora ambos os impulsos e tendências de nosso ser possam estar tanto reforçados como enfraquecidos por cada tipo de beleza, apesar disso é o aspecto sensível o mais afetado. Presumivelmente isso ocorre por ser o mais afetável, sendo o mais receptivo a impressões externas. Contudo, o próprio Schiller mesmo não nos oferece explicação para isso. Seus pesquisadores observaram que após a Carta XVII ele omite a beleza energizante nas discussões posteriores de seu tratado. Penso que a razão para isso possa ser observada em uma passagem nessa Carta. Para a massa humana dominada pela natureza sensível, ou para as classes dominantes e para *intelligentsia* dominadas pela sua natureza racional (cf. o "selvagem"/ "bárbaro" salientado na Carta 4: 6), a beleza suavizante por si pode enfraquecer a natureza super-potente e dessa forma permitir à natureza suprimida a oportunidade de se desenvolver. Aparentemente, a beleza energizante só é exigida por esses poucos homens os quais, através de sua freqüente exposição à beleza, estejam em estado de equilíbrio entre sua natureza sensível e a formal[123].

Em nota explicativa à edição de *A Educação Estética do Homem* utilizada como base para este estudo, os tradutores Roberto Schwarz e Márcio Suzuki confirmam o que atesta o pesquisador inglês, agregando que outro conceito kantiano (tangencialmente tratado na Carta X quando Schiller aborda a função social do artista), o sublime, está relacionado à beleza enérgica:

Alguns comentadores apontam que Schiller só tratou da primeira questão. Com efeito, na primeira publicação das Cartas de XVII a XXVII (revista Horen, n. 6), Schiller deu a esta parte o título seguinte: "Sobre a Beleza Suavizante. Continuação das Cartas sobre A Educação Estética do Homem". Também com plausibilidade aponta-se que a Beleza Suavizante corresponderia ao "belo" e a beleza enérgica ao "sublime". Esta explicação é de certa forma corroborada pela passagem das Cartas a Augustemburg, onde se diz: "Tenho, portanto, de justificar a dupla afirmação: em primeiro lugar: que é belo que refina o filho rude da natureza e ajuda a elevar o homem meramente sensual a um homem racional: em segundo lugar: que é o sublime que aprimora as desvantagens da bela educação, proporciona elasticidade ao homem refinado pela arte e unifica as virtudes da selvageria com as vantagens do refinamento"[124].

---

123. "It is curious that although both drives and sides of our being are said to be either strengthened or weakened by each type of beauty, nevertheless it is the sensuous side which is affected most. This is presumably because it is the most affectable being the most receptive to external impressions. However, Schiller himself provides us with no explanation for this. Schiller scholars have noticed that after Letter 17 he omits energizing beauty from further discussion in the treatise. The reason for this, I think, can be discerned from a passage in this Letter. For the mass of men who are dominated by their sensuous nature, or for the ruling classes and intelligentsia who are dominated by their rational nature, (cf. the 'savage'/'barbarian' distinction of L4:6), melting beauty by itself can weaken the overpowering nature, and thus allow the suppressed nature the opportunity to develop energizing beauty is apparently only required for those presumably very few men who, though frequent exposure to beauty, are in a state of equilibrium between their sensuous and formal nature". Patrick Murray, *The Development of German Aesthetic Theory from Kant to Schiller*, p. 167.

124. Friedrich von Schiller, *A Educação Estética do Homem*, p. 157.

Enquanto os pressupostos kantianos do belo e do sublime atendem a características universais do conhecimento, tendo como elementos fundantes a relação sempre dialogante entre o sujeito e o objeto, em Schiller fundam-se no sentido de se buscar uma unidade objetiva que harmonize o caráter. Através do equilíbrio possível entre o belo e o sublime na afecção do sujeito, entram em sinergia as belezas *enérgica* e *suavizante*. Pensa-se a beleza como idéia universal em relação imediata com o que se entende como natureza humana. Assim resolve-se a contradição levantada na Carta X, como analisa Robert Lerroux:

> Assim se encontra resolvida a contradição antes assinalada (Carta X) entre os que afirmavam que a beleza é sempre criativa de energia moral e os que a acusaram de sempre enfraquecer. Tanto uns quanto o outros afirmaram sobre a beleza em geral, o que é verdadeiro para apenas uma de suas espécies[125].

O próprio Schiller reconhece a solução para a contradição prevista na influência do belo sobre o juízo humano (Carta X) ao atestar que: "A contradição fica explicada quando se lembra que na experiência é dada uma dupla beleza, e que as duas partes afirmam do gênero inteiro aquilo que cada qual somente é capaz de provar de uma espécie determinada"[126]. Haverá uma beleza ideal?, pergunta-se quando se tem a certeza do desequilíbrio entre ambas no sujeito. Potencialmente sim, porque o Belo ideal é um devir de perfeição entre a realidade e a forma. Em ato é um exercício constante do inatingível.

---

125. "Ainsi se trouve résolue la contradiction précedemment signalée (Lettre 10) entre ceux que affirmaient que la beauté est toujours créatrice d'énergie morale et ceux que l'accusaient de toujours affaiblir. Les uns et les autres affirmaient de la beauté en géneral ce qui n'était vrai que de l'une de ses espéces". Friedrich von Schiller, *Lettres sur l'éducation esthétique de l'homme* (trad. Robert Lerroux), p. 227.

126. Friedrich von Schiller, *A Educação Estética do Homem*, p. 89.

3. A BELEZA COMO RECURSO PARA A EDUCAÇÃO ESTÉTICA DO HOMEM

CARTA XVII
TENSÃO E DISTENSÃO, ENERGIA E HARMONIA

Esta carta é o preâmbulo de toda a discussão que se segue e que busca comprovar, com base na experiência e na história, a prevalência da beleza sobre quaisquer outras instâncias do conhecimento, no sentido de harmonizar lógica e psicologicamente o homem e aprimorá-lo no âmbito coletivo. Trata-se de uma ampliação das reflexões contidas na Carta XVI, com pequenas inclusões, sobretudo da beleza como princípio dissolvente ou de dissolução de tensões atávicas na natureza humana, feita de estado de sensibilidade e produção de formas pela razão. Para focalizar a natureza humana como posta no mundo real, Schiller não tem outra alternativa senão lançar mão de uma análise de cunho psicológico, uma vez que adentra o âmbito do comportamento, com equilíbrios e desequilíbrios emergentes sob a condição dos fenômenos. Para Schiller, o equilíbrio psicológico conduz à perfeição moral, o que vale dizer que demanda pela vontade o atingimento da totalidade no sujeito a partir do equilíbrio na interrelação entre a natureza sensível e natureza racional. Estando no mundo real, o homem está determinado por condições exteriores, ditadas pelos fenômenos. As últimas condições afetam sua liberdade, já entendida como pura e no espírito. É quando irrompe, ou pode irromper a desarmonia. Dominado pela exterioridade, o homem é objeto do fenômeno e força reagente, nem sempre atuante. A oposição de naturezas nele inscritas pode levá-lo às tendências de base comportamental ou psicológicas: "Se sua perfeição repousa na energia harmonizante de suas forças sensíveis e espirituais, ela só pode ser perdida por ausência de harmonia ou de energia"[1]. A perda contém a idéia da imperfeição, que deve ser superada pela busca sistemática da harmonia. Se um dos impulsos primários é tensionado ou reforçado, o ser acaba por ser dominado e transformado, em sua natureza harmônica, em objeto do exagero. A fraqueza, a inconstância ou a inexpressividade daquilo que caracteriza a humanidade no homem, os impulsos em desequilíbrio, são justificativas para o erro. Essa fraqueza não deve determinar o que é o homem porque este só se define na harmonia. É preciso o apetite para a humanização de cada um em sua base ontogenética, caso contrário o homem é apenas um organismo receptor, sem vontade e eticamente inexpressivo. As palavras do autor são claras:

> Se sua perfeição repousa na energia harmonizante de suas forças sensíveis e espirituais, ela só pode ser perdida por ausência de harmonia ou de energia. [...] Antes, portanto, de tomarmos o testemunho da experiência, somos assegurados de antemão pela mera razão de que encontraremos o homem real, e por isso mesmo limitado, ou num estado de tensão ou num estado de distensão, conforme seja a atividade unilateral de forças isoladas que perturbe a harmonia de seu ser, ou a unidade de sua natureza que se funde na lassidão uniforme de suas forças sensíveis e espirituais[2].

A experiência da beleza extingue toda a instabilidade recorrente na desarmonia dos impulsos quando potencializados pelo caráter unificador que promove na dinâmica dos contrários. Janz agrega que:

> Na medida em que Schiller descreve o efeito do belo como uma interação única e livre de todas as forças psíquicas, ele ao mesmo tempo garante que o conceito de Educação Estética é compatível com a determinação estrita da autonomia da arte que é válida em todos os seus escritos teóricos a partir do início dos anos 1990[3].

A beleza em seu caráter *suavizante* ou *dissolvente* relaxa no sujeito tensionado, tanto pela sensação quanto pelo conceito, tudo o que é excesso em sua percepção do mundo. A beleza enérgica reorganiza no homem a mente distendida, relaxada, ociosa. Schiller aduz que: "A beleza suavizante... está para uma mente tensa assim como a enérgica para uma mente distendida. Tenso, chamo o homem que está tanto sob a coerção das sensações quanto sob a coerção dos conceitos"[4]. Trata-

---

1. Friedrich von Schiller, *A Educação Estética do Homem*, p. 91.
2. *Idem, ibidem*.
3. "Indem Schiller die Wirkung des Schönen als einzigartiges freies Zusammenspiel aller psychischen Kräfe beschreibt, hat er zugleich sichegestellt, daß das Konzept der ästhetischen Erziehung mit dem strikten Gebot der Kunstautonomie verträglich ist, das in allen seinen theoretischen Schriften seit Beginn der neunziger Jahre in Geltung ist". Rolf-Peter Janz, *Schiller Handbuch*, p. 619.
4. Friedrich von Schiller, *A Educação Estética do Homem*, p. 92.

se de buscar a concórdia que, de acordo com Anatol Rosenfeld, "a beleza deve produzir no homem desarmônico (tenso) a harmonia, e no homem frouxo (sem tensões mas harmônico) a energia que lhe falta". Em outro segmento da Carta XVII, Schiller afirma que: "O homem dominado unilateralmente por sentimentos ou sensivelmente tenso é dissolvido e posto em liberdade pela forma; o homem dominado unilateralmente por leis e espiritualmente tenso é dissolvido e posto em liberdade pela matéria"[5]. Se a beleza se define nesses dois segmentos como pensados por Schiller, ela nunca é uma totalidade, porque vinculada ao sujeito, em cuja constituição tem uma oposição de contrários. Nesse sentido, a arte no mundo real não produz uma aparência de perfeição, porque sempre estará sujeita à atuação do artista, que também é humano e potencializa algo de dissolvente ou de tensionante, características maiores de sensualidade ou de racionalidade em suas representações. A perfeição no objeto de arte é um devir. Schiller entende que o homem é um ser corrompido pela sensualização em sua natureza empírica. Por essa razão sempre será para a beleza no espírito um obstáculo na prática, porque a beleza sempre se mostra como algo particular, uma vez que "nas mentes tensas ela perderá algo de sua liberdade e multiplicidade, nas distendidas algo de sua força vivificante"[6].

Schiller considera a beleza como aparência concretamente contraditória nessa Carta. O tema será retomado na Carta XXVI. Adiante-se que essa contradição é fruto da própria experiência humana de produção ou fruição da beleza, como do caráter empírico que ela permite a partir da ação objetiva do artista. A dizer que "é o homem que transfere para ela as imperfeições de seu indivíduo; é ele quem, por sua limitação subjetiva, lhe obstrui ininterruptamente o caminho da perfeição e reduz seu Ideal absoluto a duas formas limitadas de manifestação", reconhece o caráter de não idealidade na beleza experienciável. Questiona-se aqui a relação da beleza com a época ou a cultura a partir das bases materiais oferecidas como suporte para a criação pelo artista. Se os egípcios desenvolveram uma arte fundamentada no hieratismo e na morte, é porque foi produzida em uma sociedade que pouco permitia o trânsito do homem a outros estamentos sociais. A arte egípcia, em seu primitivismo, revela uma relação particularizada com o tempo, na medida em que o seu mundo estava organizado a partir de bases imutáveis no presente, voltadas para um devir transcendente e que voltaria a ser o mundo contingente um dia. Revelada na dureza das rochas, a arte egípcia pretendia a quietude da imortalidade para seus senhores. Contrariamente, a arte grega que se organiza em outras bases materiais, como o mármore, o ferro e a argila, vem de um período em que o movimento e a democracia falam de um mundo terreno de idealidade e espiritualidade,

---

5. *Idem, ibidem.*
6. *Idem,* p. 92.

pleno da divindade na contingência e feito de unidade entre o espiritual e o concreto. O mundo é espelho e limitação para a arte, porque ela está manifesta tecnicamente em materiais que tem que domar, torná-los forma adequada, uma vez que toda arte necessita de uma base que lhe seja caminho expressivo. Essas bases, providas pela natureza, são para o artista um obstáculo a ser suplantado e nenhuma arte se define sem uma técnica afim, que lhe estruture enquanto materialidade visual. Figuradamente, pode se dizer que a matéria é o *alter-ego* da expressão artística. O homem ou o artista é uma limitação para a arte Ideal, que tem referência no espírito mas deve transitar pela matéria. Mas tanto a matéria que conduz à experiência quanto a abstração têm um sentido específico na transformação do homem natural e do homem que Schiller chama de artificial. No primeiro a forma é calma e atenua nele sua tendência às sensações para que se incline, também, para o pensamento abstrato. No segundo, atua impregnando-o de sensibilidade, tirando-lhe as tensões resultantes de sua natural tendência aos conceitos.

Nessa Carta são discutidos os efeitos educativos da beleza no sentido de se buscar um equilíbrio racional das tendências humanas naturais que podem assumir, na trama do comportamento, uma determinação do sujeito. A beleza como equilíbrio entre forma e conteúdo foi tratada na Carta XV. A partir da Carta XXII, até a XXVI, Schiller adotará a beleza como forma tranqüila, que eleva a espécie à conquista da reforma "psico-ética da humanidade"[7].

CARTA XVIII
O ESTADO INTERMEDIÁRIO E A CRÍTICA
AOS SENSUALISTAS E RACIONALISTAS

Em correspondência a Körner de 21 de setembro de 1795, Schiller confessa que essa Carta é o ponto central de sua teoria, porque nela discute o princípio das oposições que reconhece como congênitas no homem e como torná-las solução para a questão estética, que a tudo aprimora e dignifica. Esse documento é o anúncio do que se pretende como um método para se finalizar toda a discussão proposta sobre o belo e a arte presentes na Carta I. Para situar historicamente a clássica discussão sobre a estética, Elizabeth Wilkinson procede a uma categorização dos grandes autores, entre os quais Schiller se encontra:

Em carta bastante anterior a Körner, 25 de janeiro de 1793, ele havia verdadeiramente distinguido três possíveis formas de explicar a beleza: a sensível-subjetiva (Burke entre outros); a racional-subjetiva (Kant); a racional-objetiva (Baumgarten,

---

7. Patrick T. Murray, *The Development of German Aesthetic Theory from Kant to Schiller*, p. 180.

Mendelssohn e toda a família de tipos de beleza-perfeição). A quarta, dele próprio, deveria ser a sensível-objetiva[8].

Pensando haver resolvido a questão entre os pensadores empiristas-sensualistas e os racionalistas, concretamente, como se justifica a asserção de uma estética sensível-objetiva? Há duas qualidades humanas: o sensível e o espiritual. No primeiro vigora o estado compassivo da sensualidade e no segundo, a forma racional-ativa. Em ambos, as duas qualidades devem coexistir equilibradamente, eliminando-se a prevalência do sentir ou do pensar. A resposta está na beleza, com sua determinação suprema de corrigir desvios, elevar eticamente o espírito e elidir oposições instituídas pela própria natureza humana. Ela (a beleza) faz o ser potencializado pelo estatuto do sensível chegar à forma pela razão e torna o espírito conduzido pela racionalidade, para depois reconduzi-lo ao sensível. Embora a distância entre matéria e forma seja infinita, é possível educar-se pela beleza para a promoção da interação de antíteses. Atenua-se, assim, o contraste que Schiller entende como "passividade e ação, sensação e pensamento, que não podem ser intermediados por absolutamente nada"[9].

Análise no mesmo sentido foi realizada por Sir Herbert Read em *As Origens da Forma nas Artes Plásticas*. Considerando o processo humano de produção de instrumental prático em oposição à forma da inutilidade sobre ele aposta pelo procedimento primitivo da artesania, classifica essas operações humanas em três fases. Na primeira, o homem concebe, na prática, o instrumento do ponto de vista de sua utilidade, determinando-o como ferramental. Na segunda, a inteligência busca o aperfeiçoamento desse objeto até o ponto em que responde com eficácia máxima ao ser usado como extensão dos braços. Finalmente, o homem quer o "refinamento da ferramenta além do ponto de eficiência máxima e no sentido de uma concepção da forma em si mesma"[10]. Com a justificativa baseada na observação de fatos, Read entende o princípio estético como fundante da própria natureza do homem ainda no estado primevo, porque "a forma tem significação própria, isto é, correspondente a uma necessidade psíquica interior, expressando um sentimento que não é necessariamente indeterminado; pelo contrário, é com freqüência um desejo de refinação, clarificação, precisão, ordem"[11]. Tem-se, na questão de uma estética objetiva ex-

8. "In a much earlier letter to Körner, 25.1.1793, he had actually distinguished three possible ways of explaining beauty: the sinnlich-subjectiv (Burke among others); the subjectiv-rational (Kant); the rational-objectiv (Baumgarten, Mendelssohn, and the whole tribe of beauty-perfection types). The fourth way, his own, was to be the sinnlich-objectiv". Elizabeth Wilkinson e L. A. Willoughby. *On the Aesthetic Education of Man in a Series of Letters*, p. 257.
9. Friedrich von Schiller, *A Educação Estética do Homem*, p. 95.
10. Herbert Read, *As Origens da Forma na Arte*, p. 73.
11. *Idem, ibidem*.

pressa no objeto da arte, a resposta lógica a uma necessidade contingente, um estado humano a ser atendido pela forma que impressiona o sensível. O sensível impregna o lógico e este se estrutura na medida daquele, fazendo irromper no mundo da totalidade humana a arte conciliadora. Em outra obra, *Teoria da Tragédia* de um Schiller já maduro, justifica a propensão humana às artes, em especial à do teatro:

> [...] as belas artes têm o fim comum de prodigalizar entretenimento e tornar felizes as pessoas. As recreações do entendimento temos de comprá-las mediante concentrada aplicação; o beneplácito da razão, por meio de doloroso sacrifício; as alegrias do sentido, por meio de dura privação; ou extirpar o excesso das mesmas através de uma cadeia de sofrimentos. Somente a arte nos proporciona prazeres que não precisam antes ser merecidos, prazeres que nenhum sacrifício custam, que não são adquiridos a troco de arrependimento algum[12].

Constantemente afeito à cisão humana, Schiller aplica em seus estudos o recurso pedagógico da antinomia para dinamicamente buscar supressões no devir da totalidade. A questão passa pela análise de como se processa a experiência sensível no homem e como se institui a razão. É grande a distância entre a experiência provida pelos fragmentos dos sentidos e os juízos que universalizam todo o conhecimento através de suas leis generalizantes. A tarefa de Schiller é chegar à zona intermediária que, sem nada eliminar da natureza de cada segmento antagônico, promove a supressão da distância entre eles, aproximando-os de maneira a se ter íntegras a matéria e a forma. Para isso remete-se a Kant usando a definição de "fio condutor" (*Leitfaden*). Presente em diferentes momentos da *Terceira Crítica* para explicar o conceito que institui o vínculo entre instâncias separadas, Schiller o toma como estado intermediário estético, paradigma da passagem do momento sensível passivo para aquele que pressupõe pensamento como ação constituidora. O tema passa a ser teorizado com freqüência na formulação de um estado intermediário (*mittlerer Zustand*) equilibrador ou estado estético entre as naturezas sensível e racional no homem com tratamento na Carta XXIII. Para Janz, trata-se de uma superação de recortes, uma eliminação de efeitos e não de causas, uma vez que os impulsos permanecem como alteridades harmonizantes, uma junção interior, na medida em que:

> A ultrapassagem do limite de ambos os impulsos seria desvantajosa para eles. É um prejuízo para a percepção sensorial, mas igualmente para a própria razão, se esta executa intervenções ilegítimas no âmbito da natureza. Schiller igualmente adverte quanto às conseqüências graves da sensualidade dominante. A limitação mútua dos impulsos é interpretada por ele como anulação recíproca de seu constrangimento. Apenas a interação de ambos no impulso do jogo leva o impulso fundamental a um desenvolvimento superior[13].

12. Friedrich von Schiller, *Teoria da Tragédia*, p. 14.
13. "Eine Grenzüberschreitung beider Triebe wäre zum Nachteile beider. Es schadet

Schiller confere ao seu princípio estético *sensível-objetivo* a certeza e a necessidade primeira de reconhecer a existência desses estados. Entende que é preciso encontrar uma forma de suprimi-los na antinomia, para fazê-los ligados em supressão e com isso torná-los conforme. Não se trata de fazê-los desaparecer ou torná-los algo que não sejam eles mesmos. Fazê-los desaparecer significa inseri-los, mantida sua autonomia, em uma terceira fase em que nada fique daquilo que foi separado. Critica os sistemas filosóficos e de pensamento da estética que não entenderam a necessidade de ter essa separação como princípio, para depois caminhar rumo à sua supressão, com a feitura da totalidade entre sujeito e mundo:

> Todas as disputas referentes ao conceito da beleza que tenham dominado o mundo filosófico e que, em parte, ainda o dominam não têm outra origem senão no fato de que ou se iniciou a investigação sem uma distinção adequada e rigorosa ou ela não culminou numa ligação de todo pura[14].

Tornando contundente a crítica aos pensadores da estética, constata que o belo como intermediação ainda não foi pensado como ponto equilibrador da natureza no homem. Pensar e sentir são condições para isso, e não somente um princípio para se estabelecer sistemas filosóficos potencializadores de uma ou de outra instância inerente ao ser, como se verifica historicamente na filosofia. Este é um princípio metodológico se se quer pensar uma possível práxis para a Educação Estética. É esclarecedora a análise de Murray sobre a querela levantada:

> Ele continua entrando numa curta crítica sobre a estética dos empiristas e dos racionalistas que, conforme visto por Schiller, mantém uma visão unilateral, e por isso incompleta, sobre o entendimento da beleza. A estética empirista, como nos diz, possui uma simples perspectiva integral sobre a experiência estética da beleza baseada na imediatidade do sentir: focalizando as características sensíveis gerais dos objetos belos, que evocam certas sensações em quem os percebe. De forma contrastante com isso, os estetas racionalistas empenham-se numa complexa dissecação da beleza e da experiência estética, analisando o todo em partes discretas e buscando conceitos que são claramente distintos[15].

---

der Sinnlichkeit, ebenso aber der Vernunft selbst, wenn die Vernunft illegitime Eingriffe in das Gebiet der Natur vornimmt. Schiller warnt gleichermaßen vor bedenklichen Folgen der dominierenden Sensualität wie der dominierenden Rationalität. Die wechselseitige Limitierung der Triebe wird nun von ihm als gegenseitige Aufhebung ihrer Nötigung gedeutet. Allein die Wechselwirkung beider im Spieltrieb bringt jeden Grundtrieb zu höchster Entfaltung". Rolf-Peter Janz, *Schiller Handbuch*, Stuttgart, p. 617.
    14. Friedrich von Schiller, *A Educação Estética do Homem*, p. 96.
    15. "He proceeds to enter into a brief criticism of empiricist and rationalist aesthetics, which have, as he sees it, one-sided and therefore incomplete understandings of beauty. Empiricist aesthetics, he tells us, has a simple wholistic perspective of both aesthetic experience and beauty, based upon the immediacy of feeling: focusing on the general sensuous characteristics of beautiful objects which evoke certain sensations in

Os sensualistas entendem a beleza como atuação viva sobre o homem e, para eles, trata-se da leitura dinâmica do belo tendo o sujeito como seu paciente. Ligada ao sentimento, a beleza não se unifica na liberdade e na generalidade da lei. Permanece fragmentada no processo de recepção, e no homem institui-se com o caráter sensível-subjetivo. Entenda-se que liberdade para Schiller não significa a eliminação da lei, mas a harmonia na generalidade dela. O equívoco sensualista está no receio de se pensar que, ao separar a beleza do sentimento para conferir-lhe universalidade, dela elimina-se a recepção sensível. Os racionalistas caminham para a constituição da beleza apenas através do juízo e, assim, ela atua da forma como é pensada, o que leva a natureza (cujos processos nunca são de todo conhecidos) a limitar-se ao pensamento. Se garantem liberdade ao mundo, tendem a eliminar da natureza o pensamento constituidor, por isso sua leitura estética é fundamentalmente lógica ou como quer Wilkinson: *racional-objetiva*.

Se a estética é *sensível-objetiva* como em Schiller, o homem está integrado ao mundo em seus juízos e, portanto, constitui-se eticamente e o fenômeno da beleza recrudesce, penetrando-lhe o espírito pelo caminho da experiência, reafirmando sua capacidade de aprimoramento pela recepção sensível e lógica do mundo. Transforma-se assim o belo, o lógico e o estético no que Fiz entende como "disciplinas homônimas"[16]: a estética, a lógica e a ética.

CARTA XIX
DA DETERMINABILIDADE À UNIVERSALIDADE E À LIBERDADE DA CONSCIÊNCIA

Para conformar o estado intermediário, Schiller reestabelece o que se pode chamar de princípio da *tábula rasa*, no qual dois estados receptivos de determinabilidade (ativo e passivo) e dois de indeterminabilidade (ativo e passivo) esquematicamente se definem. No primeiro, antes de os sentidos serem impressionados por qualquer fenômeno, o espírito humano tem inscrito em si uma ausência que é possibilidade infinita. Nesse estado não há julgamento, não existem pressupostos que levem a juízos; apenas reina absoluta a liberdade sem quebras. Não se impressiona a mente com qualquer experiência e não apreende as coisas do mundo porque é um estágio anterior ao sentir; estado indis-

---

their perceiver. In contrast rationalist aestheticians engage in a complete dissection of beauty and aesthetic experience, analysing the whole into discrete parts, and seeking concepts which are clearly distinct". Patrick Murray, *The Development of German Aesthetic Theory from Kant to Schiller*, p. 188.
16. Somon Marchan Fiz, *La Estética en la Cultura Moderna*.

cernível, como se lhe faltasse um eu constituidor porque não está nas teias subjetivas e lógicas do tempo e do espaço. É pura possibilidade. Ainda assim, é o estado de infinita determinabilidade. A tudo o que é inteligente pode, mas ainda nada é. Schiller chama a esse estado de "infinitude vazia"[17], reino da imaginação desprendida onde nada está posto e é pura potência. Ao ser acionado por qualquer fenômeno, esse império de tudo o que pode ser torna-se força agente imediata pela cristalização de uma única realidade, surgida através de alguma representação do fenômeno. Fichte é o autor que Schiller evoca, em especial na primeira parte da *Doutrina da Ciência de 1794*, em que discursa sobre o princípio de qualquer saber. Tratando de como se dá o conhecimento na mente, Fichte afirma:

> Ele deve exprimir aquele estado de ação (Tathandlung) que não aparece nem pode aparecer entre as determinações empíricas de nossa consciência, mas que, muito pelo contrário, está no fundamento de toda consciência e é o único que a torna possível. Na exposição desse estado-de-ação é menos de se recear que não seja pensado o que deve ser pensado – disso já cuidou a natureza de nosso espírito – do que que seja pensado o que não deve ser pensado. Isso torna necessária uma reflexão sobre aquilo que se poderia a princípio tomar por ele e uma abstração de tudo o que não lhe pertence efetivamente[18].

Essa indeterminabilidade cessa quando alguma negação, uma reação no sentido newtoniano, aparece como conteúdo dado a essa infinitude de identidade da mente com o mundo. É quando o tempo e o espaço se constituem como recorte para a consciência empírica, quando o fenômeno adentra o âmbito sutil da inteligência. Tudo ocorre como objetos da mente em si, como quer Fichte:

> Por essa ação absoluta, e pois, pura e simplesmente por ela, é posto o oposto, na medida em que é um oposto (como mero contrário em geral). Todo contrário, na medida em que o é, é pura e simplesmente, por força de uma ação do eu, e sem nenhum outro fundamento. O estar-oposto em geral está pura e simplesmente posto pelo eu[19].

Schiller adota Kant e Fichte para chegar a um terceiro estado de representação na mente, quando o fenômeno, já percebido, promoveu a reação como o *não-eu* e tornou-se algo geral, passível de ser transformado em representação, e lei:

> Agora seu sentido deve ser afetado, e da quantidade infinita das determinações possíveis uma única deve ganhar realidade. Uma representação deve surgir nele. O que não fora mais que uma faculdade vazia no estado anterior de mera determinabilidade torna-se agora força agente, ganha conteúdo; ao mesmo tempo, enquanto força agente, torna-se limitada, embora enquanto mera capacidade fosse ilimitada. Há, portanto,

17. Friedrich von Schiller, *A Educação Estética do Homem*, p. 99.
18. Johann G. Fichte, *A Doutrina da Ciência de 1794 e Outros Escritos*, p. 43.
19. *Idem*, p. 50.

realidade, mas a infinitude se perdeu. Para descrever uma figura no espaço temos de limitar o espaço infinito; para representar uma alteração no tempo temos de dividir a totalidade do tempo[20].

A tese de Patrick Murray define esquematicamente a seqüência em três estágios:

1. A mente "começa" em um estado no qual nada está de nenhuma forma determinado, mas é pura potencialidade.
2. A mente torna-se determinada externamente de forma passível, adquirindo um conteúdo através da sua receptividade a impressões sensíveis.
3. Então surge a atividade de auto-determinação do ego, na medida em que este torna a multiplicidade das impressões sensíveis em uma unidade através de conceitos empregados no pensar e julgar[21].

A utilização do termo "ego" para essa conclusão tem primazia nas categorias fichteanas deduzidas para a construção da auto-consciência: *realidade, negação, limitação* ou *determinação*. A idéia de limitação recíproca forma a base para a dedução da consciência. Um infinito ego absoluto põe-se diante de um finito não-ego e ambos atuam de forma limitante e determinadora para o outro. Coplestone entende que:

> Isso sugere duas proposições. Uma é a de que o ego absoluto põe-se como limitado pelo não-ego. A outra é a que o ego absoluto (em si) estabelece o não-ego como limitado ou determinado pelo (finito) ego. E essas duas proposições são respectivamente a proposição básica das deduções teórica e prática da consciência[22].

Se o limite configura a realidade na mente, tempo e espaço, na forma lógico-subjetiva kantiana dão os recortes necessários à empiria que transforma a infinitude interior em duas instâncias antagônicas. O princípio da realidade na mente é binário, feito de afirmação e negação. A essa passagem do indizível ao estado ativo chega-se à constituição do pensamento por um processo de "negação"[23], conforme tem Schiller:

---

20. Friedrich von Schiller, *A Educação Estética do Homem*, p. 99.
21. "1) The mind "begins" by being in a state in which it is not determined in any manner at all, but is pure potential being. 2) The mind becomes passively externally determined by the sensuous, acquiring a content through its receptivity to sense impressions. 3) There arises the self-determining activity of the ego, as it forms the multiplicity of sense-impressions into a unity through the concepts employed in thinking and judging". Patrick T. Murray, *The Development of German Aesthetic Theory*, p. 372.
22. "This implies two propositions. One is that the absolute ego posits itself as limited by the non-ego. The other is that the absolute ego posits (within itself) the non-ego as limited or determined by the (finite) ego. And these two propositions are respectively the basic propositions of the theoretical and practical deductions of consciousness". Frederick Coplestone, *A History of Philosophy*, p. 50.
23. Friedrich von Schiller, *A Educação Estética do Homem*, p. 100.

Mas nenhuma realidade jamais surgiria de uma mera exclusão, e nenhuma representação jamais surgiria de uma mera impressão sensível, se não existisse algo de que se exclui, se a negação não fosse referida a algo positivo e se da não-posição não surgisse a oposição mediante um estado-de-ação absoluto; essa ação da mente chama-se julgar ou pensar, e seu resultado é o pensamento[24].

Essa interpretação de Schiller, contudo, parece contraditória, pois conduz o raciocínio de forma circular a entender, novamente, que espírito e experiência estão em relação de objeção. O pensador admite o esforço retórico para fundamentar sua teoria no que concerne a gênese do pensamento a partir dos sentidos, e constatará que somente a beleza poderá minorar o poder dos sentidos ao presentificar-se racionalmente à mente. A natureza sensível humana não pode ser um obstáculo para a constituição da razão. Os sentidos que promovem a experiência são anteriores ao saber racional, quando não são o próprio saber. Sucede que, sendo antagônicos, geram desequilíbrios cuja harmonização demanda a razão como instrumento. O espírito não pode tornar-se alheio sob a pena de deixar para a miríade de sensações o estabelecimento de verdades contingentes como universais. Isso é o que professa o pensador. Para Schiller, "... os sentidos não podem representar um poder contra o homem senão quando o espírito abdica livremente de provar-se como poder"[25]. Mas, se a beleza é o caminho consciente entre o sentir e o pensar, pode-se inferir que a indeterminabilidade é preenchida pelo belo como se este promovesse a ponte entre as duas instâncias. A inferência não se justifica uma vez que a faculdade que ocupa imediatamente essa infinitude é a própria razão, com suas leis e representações[26]. Assim, postulando a conformidade, Schiller aproxima-se de Kant no que concerne a lacuna entre razão e sensibilidade, de vez que a própria razão, promove essa ligação. A presença de Kant também se faz pela asserção da autonomia da razão, que constitui um elo entre as disparidades, tendo a harmonia como qualidade agregada. Afirma que, ainda que o pensamento seja ação manifesta mediante os sentidos, pouco depende da sensibilidade, uma vez que a faculdade dos juízos é autônoma e goza de indizível liberdade. Na autonomia do pensar e da vontade a beleza se constitui, fazendo o homem sair da matéria para adentrar o mundo inteligente da forma e caminhar de sua existência de limites até o reino do absoluto. Por isso, o verdadeiro espírito estético é infinito e livre, porque não se deixa corromper pelos sentidos e estes não lhe representam um desvio ético fundado em qualquer experiência. A influência exterior não lhe tira a autonomia, mas agrega juízos fundantes da mesma liberdade interior. As paixões não

---

24. *Idem, ibidem.*
25. *Idem*, p. 101.
26. Friedrich von Schiller, *Sämtliche Gedichte*, p. 201.

obliteram o livre curso amoroso do homem em direção à liberdade infinita e não confrangem sua constante formação ética. Somente o espírito fraco é que se deixa corromper pelas paixões, como se delas paciente fosse. O autor retoma a autonomia do espírito para esclarecimentos, pondo em análise suas duas formas:

> [...] como pode a mente tirar simultaneamente de si mesma fundamentos da não-atividade e da atividade, se ela não for cindida, oposta a si mesma? Aqui devemos lembrar que temos diante de nós o espírito finito, não o infinito. O espírito finito é aquele que se torna ativo somente através da passividade, que chega ao absoluto somente através das limitações, que age e forma somente na medida que recebe matéria. Um tal espírito conjugará, portanto, ao impulso pela forma e pelo absoluto o impulso pela matéria e pelos limites, que são as condições sem as quais ele não poderia nem ter nem satisfazer o primeiro impulso. Saber em que medida essas duas tendências tão opostas podem coexistir num mesmo ser é tarefa que pode pôr em embaraço o metafísico, mas não o filósofo transcendental[27].

A referência a Kant é óbvia. A respeito, a nota de Roberto Schwarz e Márcio Suzuki, tradutores e comentaristas da obra aqui analisada, é esclarecedora:

> Schiller trabalha aqui com um dos temas fundamentais da filosofia crítica: o da tensão entre finitude e infinitude no "espírito finito" e a relação com os limites de possibilidade da experiência. É interessante notar que todo este trecho (a partir do início do parágrafo) foi citado por Kant, sem indicação de fonte, no opus postumum: "Ubergang von den metaphysischen Anfangsgründen der Naturwissenschaft zur Physik" (Akademie-Ausgabe, volume XXI, p. 76 – *Passagem da Metafísica dos Costumes Iniciais das Ciências Naturais para a Física*)[28].

Tem-se, a partir dessas assertivas, a final e transcendente configuração do que Schiller adota como "liberdade estética," conceito definitivo para o entendimento de sua Educação Estética. Seguindo a filosofia crítica e atendendo a incessante procura da unidade na transcendência humana, retoma os princípios dos impulsos lançados como pressupostos e analisados na Carta XII. De acordo com a filosofia transcendental, a experiência só se torna realizável na medida em que, no homem finito, existe a passividade e a ação, a forma e a matéria como oposições naturais e constitutivas da mente. Esses limites são o caminho para a passagem do espírito finito ao absoluto. Constata-se, então, que há duas formas de espírito: o finito e o absoluto, e isso o faz concluir que o espírito não está em unidade, o que soa contraditório. E, transcendentalmente, o espírito não é nem sensibilidade e nem razão, como atesta Schiller:

---

27. Friedrich von Schiller, *A Educação Estética do Homem*, p. 101.
28. *Idem*, p. 158.

Esta coexistência de dois impulsos fundamentais em nada contradiz, aliás, a unidade absoluta do espírito, logo que o distingamos dos dois impulsos. Ambos existem e agem nele, mas ele mesmo não é nem matéria nem forma, nem sensibilidade nem razão. [...] Cada um destes dois impulsos fundamentais, tão logo se tenha desenvolvido, empenha-se, natural e necessariamente, por sua satisfação, e justamente porque ambos se esforçam necessariamente por objetos opostos, este duplo constrangimento suprime-se reciprocamente, e a vontade afirma uma perfeita liberdade entre ambos"[29].

Reticente à necessidade, a vontade (*Wille*) é a proeza da razão, porque não determinada exteriormente, logo não feita como reflexo do que Schiller entende como estados ou realização sensível. A clareza na preponderante definição do termo à época vem de Fichte: "A vontade – princípio absolutamente criador, que engendra puramente a partir de si mesmo um mundo particular e uma esfera própria do ser. A natureza – mera matéria passiva, sem nenhum impulso. Sua conformidade à lei, seu impulso ao desenvolvimento são mortos para carregar a nova vida e o espírito da liberdade"[30]. Esse apetite que configura o bom é o motor da Educação Estética, elemento transcendente que promove o aprimorar no sujeito. É preciso querer, objetivando a fins, para que a liberdade entre os impulsos que se confrangem possa corporificar-se como puro ato de volição e, assim, tornar-se uma lei moral cabível universalmente. Agindo pela intenção e sendo essa sua prerrogativa, o homem se auto-configura e atua sobre o mundo com sua total humanidade. Assim, os impulsos não se sobrepõem, pois pela necessidade irrompe o sensível, que a razão absoluta busca, como a substância catalizadora para promover a dissolução de tudo o que possa se sobrepor, sem aparecer como causa única. Lerroux fala do equilíbrio constituidor da liberdade:

É também com a necessidade que o instinto sensível e o instinto racional nascem, o primeiro ao mesmo tempo de sua experiência da existência, o segundo ao mesmo tempo de sua experiência da lei. Mas, a partir do momento em que esses dois instintos contrários são simultaneamente ativos no homem, deixam de exercer sua força; a liberdade nasce e compete ao homem afirmar sua humanidade[31].

29. *Idem*, p. 101.
30. J. G. Fichte, *Escritos Filosóficos*, p. 168.
31. "C'est avec nécessité aussi que l'instinct sensible et l'instinct raisonable prennent naissance, le premier en même temps que son expérience de l'existence, le second en même temps que son expérience de la loi. Mais à partir du moment où ses deux instincts contraires sont simultanement actifs en lui, ils cessent d'exercer leur contrainte; la liberté nait et il appartient à l'homme d'affirmer son humanité". Friedrich von Schiller, *Lettes sur l'éducation esthétique de l'homme* (trad. Robert Lerroux), p. 253.
Reproduz-se aqui a nota de Schiller sobre seu conceito de liberdade aplicado às cartas: "Para evitar mal-entendidos, lembro que a liberdade de que falo não é aquela encontrada necessariamente no homem enquanto inteligência, liberdade esta que não lhe pode ser dada nem tomada; mas sim aquela que se funda em sua natureza mista. Quando age exclusivamente pela razão, o homem prova uma liberdade da primeira

Relação imediata com os impulsos e com a vontade tem a autoconsciência, que Schiller contrapõe à sensibilidade porque ambas são inevitáveis no homem de razão desde a infância. A autoconsciência diz que a vida deve ser preservada diante do perigo e perto dele a criança chora como forma de defesa. Não precisou ser aprendida, o que faz deduzir que a autoconsciência existe *a priori*. A vontade tem referência imediata com o agir a partir de leis e nesse sentido é heterônoma. Mas pode ser autônoma se determinada pela lei moral. Ambos os sentidos são invocados quando a vontade pressupõe o aperfeiçoamento pela Educação Estética. A vontade, em sua totalidade, é pressuposto para que se atinja a liberdade. É da natureza do homem a autoconsciência, o que vale dizer que ela não é criada, mas gênese constitutiva para que a justiça e a verdade se instaurem com a razão moral geradora de unidade para a experiência humana. Quando afirma que "sensibilidade e autoconsciência originam-se sem nenhuma participação do sujeito, e a origem de ambas está para além tanto de nossa vontade como da esfera de nosso conhecimento"[32], refere-se ao ego como totalidade formativa e unificadora da experiência, o que dá, segundo Murray, "unidade e identidade para todos os atos de cognição e volição"[33].

CARTA XX
DO SER PASSIVAMENTE DETERMINADO AO SER LIVRE, PELO ESTADO ESTÉTICO

A liberdade, tema tratado na Carta XIX é retomado nesta e na de número XXI. É constante em Schiller a busca de recursos no homem, que o façam livre e, fundamentalmente, ético. Tanto no sujeito quanto na cultura, a liberdade é o ideal que move a ação humana e seu aperfeiçoamento. Na Carta VII, discute a liberdade sob a égide do comportamento e do caráter, alegando que: "Onde o homem natural abusa de seu arbítrio da maneira mais desregrada, mal se lhe pode mostrar sua liberdade; onde o homem artificial quase não usa sua liberdade, não se lhe pode tomar o arbítrio"[34]. É da natureza humana a tendência à liberdade e esta se justifica ontogenicamente. Faz-se sentir uma vez mais a presença kantiana na construção de Schiller. O problema da liberdade,

---

espécie; quando age racionalmente nos limites da matéria e materialmente, sob leis da razão, prova uma liberdade da Segunda espécie. A Segunda poderia ser explicada somente como uma possibilidade natural da primeira". Friedrich von Schiller, *A Educação Estética do Homem*, p. 103.

32. *Idem, ibidem*.

33. Patrick T. Murray, *The Development of German Aesthetic Theory from Kant to Schiler*, p. 201.

34. Friedrich von Schiller, *A Educação Estética do Homem*, p. 48.

chave do sistema de Kant, vem da idéia cosmológica "de uma absoluta espontaneidade, resultante da elevação da categoria de causalidade à da incondicionalidade. Kant distingue dessa liberdade transcendental e que é a causalidade absolutamente pensada, a liberdade prática que é autonomia da vontade"[35]. Toma a razão como pressuposto da liberdade e tem esta como causa prática, uma vez que transformadora para o aprimoramento e "dotada de um caráter inteligível e capaz de dar ao homem a lei do seu agir"[36]. Mas a liberdade é anterior ao homem e está impressa no mundo como força promotora do aperfeiçoamento da máquina do universo, que tem os seus desígnios no acaso. Este determina à sua livre inflexão, mas como na natureza nada perde a função, em tudo há uma razão de ser. Diferente é a liberdade experimentada pelo homem: um efeito só possível no que Schiller determina como homem completo[37]. Entende que esse homem é o que "já desenvolveu seus dois impulsos fundamentais"[38]. Na idéia de desenvolvimento está o aspecto temporal de cada um, tanto no homem individual quanto em toda a humanidade. Depreende-se que o percurso para a liberdade está prefigurado na força mobilizadora da vontade sintonizada com a harmonia dos impulsos. Liberdade que se concretiza na faculdade reflexiva dos juízos capazes de estabelecer parâmetros entre o já discutido domínio da natureza e o da razão. Na possibilidade de sua humanidade, o homem está por princípio determinado pelo desequilíbrio entre os impulsos e, sendo o domínio da razão a sua maior conquista, está ainda sujeito a prevalência do sensível. Nos períodos da vida em que não desenvolveu por completo sua liberdade (por isso está na temporalidade e pode evoluir) é um poder tornar-se pessoa, porque ainda determinado pelas sensações. Não é forma pura como é da natureza de sua humanidade a ser conquistada, se se considera a vida como o âmbito dos impulsos. Tem-se a liberdade como passagem do sensível ao formal. Primeiro o homem é um ser que não chegou à infinitude; é ainda não-livre porque a liberdade é uma conquista constante, que se faz no exercício do aprimoramento na razão. Ela não é concedida como um recurso antropológico já inscrito no sujeito como um destino, um fado, a *heimarméne*. Schiller atesta que: "O impulso sensível, portanto, precede o racional na atuação, pois a sensação precede a consciência, e nessa prioridade do impulso sensível encontramos a chave de toda a história da liberdade humana"[39]. É de se lembrar que a palavra

---

35. "d'une absolute spontanéité, résultant de l'élevation à l'inconditionné de la categorie de causalité. Kant distingue de cette liberté transcendantale, qui est la causalité absolutement pensée, la liberté pratique qui est l'autonomie de la volonté". Jean Marie Vaysse, *Le vocabulaire de Kant*, p. 32.
36. *Idem, ibidem*.
37. Friedrich von Schiller, *A Educação Estética do Homem*, p. 105.
38. *Idem, ibidem*.
39. *Idem, ibidem*.

prioridade aqui utilizada, vem seguida de esclarecimentos pela maioria dos comentaristas do autor, uma vez poder levar a interpretações errôneas. Trata-se de prioridade no sentido temporal, indicando um antecedente e um conseqüente e não um valor transcendente em escala de importância sobre o outro (a matéria está amplamente discutida na Carta XXIV, na forma de fases do desenvolvimento humano). Antropologicamente, o homem é primeiro sensível, porque antes de ter todos os recursos da razão desenvolvidos vive sob a primazia da lei dos sentidos: experimenta, sente, responde fisicamente. A razão absoluta está nele carecendo de trabalho para o amadurecimento e nisso a educação, seja pela imitação seja pela construção no aprender, atua e desenvolve um papel constituidor.

Nessa Carta define o estado estético como desenvolvimento do ser pelo poder estatuidor da vontade gerado pela beleza. Abolindo-se o estado ativo do impulso sensível (que preliminarmente prevalece no homem), elimina-se todo o impedimento à liberdade. A determinabilidade livre é a base dessa intermediação, em que sensibilidade e razão se auto-regulam, em processo de equilíbrio mútuo. Murray interpreta essa terceira via esquematicamente como meio, passagem:

– da determinação sensual pelo domínio do impulso sensível;
– para a auto-determinação racional e domínio do impulso formal.

Fala-se aqui da necessidade moral e do chegar ao pensamento, que é forma pura. Nesse itinerário, o que é necessidade dos sentidos cede lugar à necessidade do exercício lógico da razão e da moral como autodeterminação. Para Schiller:

> Não é suficiente, portanto, que comece algo que ainda não era; é preciso que antes cesse algo que era. O homem não pode passar imediatamente do sentir ao pensar; ele tem de retroceder um passo, pois somente quando uma determinação é suprimida pode entrar a que lhe é oposta. Portanto, para substituir a passividade pela espontaneidade, a determinação passiva pela ativa, ele tem momentaneamente de ser livre de toda a determinação e percorrer um estado de mera determinabilidade. Ele tem, de certo modo, de retroceder àquele estado negativo de mera ausência de determinações, no qual se encontrava antes de qualquer impressão ter afetado sua sensibilidade[40].

Retroceder um passo significa ter o espírito livre, tanto da influência dos sentidos quanto da certeza da indagação. O tema está comentado na Carta XIX. Entenda-se que esse momento zero da mente é quando tudo nela é possível, porque é pura determinabilidade. A realidade está nela pelos sentidos, mas também está abolida porque é limitada pelo estado sensível no sujeito. Essa é a passagem dos sentidos à forma quando a mente:

40. *Idem*, p. 106.

[...] passa da sensação ao pensamento mediante uma disposição intermediária, em que sensibilidade e razão são simultaneamente ativas e por isso mesmo suprimem mutuamente seu poder de determinação, alcançando uma negação mediante uma oposição. Esta disposição, intermediária, em que a mente não é constrangida nem física nem moralmente, embora seja ativa dos dois modos, merece o privilégio de ser chamada uma disposição livre, e se chamamos físico o estado de determinação sensível, e lógico e moral o de determinação racional, devemos chamar estético o estado de determinabilidade real e ativa[41].

Esta é a concepção estética de Schiller: uma teoria de duas fases na qual a beleza não é objeto da experiência sensualizante e agradável aos sentidos apenas, como também não é construída somente pela razão, porque está em relação de equilíbrio harmônico no sujeito e este em relação com o objeto. Para Murray, a mente torna-se livre da coação física ou moral, e ainda é capaz de estar ativa, física e moralmente. Somente o constrangimento e a determinação tal e qual devem ser removidos. A mente é capacitada a escolher se age na forma sensual ou racional, independentemente de estar sob a compulsão da necessidade natural ou moral:

> A psique torna-se liberta das limitações físicas e morais, e ainda é capaz de ser física e moral. Somente a limitação e a determinação física tal e qual é que podem ser removidas. À psique é dado escolher o agir no sentido sensível ou racional, sem estar sob a compulsão tanto da necessidade natural ou moral[42].

O comentarista se pergunta como é possível a experiência estética dessas duas ser constatada na prática, e conclui tratar-se de objeto de especulação, porque Schiller em nenhum momento oferece o caminho concreto para isso. O tema da obra de arte será retomado na Carta XXII e nesta o comentarista responde que a experiência do belo pode ocorrer:

> Presumivelmente quando confrontada com o tipo de forma denominada de belo objeto e que Schiller advoga como necessário (Carta XXII: 5), nossa resposta inicial será focalizar em suas características formais; sua forma, seus contornos, sua composição etc. em ambos os níveis, o do objeto como um todo e em suas características infra-formais. Então, como nossa atenção insiste em tais características, começamos a tornar-nos cientes dos mais sensíveis aspectos dos objetos: interposição da luz, harmonia e cor, percebendo como a cor "coloca-se" à outra como complemento ou contraste, e assim por diante. Dessa forma, esta torna-se uma descrição razoavelmente plausível de qualquer compromisso estético com um objeto da beleza, e nesse ponto de vista a teoria de Schiller da condição das duas fases estéticas não é tão estranha quanto possa de imediato aparecer, quando considerada somente em termos altamente abstratos como ele emprega[43].

41. *Idem, ibidem*.
42. "The psyche becomes free from physical and moral constraints, and yet is able to be actively physical and moral. It is only constrain and determination as such that are removed. The psyche is enabled to choose whether to act in a sensuous or a rational way, without being under the compulsion of either natural or moral necessity". Patrick Murray, *The Development of German Aesthetic Theory from Kant to Schiller*, p. 210.
43. "Presumably when confronted by the kind of form dominated beautiful object

Em nota de rodapé Schiller acredita que finalmente chegou à sua definição do estético como estado positivo da mente, mas ainda teme pela possível dúvida a ser levantada pelo termo, muito em debate em sua época. Para fugir a qualquer interpretação arbitrária que o estético permite, esclarece que:

> Todas as coisas que de algum modo possam ocorrer no fenômeno são pensáveis sob quatro relações diferentes. Uma coisa pode referir-se imediatamente a nosso estado sensível (nossa existência e bem-estar); esta é a sua *índole física*. Ela pode, também, referir-se a nosso entendimento, possibilitando-nos conhecimento: esta é sua *índole lógica*. Ela pode, ainda, referir-se a nossa vontade e ser considerada como objeto de escolha para um ser racional: esta é sua *índole moral*. Ou, finalmente, ela pode referir-se ao todo de nossas diversas faculdades sem ser objeto determinado para nenhuma isolada dentre elas: esta é sua *índole estética*. Um homem pode ser-nos agradável por sua solicitude; pode, pelo diálogo, dar-nos o que pensar, pode incutir respeito pelo seu caráter; enfim, independentemente de tudo e sem que tomemos em consideração alguma lei ou fim, ele pode aprazer-nos na mera contemplação e apenas por seu modo de aparecer. Nessa última qualidade julgamo-lo esteticamente. Existe, assim, uma educação para a saúde, uma educação do pensamento, uma educação para a moralidade, uma educação para o gosto e a beleza[44].

A semelhança com as quatro fases de Aristóteles é clara. Para o estagirita, os objetos do mundo compreendem quatro causas: a *material*, a *eficiente*, a *final* e a *formal*. A partir do objeto (causa material), Schiller levanta três possibilidades de leitura ajuizadas pela mente. Uma vez apresentado o objeto ao sujeito, irrompem os juízos que são os três pilares constituidores de todo o conhecimento. Dado como corpo, pela *lógica* é reconhecido em sua constituição de matéria. Sobre ele o sujeito estabelece juízos da *ética* e de ordem moral. Finalmente é lido em sua totalidade pela *estética*.

CARTA XXI
A CONDIÇÃO ESTÉTICA DA MENTE

Um pequeno equívoco de Schiller abre essa Carta. Retomando os estados de determinabilidade e indeterminabilidade, básicos para sua justificativa da educação estética, remete o leitor à Carta XX quando

---

that Schiller advocates as necessary (in L 22:5), one's initial response to it will be to focus on its formal characteristics; its shape, outline, layering, etc., at both the level of the whole object and its infra-formal features. Then as our attention lingers on such features, we start to become aware of the object's more sensuous aspects: the interplay of light, harmony and colour, noticing how the colours 'sit upon' one another to complement or contrast, and so on. Now this sounds like a reasonably plausible description of any aesthetic engagement with an object of beauty, and in this light Schiller's theory of a two-phase aesthetic condition is not as strange as it may at first appear when considered only in the highly abstract terms that he employs". *Idem*, p. 211.

44. Friedrich von Schiller, *A Educação Estética do Homem*, p. 107.

deveria fazê-lo em relação à Carta XIX. Lá esses temas de difícil tratamento são teorizados de forma endógena, dentro de uma circularidade que os torna incompreensíveis à leitura apressada. Para auxiliar na clareza do assunto dois esquemas são, a seguir, apresentados atendendo *ipsis verbis* o texto de Schiller. Pelo primeiro, tem-se que a mente humana é uma potência, um devir em termos de ser determinada. É possibilidade de determinação porque não está determinada, uma vez que ilimitada e sem uma realidade específica. Trata-se de uma infinitude vazia nas palavras de Schiller. Por outro lado não é determinada pela exclusão. Insiste Schiller na utilização do termo já comentado no último parágrafo da Carta XVIII, quando criticando os filósofos sensualistas e os racionalistas. Entendendo que nenhuma das duas escolas de pensamento refletiu a beleza em sua totalidade, mas apenas fundamentada ou na experiência sensível ou no conceito, tira dessa antinomia o termo que se antepõe à sua proposta de totalidade. Insistindo no ponto comum de convergência do sentir e do pensar, lembra que:

> Aqueles esquecem, contudo, que a liberdade em que muito justamente põem a essência da beleza não é ausência de leis, mas sua harmonia, não é arbítrio, mas máxima necessidade exterior; estes esquecem que a determinação, que muito justamente exigem da beleza, não consiste na exclusão de certas realidades, mas na inclusão absoluta de todas...[45].

Seguindo o primeiro esquema, observa-se que a mente tem em si uma determinabilidade estética que organiza a realidade de forma unificada e atinge sua Infinitude Plena.

O que o autor agrega é a condição estética da mente humana que pode ser determinada sensual e racionalmente. A mente está pronta para receber tanto as impressões sensíveis quanto a forma através de conceitos. Num primeiro momento a mente é pura determinabilidade, conforme aprofundado na Carta XIX. A primeira determinabilidade é uma infinitude vazia porque lhe falta qualquer determinação, é ilimitada e sem realidade. A segunda é a determinabilidade estética em que as determinações, tanto sensíveis quanto racionais, se harmonizam pela neutralidade de cada uma. Cria-se, assim, a unificação da realidade numa infinitude plena. Nesse sentido, conduzem o homem à sua completa determinabilidade, que não é mais vazia, mas de plenitude equilibrada e harmônica. Esse é o estado estético no qual reina a absoluta liberdade, que concede a ele o arbítrio de fazer-se sujeito pela própria vontade. Nisso reside a sua segunda natureza, ou seja, a da beleza. E como a arte pode intermediar essas instâncias, tornando-as unas? Para o comentarista Janz:

---

45. Friedrich von Schiller, *A Educação Estética do Homem*, p. 96.

O que a arte representa ou deve representar interessa às Cartas Estéticas apenas de passagem. Elas dão ênfase maior ao efeito do belo, à Educação Estética. Só a arte, segundo a tese de Schiller, está em condições de desenvolver harmonicamente as forças sensoriais e espirituais do homem, forças essas que estão em conflito. Diferentemente da ciência ou da literatura didática que se orientam em uma das capacidades da subjetividade, a arte (e essa é sua capacidade única) não toca nenhuma das capacidades, nem a razão nem a percepção sensorial isoladamente, mas sim as duas simultaneamente[46].

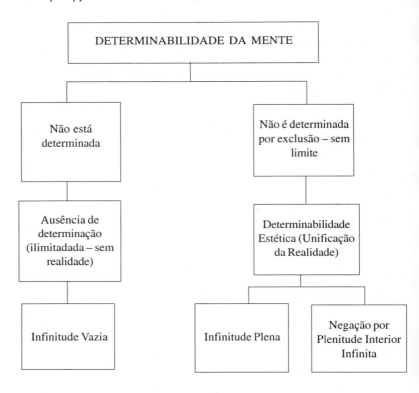

A mente é determinável tanto quando é vazia de determinação (pode receber qualquer conteúdo), quanto quando possuindo um conteúdo qualquer. A derradeira forma de determinabilidade é a estética, quando não existe mais a indeterminabilidade vazia. A análise de Patrick Murray é esclarecedora:

46. "Was Kunst darstellt oder darstellen soll, interessiert die Ästhetischen Briefe nur am Rande. Weit größeres Gewicht legen sie auf die Wirkung des Schönen, die 'ästhetische Erziehung'. Allein die Kunst, so Schillers These, ist imstande, die im Widerstreit liegenden sinnlichen und geistigen Kräfte des Menschen harmonisch zu entfalaten. Amders als die Wissenschaft oder die didaktische Dichtung, die sich na eines der Vermögen der Subjektivität, die Vernunft, richten, spricht die Kunst, und dies ist ihre einzigartige Fähigkeit, keines der Vermögen, weder Vernunft noch Sinnlichkeit, gesondert na, sondern beide zugleich". Rolf-Peter Janz, *Schiller Handbuch*, p. 617.

Na visão de Schiller, a mente na condição estética é, em princípio, capaz de ser determinada por qualquer coisa, e pode ter uma "abundância infinita" de conteúdo em si. "Determinabilidade estética", viz. a habilidade da mente em ser determinada na condição estética, exclui a determinação por qualquer coisa em particular: se limitada por qualquer objeto sensível ou característica do mesmo, ou por qualquer conceito definido (Novamente reflete a teoria de Kant do puro julgamento de gosto na Crítica da Faculdade do Juízo). Ao contrário, a condição na qual a mente tem a capacidade de estar completamente aberta ao conteúdo sensível e racional em geral: a condição da receptividade[47].

A condição estética define o homem por nada determinado em sua interioridade, da mesma forma que não o determina por qualquer coisa que lhe seja exterior. Seu esteticismo está na liberdade, que pode ser definida por uma totalidade realizável quando orientado para a fruição do belo, que é um tudo em si ou fora de si, conformando um eu equilibrado.

O segundo esquema trata da Mente Determinada. Isso pode ocorrer pela vivência subjetiva do tempo e do espaço, dada por qualquer fenômeno gerador da experiência do sentir e que conforma o que Schiller chama de indivíduo. Determina-se a mente, também, quando está em si referida como um limite que configura o pensar. Trata-se da forma lógica que realiza a pessoa. A totalidade estética faz-se quando sentir e pensar tangenciam um ponto comum, fazendo com que indivíduo e pessoa sejam uma entidade apenas. Chega-se à imanência da liberdade absoluta no sujeito, dono de sua humanidade, porque tanto a natureza quanto a razão são coincidentes na interioridade e todo o mundo é homem porque não mais cindido em seu estar no mundo. Essa humanidade existe desde o nascimento, mas através da cultura e na vivência social, aos poucos, dela se aparta, tornando-se o ser das leis e do Estado, como já discutido na Carta III. Somente a cultura estética, possível através da experiência do belo, refaz e devolve ao homem a sua totalidade na mente. Por isso, Schiller aproxima a estética da ética quando:

> No estado estético, pois, o homem é zero, se se atenta num resultado isolado, não na capacidade toda, e se se considera a ausência de toda determinação particular nele. Por isso, tem-se de dar plena razão àqueles que declaram o belo e a disposição a que transporta nossa mente de todo indiferentes e estéreis em vista do conhecimento e da intenção moral. Tem plena razão, pois a beleza não oferece resultados isolados nem para o entendimento nem para a vontade, não realiza, isoladamente, fins

---

47. "In Schiller's view, the psyche in the aesthetic condition is, in principle, capable of being determined by everything, and may have na 'infinite abundance' of content within it. 'Aesthetic determinability', viz. the ability of the psyche in the aesthetic condition to be determined, excludes determination by anything in particular: whether it be by any one limited sensuous object or feature of the same, or by any one definite concept (This again reflects Kant's theory of the pure judgement of taste in the Critique of Jugement). It is instead a condition in which the psyche has the capacity to be completely open to sensuous and rational content in general: a condition of receptivity". Patric T. Murray, *The Development of German Aesthetic Theory from Kant to Schiller*, p. 218.

intelectuais ou morais, não encontra uma verdade sequer, não auxilia nem mesmo o cumprimento de um dever e é, numa palavra, tão incapaz de fundar o caráter quanto de iluminar a mente[48].

A cultura estética faz do homem algo indeterminado para o julgamento, porque suas qualidades de caráter só podem ser definidas por si. Sendo a liberdade sua prerrogativa maior, o livre arbítrio fica à mercê de sua vontade e nisso o homem estético define-se como infinitude plena. Ele é uma determinabilidade que pode ser preenchida com

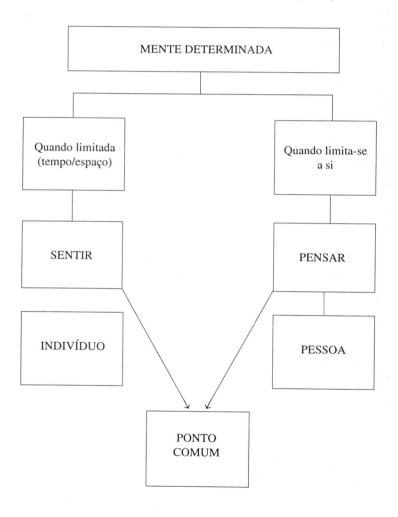

48. Friedrich von Schiller, *A Educação Estética do Homem*, p. 110.

o que decidir, agora, a sua vontade, uma vez que "essa liberdade lhe havia sido tomada pela coerção unilateral da natureza na sensação e pela legislação exclusiva da razão no pensamento[49]. Para Schiller, a beleza torna-se nossa segunda criadora, uma vez que "tem em comum com nossa criadora original, a natureza, o fato de que não nos concede nada mais senão a capacidade para a humanidade, deixando o uso da mesma depender da determinação de nossa própria vontade"[50].

A condição estética do homem através da beleza, segundo Murray, é uma forma sofisticada e ampliada dos conceitos de impulso sensível, desenvolvidos na Carta XIV e que constitui-se na base para a produção artística. O comentarista busca, em sua pesquisa, entender onde está a arte, no sentido pontual, presente na *Educação Estética do Homem*. Conclui que o artista, livre de determinações em sua produção de representações, é o sujeito da liberdade plena. A fatura artística é o meio material por onde transita a infinitude. Isso está dentro das próprias argumentações de Schiller, como no terceiro parágrafo da Carta II: "a arte é filha da liberdade e quer ser legislada pela necessidade do espírito, não pela privação da matéria".

CARTA XXII
A DISPOSIÇÃO DA MENTE PARA O ESTÉTICO E PARA O MORAL

O que se chamou de princípio da tábula rasa na Carta XIX vem, agora, denominado de zero para definir a disposição estética da mente. Novamente, Schiller considera a interioridade inteligente do homem em sua instância de potência absoluta, em que nada está posto, mas que ali tem toda a determinabilidade de forças ativas e que lhe conferem um caráter de realidade possível. O zero e a realidade confluem para o que chamou de ponto comum e infinitude plena (vide gráficos da Carta XXI), ambos sinônimos para a totalidade feita pela unificação do sentir e do pensar, pela sensualidade e pela forma ou pelo termo que melhor conceitua a determinabilidade estética. Em outras palavras, a mente abrange tudo o que é possível à humanidade livre no homem, elimina os limites estabelecidos pela sua natureza efêmera, temporal e lhe permite todo o conhecimento do mundo pela via da categoria estética. O estado estético existe e persiste em si, e o que Schiller chamou de liberdade, aqui, se aplica *in totum*.

Os sentidos que sensualizam o mundo no homem são postos para a mente como estados, algo no tempo que damanda anterioridade para que seja recebido dentro de limites, e para a sua dissolução exige um

---

49. *Idem, ibidem.*
50. *Idem, ibidem.*

estado subseqüente. Introduz o termo integridade (*Integrität*), comum na filosofia platônica como princípio de totalidade metafísica, encontro do finito e do infinito, fim das antinomias entre sentir e pensar. Tratada no Filebo, a questão do prazer dos sentidos é discutida em sua qualidade de ética e conduz os dialogantes a pensar um terceiro estado. Dirigindo-se a Plutarco sobre a possibilidade de a sabedoria, a ciência, a inteligência e o prazer estarem numa mesma categoria de bem, Sócrates afirma: "Lembro-me neste momento de ter ouvido dizer antigamente, em sonhos ou talvez mesmo acordado, a propósito do prazer e da sabedoria, que nem um nem outro são o bem, mas que é uma terceira coisa. Diferente destas e melhor que as duas"[51]. A questão dessa terceira via, como adotada por Schiller, em Platão, foi analisada por Giovanni Reale como estrutura metafísico-numérica da realidade:

> De fato, os conceitos de (1) "ilimite" e de (2) "limite" são retomados com valência ontológico-cosmológica. Afirma-se que o que existe no universo implica, precisamente, esses dois fatores de maneira sistemática. Mas explica-se que, além desses dois gêneros, para compreender a estrutura ontológica da realidade física, é preciso acrescentar (3) a "mistura" de "ilimite", como terceiro gênero, e (4) enfim, a ulterior "causa da mistura".
> (1) O ilimitado, nas coisas sensíveis, é tudo o que resulta de muitos pontos de vista flutuantes segundo o mais e o menos e, nesse sentido, resulta indeterminado.
> (2) O "limite" consiste, ao contrário, em tudo o que implica número e relação numérica, determinação e medida.
> (3) A "mistura" é produzida pelo limite que age sobre o "ilimite", efetuando perfeição, proporção, ordem e regularidade.
> (4) Mas, no caso do mundo sensível que é um devir, impõe-se uma causa eficiente, ou seja, uma causa produtora da mistura. As misturas particulares relativas às artes e às atividades humanas implicam a inteligência humana; mas as misturas do cosmo em geral e das coisas do cosmo em particular, que não dependem da inteligência do homem, implicam uma inteligência cósmica, ou seja, o Demiurgo"[52].

A citada mistura, constante do diálogo platônico e que coloca as categorias do "limitado" e do "ilimitado" em relação de hipóstase por unificar naturezas díspares, é outro princípio adotado pelo projeto estético de Schiller. Platão considera a perfeição na comunhão ontológica como tarefa da inteligência e na cosmológica um mister do Demiurgo. Tal é a amplitude dessa união que engloba tanto o mundo sensível das idéias (que justifica a origem metafísica do universo), quanto o contingente, cópia ou segunda natureza daquele. Em Schiller, a relação de mistura é operada por força da razão e como movimento receptivo de conhecimento na mente. Se o corpo sensível primeiro experimenta a fragmentação como princípio para receber os fenômenos, é porque essa experiência não se define sem o primado da razão, que a dita à

---

51. Platão, *Diálogos IV*, p. 186.
52. Giovanni Reale, *Para uma Nova Interpretação de Platão*, p. 335.

generalidade da lei. A sensibilidade é uma lei, mas de caráter particular, que carece dos limites interiores para categorizar o fenônemo, como o tempo e o espaço. O exercício da razão, como analisado na Carta XIX, estabelece uma zona indiscernível, que qualifica a nobreza de caráter no homem, o primeiro instrumento para a toda a necessária generalização. No homem estético o mundo humano e não humano são vistos como totalidade, jamais como fundamento particular. Uma causa predispõe nele a mistura, e não se trata de outra coisa senão da ação inteligente da razão. Seu fundamento é a vontade, como já discutido na Carta XXI, e aí está o princípio ético na mente, promovendo esteticamente sua própria unidade e infinitude. A experiência em primeira instância dá uma dimensão particular das coisas e a mente estética a eleva ao abstrato, fazendo-a ilimitada. Com a integridade produzida pela força estética, o mundo torna-se puro devir, constante independência dos estados da sensibilidade. Schiller sustenta que, em relação à matéria, as forças passivas e ativas do espírito permanecem passivas e ativas se lhes falta o esforço transformador da demanda estética. O experimento sensível apraz na imediatidade de sua própria natureza e, por sua vez, o esforço mental para a realização do exercício abstrato confrange a sensibilidade, porque a razão constitui uma base de verdade válida e necessária aos juízos. Essa antinomia instalada no ser torna-se relação harmônica quando a beleza sem limites define que "somos senhores, a um tempo e em grau idêntico, de nossas forças passivas e ativas, e com igual facilidade nos voltaremos para a seriedade e para o jogo, para o repouso e para o movimento, para a brandura e para a resistência, para o pensamento abstrato ou para a intuição"[53]. O objeto de arte é o signo material que engendra no homem essa experiência de totalidade, tornando-o senhor de sua plena humanidade e de sua perfeição ética, porque na fatura artística está cristalizada a possibilidade de, no homem, se conformar a sensibilidade e o espírito, a experiência e a forma, o infinito devir da perfeição com a realidade imediata. O exame que Schiller faz da potência moral como efeito da arte foi posteriormente analisado por Hegel na obra *Estética – A Idéia e o Ideal*. Em *Teoria da Tragédia*, Schiller toma personagens clássicos como signo exterior que gera no espectador a qualidade moral, pelo juízo operado sobre as ações daqueles. O teatro, como representação de qualidade, é analisado:

> Sempre que lady Macbeth, essa senhora medonha noctivaga lavar as suas mãos, clamando por todas as substâncias aromáticas da Arábia, a fim de eliminar o mau odor do assassinato, um horror salutar comoverá a humanidade e, à socapa, cada qual bendirá sua boa consciência. [...] Quando o bondoso Augusto, grande como os deuses, estende a mão para Cina[54], o traidor, que já imagina estar lendo naqueles lábios a sua

---

53. Friedrich von Schiller, *A Educação Estética do Homem*, p. 114.
54. Herói da tragédia de Corneille *Cinna*.

sentença de morte, dizendo-lhe "Sejamos amigos Cina" – quem dentre a multidão naquele momento, não quereria prazerozamente apertar a mão de seu inimigo mortal, para assemelhar-se ao divino romano?[55]

O verdadeiro objeto de arte (como *Las Meninas* analisado na Carta IX), tem a capacidade de contaminar a mente com o equilíbrio infinito entre o estado ativo da razão fria, instituidora e prática e a passividade sensualizante dos sentidos, independente do tempo e do espaço. A obra de arte é uma realidade que acompanha a caminhada da humanidade e reforça a sua indiscutível propensão para o esteticismo, conforme atesta Read:

> Há duas possíveis hipóteses que poderiam levar-nos no sentido de uma explicação das origens da forma estética. A primeira poderia ser chamada de naturalista, ou mimética, a segunda talvez idealista. Segundo a primeira hipótese, todos os desvios formais em relação à eficiência são devidos à imitação, consciente ou inconsciente, de formas encontradas na natureza; de acordo com a segunda hipótese, a forma tem significação própria, isto é, corresponde a uma necessidade psíquica interior, expressando um sentimento, que não é necessariamente indeterminado: pelo contrário, é com freqüência um desejo de refinação, precisão, ordem[56].

Contudo, para Schiller a fruição não deve desfazer a vontade racional, embalando o sujeito na lassidão dos sentidos. Se isso ocorre, é porque o objeto fez-se maior que a razão ou a vontade arrefeceu-se diante da potência do objeto. Reforça a necessidade do efeito verdadeiramente estético:

> Se após uma fruição desta espécie achamo-nos dispostos de preferência a alguma maneira de sentir ou agir, mas inaptos e enfastiados para outras, isso serve como prova inconteste de que não experimentamos um efeito puramente estético – seja por causa do objeto ou de nossa maneira de sentir, ou ainda (como e quase sempre o caso) por causa dos dois[57].

Se houver desequilíbrio são duas as suas razões. A primeira atesta que o objeto de arte não é estável, não está em repouso em suas forças vivificantes, ao contrário; nele prevalece uma das potências seja a narcótica e sensualizadora, seja o natural apelo à racionalidade. A segunda comprova que há uma tendência de o sujeito fruidor deixar prevalecer sua natural forma de recepção do objeto. Não existe harmonia estética em ambos casos. Logo, não há possibilidade moralizadora, muito embora não se possa pensar o verdadeiro objeto de arte tendo como único fim essa função. Ele é apenas a passagem, o meio para a realização moral, ensina mas não determina. Nesse sentido, Hegel re-

---

55. Friedrich von Schiller, *Teoria da Tragédia*, p. 36.
56. Herbert Read, *As Origens da Forma na Arte*, p. 72.
57. Friedrich von Schiller, *A Educação Estética do Homem*, p. 114.

toma a função prática da arte pública do teatro no período áureo grego ao afirmar que:

> [...] o fim da arte não consiste apenas em evocar paixões mas também em purificá-las, ou melhor, se se admitir que a evocação não é o fim último da arte, não é fim em si, dir-se-á portanto que é a moralização, significado preciso da palavra purificação, o fim da arte. Confere ela um certo domínio sobre as paixões e os impulsos indisciplinados e selvagens. Aqueles que proclamam que o homem deve permanecer ligado à natureza não reparam que só enaltecem com isso a grosseria e o selvagismo. Ora, a arte, representando embora o homem em união com a natureza, eleva-o acima da natureza. E isto é que é o ponto essencial[58].

Tratando esquematicamente o tema, Schiller afirma que essa disposição forjada pela experiência com o objeto da arte atende à eficácia de cada forma expressiva. Trata das artes em termos de efeitos da qualidade do objeto sobre a totalidade do sujeito, feita de sensibilidade e forma. Embora a obra de arte nunca consiga promover uma ação estética pura, uma vez que depende do homem na força decisiva da espaço-temporalidade, ela tem de atuar sensivelmente e, na especificidade, ser geral. Se a música estimula a sensibilidade, o poema adentra o império da imaginação, tornando-a criadora e livre, as artes da visualidade e a escultura predispõem a mente para a fruição inteligente e crítica do objeto. As obras de arte, dentro de seus específicos códigos, têm uma eficácia na predisposição geral da mente, mas não perdem aquela sua característica determinada por cada gênero. Trazer o homem para a contingência eficaz do mundo após a fruição é um erro, porque cada vez que o espírito e o corpo são tocados pela potência criadora infinita, um novo ser irrompe em cada um com ânimo serenado pelo aspecto supra-sensível da cotemplação. Nenhum homem é o mesmo após a leitura de um poema, nenhuma sensibilidade é igual após ser tocada por uma sinfonia, nenhuma inteligência será o que foi após adentrar a verdade que emana de uma obra como *Guernica*. As obras de arte tocam como verdade incoercível a interioridade, predispondo o espírito ao devir e à perfeição. Quão mais geral for a indicação do objeto de arte, tão mais arte ele contém. O artista competente produz generalidades que tocam a alma na imprecisão dos sentidos e abre portas para a razão aprimoradora de todas as faculdades de recepção do mundo. Ele tem papel fundamental na educação estética porque cristaliza no mundo material a totalidade, como que a vencer antinomias. Falando sobre a filosofia da arte e do seu modo de saber, Schelling compara o filósofo ao artista, buscando nessa relação íntima saber quem opera o ideal, quem instumentaliza o real:

> O artista, em quem é objetivo o que no filósofo é princípio reflexivo subjetivo, não alcança em relação a esse princípio uma atitude subjetiva ou consciente. Poderia,

---

58. G. W. F. Hegel, *Estética – a Idéia e o Ideal*, p. 27.

certamente chegar a ter consciência dele (do princípio) por meio de uma reflexão superior, ainda que nesse caso já não tenha qualidade de artista. Esse princípio o inspira e, por isso, não o possui e se chegar a captá-lo como reflexo ideal se elevaria, como artista a uma potência superior, mas como artista segue mantendo-se objetivo; o subjetivo nele volta de novo ao objetivo, assim como no filósofo o objetivo sempre é incorporado no subjetivo. Por tal razão, não obstante a identidade interior que existe entre a filosofia e a arte, a primeira conserva sempre e necessariamente seu caráter de ciência, vale dizer, ideal, e a arte é sempre e necessariamente real[59].

Idealidade e realidade coadunam-se no exercício da arte que organiza-se como uma totalidade real finita e infinita, e o artista é o seu artífice, pelo veio da beleza, que Schiller localiza no que professa Kant: "A beleza da natureza é uma coisa bela; a beleza da arte é uma representação bela de uma coisa"[60]. Entre o real renitente na natureza e a idealidade existe a representação como forma, que com seu conteúdo fazem o jogo de sustentação do que é artístico. Schiller conduz a discussão para a necessidade de a forma prevalecer sobre qualquer outra imanência no objeto de arte, porque crê que cabe à forma a ação potente do objeto sobre o homem. Nesse sentido, todas as manifestações da arte ou as de uma mesma forma expressiva devem se corresponder enquanto forma pura:

[...] a música tem de tornar-se forma e atuar sobre nós com o calmo poder da Antiguidade; em sua perfeição suprema, as artes plásticas têm de tornar-se música e comover-nos pela presença imediata e sensível; em seu desenvolvimento máximo, a poesia tem de prender-nos poderosamente, como arte dos sons, mas ao mesmo tempo envolver-nos com serena clareza, como as artes plásticas[61].

Idealmente, as manifestações artísticas devem eliminar suas especificidades tornando-se universalidades possíveis em sua composição formal. Assim a forma atua sobre o fruidor tornando-o sujeito de todas as suas faculdades receptivas e o conteúdo particulariza a significação, uma vez que "o conteúdo, por sublime e amplo que seja, atua sempre como limitação sobre o espírito, e somente da forma pode-se esperar verdadeira liberdade estética"[62]. Se a forma tem a primícia da

---

59. "El artista, en quien es objetivo esse mismo principio que en el filósofo se refleja subjetivamente, no alcanza, con respecto a esse principio una actitud subjetiva o consciente. Podria, por superior, aunque no haya calidad de artista. Esse principio lo inspira y, por lo mismo, él no lo posee, y se llegara a captarlo como reflejo ideal se elevaría como artista a una potencia superior, pero como artista sigue manteniéndose objetivo; lo subjetivo en el torna de nuevo a lo objetivo, asi como en el filósofo lo objetivo siempre es incorporado en lo subjetivo. Por tal razón, no obstante la identidad interior que existe entre la filosofia y el arte, la primera conserva siempre y necesariamente su carácter de ciencia, es decir, ideal, y el arte es siempre y necesariamente arte, es decir, real". F. W. J. Schelling, *Filosofia del Arte*, p. 4.
60. Immanuel Kant, *Crítica da Faculdade do Juízo*, p. 157.
61. Friedrich von Schiller, *A Educação Estética do Homem*, p. 115.
62. *Idem*, p. 116.

atuação qualitativa e universalizante sobre o espírito, então o artista, esse segundo deus, tem que dominar a *techné*, eliminando a matéria pela substantivação da forma e ao impregnar seu fazer com a *poiesis* criadora. Elizabeth Wilkinson faz breve análise sobre a questão da forma no romantismo, em especial na relação da música com as artes plásticas, como relacionado por Schiller:

> Se a complexa coexistência e a sucessão de sons em música deve ser tão ordenada de maneira a criar a impressão de forma no espaço, tão clara em seus contornos, como um fragmento de escultura, as artes plásticas, por seu lado, devem então transcender sua imobilidade física para criar a ilusão de fluência e ritmo. Foi nesse sentido que Goethe pôde concordar com a visão romântica da arquitetura como "música congelada". Por trás de tudo isso nós ainda sentimos a influência da crença de Winckelmann no primado das artes plásticas. Mas percebemos, também, como essa crença é transcendida ainda que aceita, de modo que a passagem reflete uma fidelidade ao classicismo que vibra com as expectativas da adoração romântica pela música[63].

A relação da música com o poema e as artes plásticas foi também considerada por Schiller em *Poesia Ingênua e Sentimental*. Ali, ao referir-se a Friedrich Gotlieg Klopstock, poeta dramático, autor do Messias e precursor da ideologia de um estado unificado alemão, confirma sua leitura transdiscilinar da forma nas artes. Isso o reforça como o pensador que se antecipa, como um visionário na leitura do que vem a ser a feitura das artes na contemporaneidade. Há hoje uma indiscutível integração de códigos e linguagens tornando a forma artística um compósito agregador daquilo que o passado da arte manteve como segmentos expressivos estanques. Se o teatro contemporâneo agrega à sua forma a tecnologia do vídeo, os recursos da operística, a tridimensionalidade virtual da holografia, é porque a expressão da arte tornou-se, a partir das experimentações transformadoras das vanguardas revolucionárias resultantes de condições históricas do século XX, o que se pode chamar de individualidade universalizadora. A evolução histórica da forma nas artes manteve auráticas as expressões clássicas como os balés brancos (*Giselle, O Lago dos Cisnes, As Sílfides, Raymonda*), mas fez do balé contemporâneo uma conexão explícita com o teatro nas criações de Pina Bausch. A perda da figuratividade nas artes plásticas em

---

63. "If the complex coexistence and succession of sounds in music is to be so ordered that it creates the impression of a form in space, as clear in its outlines as a piece of sculpture, the plastic arts, on their side, must so transcend their physical immobility as to create an illusion of flow and rhythm and succession. It was in this sense that Goethe could concur in the Romantic view of architecture as 'frozen music'. Behind all this we still feel the influence of Winckelmann's belief in the primacy of the plastic arts. But we feel, too, how this belief is being transcended even as it is accepted, so that the passage reflects allegiance to classicism which is vibrant with anticipations of then Romantics' adoration of music". Friedrich von Schiller, *On the Aesthetic Education of Man in a Series of Letters* (trad. Elizabeth Wilkinson e L. A. Willoughby), p. 266.

prol da tendência ao abstracionismo sensorial de um Jesus Sotto em muito tornou-se possível graças aos experimentos do cubismo e do movimento dada. A realidade supra-sensível da representação figurativa, seu conteúdo aberto à interpretação, torna-se a própria realidade na forma como a coalisão de matérias é processada para a representação. Schiller, sem excesso, pode ser tido como um precursor na antevisão da prática artística contemporânea, em que a conexão de códigos faz a eliminação da matéria pelo artista para ceder passo à forma pura e livre da representação. Escrevendo sobre a qualidade musical da poesia afirma:

> Digo musical para lembrar aqui a dupla afinidade da poesia com a arte do som e com as artes plásticas. Ou seja, conforme imite um objeto determinado, como o fazem as artes plásticas, ou conforme produza apenas um determinado estado da mente, como a arte do som, sem ter para isso necessidade de um objeto determinado, a poesia pode ser chamada de plasmadora (plástica) ou de musical. Portanto, a última expressão não se refere apenas àquilo que na poesia é, realmente e segundo a matéria, música mas a todos aqueles efeitos que em geral ela pode produzir sem dominar a imaginação por meio de um objeto determinado: e neste sentido, chamo a Klopstock um poeta musical acima de tudo[64].

Um último elemento analisado nessa Carta refere-se ao sujeito fruidor. Ele pode ser *tenso* ou *brando* dependendo da forma como se posiciona frente ao conhecimento do belo. Pode ser conduzido pela racionalidade ou pode ser objeto de uma sensibilidade que demanda a constância na experiência. Em ambos os casos, a obra de arte será para ele, antes de tudo, matéria fragmentada e nunca totalidade harmônica, logo, ao fruidor parecerá: ou simples objeto do mundo ou princípio balizador da moralidade. Nunca o todo da liberdade estética. Para Schiller, o verdadeiro espírito fruidor também deve se educar, eliminando em tudo o que é tendência na recepção do belo. Se há a experiência da liberdade na obra, ela só pode vigorar no sujeiro que tem a seu encargo libertar-se das paixões individualizadoras para adentrar na verdadeira esfera de contemplação do belo. Nessa relação encontram-se harmonicamente o "caráter com a beleza, pureza com plenitude, unidade com totalidade"[65]. No espírito contemplador amaina-se qualquer natureza humana polarizadora, harmonizando-se a interioridade da experiência estética com o mundo da beleza na experiência.

CARTA XXIII
O CAMINHO ESTÉTICO DO SENTIR AO PENSAR

Se o ideal humano é a autonomia configurada na liberdade e o que se atinge pela vontade, então o homem físico, ou que em potência é

---

64. Friedrich von Schiller, *Poesia Ingênua e Sentimental*, p. 75.
65. J. W. Goethe e Friedrich von Schiller, *Companheiros de Viagem*, p. 146.

sensível, tem como tarefa trilhar o caminho para a difícil conquista da forma. Essa conquista não ocorre por sobressaltos. Não é a sobreposição abrupta do homem passivo àquele que opera a recepção da vida pelo concurso da razão a determinante da autonomia. A via equilibradora da educação estética corrobora o que quer Schiller demonstrar. A passagem da sensação às idéias universais dá-se harmonicamente pelo engendramento do estado estético no indivíduo e, por extensão natural, na humanidade O tema está teatralmente disposto em *Guilherme Tell*. Martinson entende que:

> [...] o progresso da sociedade inicia-se em alguém e, se a sociedade progride, o mesmo ocorre com a história [...] a chave para o progresso individual e desse modo também avançando os objetivos do Iluminismo, repousa no contínuo processo do cultivo das tensões harmônicas em todos os aspectos da vida. Assim, conhecendo o desenho das tensões entre o corpo e a alma (ou mente), o ser humano torna-se cultivado em harmonia mais próxima com a natureza[66].

Assim, o caráter estético não se aprisiona à individualidade porque torna-se extensivo acordo de opiniões para o aprimoramento da raça. Essa carta é uma recuperação do discurso sobre a educação e a evolução humana iniciado na de número VI, em que o autor louva a unidade cultural grega feita de natureza sensível-racional. Nesta propõe um novo olhar sobre a realidade histórica sem perder a perspectiva do presente. Buscando na prática artística contemporânea uma possível práxis transformadora, encontra em Goethe a justificativa para a inserção da arte no âmbito social como o veio viabilizador da unidade que proclama. Em carta ao escritor de 23 de agosto de 1794 revela neste as qualidades da junção entre o temporal e a infinitude:

> Se fosse grego, até mesmo italiano, e já do berço fosse cercado de uma natureza privilegiada e uma arte idealizadora, então o seu caminho seria infinitamente menor, talvez até completamente supérfluo. Já na primeira observação das coisas o senhor teria assimilado a forma do essencial e com as suas primeiras experiências se teria desenvolvido no senhor o grande estilo, já que nasceu alemão, já que o seu espírito grego foi jogado na criação nórdica, assim não lhe restou outra alternativa do que a de tornar-se artista do norte ou dar à sua imaginação, com o auxílio da força do pensamento, aquilo de que a privou a realidade e assim, de certa maneira, dar à luz uma Grécia, de dentro e por um caminho racional[67].

O formal respeito ao gênio de Goethe não é o único conteúdo expresso nessas palavras. Uma indisfarçada alusão ao caráter lógico cria-

---

66. "...the improvement of society begins with oneself, and, if society is improved, then so is history [...] the key to developing oneself, and thereby advancing the goals of the Enlightenment, lies in the continuous process of cultivating the harmonious tensions between all aspects of life. By drawing on the tension between the body and the soul (or mind), then, the individual human being cultivates ever closer harmonious with Nature". Steven D. Martinson, *Harmonious Tensions: The Writings of Friedrich Schiller*, p. 42.
67. W. J. Goethe e Friedrich von Schiller, *Companheiros de Viagem*, p. 24.

dor alemão se evidencia na certeza uma solitária rigidez da razão, oposta à potência sensível do experimento na criação. Para Schiller, Goethe poderia ser o paradigma do princípio unificador grego, expressão de toda uma cultura exuberante em unidade perdida na fragmentação progressiva da cultura européia. Como nostalgicamente expresso na Carta VI, Schiller compara a cultura alemã com a generalidade estética impressa na particularidade helênica: "não é apenas por uma simplicidade, estranha a nosso tempo, que os gregos nos humilham: são também nossos rivais, e freqüentemente nossos modelos naqueles mesmos privilégios com que habitualmente nos consolamos da inaturalidade de nossos costumes"[68]. Os gregos viveram uma cultura estética, *stricto sensu*, que na visão do autor poderia ser recuperada pela educação. Construíram na cultura o motor do *nous*[69], de onde a variedade sensível do universo se origina. Gênese para as ações mentais, em Platão é o Demiurgo, razão cósmica ordenadora do universo. O estado geral do universo grego tem esse princípio de unidade, fonte original que congrega todo fragmento. A questão mostra-se complexa desde a Antigüidade e não se resolve com uma definição apenas. Se Heráclito define o *logos* como a ordem oculta sob as aparências da coisas, Parmênides acredita em um motor externo, enquanto Pitágoras recorre à Matemática para explicar a harmonia universal do *kosmos*. O caminho ideal de Schiller para a educação estética prevê, em seu aspecto psico-histórico de desenvolvimento, um olhar para a realidade cultural clássica grega em que houve a permanência do *nous*. Trata-se de um princípio ordenador implícito tanto na mitologia com sua extensa hagiografia, quanto na própria filosofia, desde sua gênese. Peters esclarece que:

> Em adição ao nous imanente nas almas humanas (o logistikon...) cuja operação é conhecer o eide e governar todas as outras partes da alma... há, em Platão, um nous cósmico. Esta razão cósmica emerge no Phil. 26 e 27-c onde é chamada "o fautor" demiourgoun, poioun, a "causa da mistura" que é o mundo da genesis[70].

Na visão de Schiller, a arte de Goethe tem essa qualidade ontogenética de corroborar na atualidade o princípio unificador. O ser do passado fez da retina a passagem indefectível para o mundo, o ser germânico tudo submete à crítica fazendo daquela a província no governo desta. Schiller adentra a área de mediação. A tudo percebe e recorda-se da Hélade. Essa mirada filosófica é analisada, no século XX por Ortega y Gasset:

---

68. Friedrich von Schiller, *A Educação Estética do Homem*, p. 39.
69. *Nous* – inteligência, intelecto, espírito, princípio inteligente ordenador do universo. "Ora o nous é uma propriedade essencial dos deuses partilhada apenas por alguns homens e parece mais que provável que este nous cósmico é divino. Governa tudo, ordenou o universo e a sua revolução, reflectida no movimento dos céus, é um paradigma moral para o homem". F. E. Peters, *Termos Filosóficos Gregos*, p. 160.
70. F. E. Peters, *Termos Filosóficos Gregos*, p. 160.

A alma alemã encerra hoje em si a mais elevada interpretação do humano, o que quer dizer, da cultura européia, cuja clássica aparição encontramos em Atenas. Graças à Alemanha, temos alguma suspeita de que foi a Grécia, não nós, eles com sua castidade, com seu pietismo, com o *pathos* do norte, em uma palavra, foram ensaiando fórmulas preciosas dentro das quais aprenderam precisar esse esplendor sobre o Mar Egeu, esse centro de divinas irradiações: Hélade[71].

A comparação entre as duas personalidades da cultura européia; o Norte e o Sul é, em Gasset, a leitura de uma divisão cultural que acaba por prevalecer como marca diferenciadora dos alemães em relação à própria Europa, com ênfase na Espanha. O pensador espanhol reconhece a amplitude do pensamento germânico e sua vinculação com a Hélade, permanente como processo histórico do conhecimento. O sonho de Schiller não esteve em qualquer aspecto hegemônico da cultura mas na possibilidade de reorganização cultural do homem como homeostase entre a interioridade inteligente e o meio. O âmbito da cultura que Schiller propõe a Goethe foi analisado como aspecto antropológico. O grego antropomorfiza o cosmos e este, em sua inexorável caminhada à perfeição, está espelhado em cada ser, da mesma forma que a totalidade humana integra a evolução cosmológica. A questão da unidade, tão cara a Schiller, não lhe é tema inédito. Gerd Bornheim analisa:

Uma das categorias básicas, fundamentais que permitem compreender o Romantismo é a unidade. Podemos mesmo dizer que todo o movimento se desdobra sob o signo da unidade. Aliás, a exigência de unidade, longe de ser propriedade exclusiva dos românticos, caracteriza de modo peculiar toda a época. Nós a encontramos, por exemplo, na Revolução Francesa com suas aspirações por um Estado racional e uno, fundado na igualdade e na liberdade, sem diferenças de classe; um estado que instituiria uma religião exclusiva: a religião da Razão – um ideal político de unidade que vai tentar estender-se com Napoleão e seu sonho de um império europeu por todo o continente. A sede de unidade existia também, e com muita força, na Alemanha, o que permite compreender a simpatia de Goethe e Hegel e tantos românticos por Napoleão[72].

Com o estatuto filosófico do romantismo nasce na Alemanha, onde Schiller é celebrado como ícone nacional, o que Ortega y Gasset qualifica como "o centro de gravidade espiritual"[73] na Europa e que faz da verdade um produto germânico para a pesquisa no século XVIII. Schiller fala na mediação que une a verdade e o dever, instâncias transcendentes que permitem a entrada à realidade sensível do homem. Agir pela vontade de se atingir a verdade é o cumprimento de um dever ser que não elimina a liberdade, uma vez que verdade e inteligência construída caminham *pari passu*. Se o meio da liberdade é a beleza,

---

71. José Ortega y Gasset, *Obras Completas*, p. 501.
72. Gerd Bornheim, "Filosofia do Romantismo", p. 91.
73. José Ortega y Gasset, *Obras Completas*, p. 297.

esta também o é na verdade. Na compreensão de Murray, a questão assim se explica:

> Em sua referência à beleza concedendo "o poder" para o entendimento e para a vontade, Schiller está dizendo que a experiência estética promove psicologicamente o objetivo geral do saber e da vontade. Isso porque as condições estéticas envolvem um equilibrado relacionamento entre nossos impulsos e faculdades que, em certa medida, proveitosamente mantêm-se no ato corriqueiro e específico do saber e do querer (Isto é similar à idéia de Kant na Crítica do Juízo de que o "livre jogo" das faculdades da imaginação e entendimento evocados pela beleza é "subjetivamente final" uma vez que, viz. promove o fim da cognição em geral)[74]. (O tema do jogo será analisado na Carta XXVII).

Imaginação e entendimento como princípios na determinação do gosto são, para Kant, os recursos subjetivos *a priori* para a recepção do belo. Sem opor-se a esse postulado Schiller considera que esta é uma perspectiva no homem porque é da natureza humana a emissão de juízos, mas não elimina do mundo a instância do belo objetivo. Ocorre que há o homem que, em si, tem as características da sensibilidade mais potencializadas que as da forma. Isso o leva a relacionar-se com a beleza objetiva de maneira a ser esta a sua autodeterminação como sujeito, diferenciando-se do que ocorre com o homem de forte apelo à razão. Para chegar ao espírito absoluto o homem mais sensível, dominado pela passividade, tem o mister de recuperar seu poder de autodeterminabilidade, saindo do mero estado receptivo para o ativo, do conhecimento e da vontade. Trata-se de equilibrar instintos pela ação da vontade, uma vez que a sensibilidade quer sempre sobrepor-se a toda lei, usurpando as determinações do espírito. Sabendo-se que a autodeterminação estética configura o homem total, aquilo que é passividade dos sentidos deve ser substituído pelo estado em que o equilíbrio prepondera, não deixando haver potência desigual entre estados; passivo e ativo. Anatol Rosenfeld chama de "imperativo moral" a liberdade que torna igual toda a potência racional, que contribui para que o estado de humanidade plena seja atingido. Schiller fala que:

> Pela disposição estética do espírito, portanto, a espontaneidade da razão iniciada já no campo da sensibilidade, o poder da sensação é quebrado dentro já de seus próprios

---

74. "In his reference here to beauty imparting 'he power' to understand and will, Schiller is saying that aesthetic experience psychologically promotes the general purpose of knowing and willing. This because the aesthetic conditions involves an equilibrious relationship between our drives and faculties which to some extent beneficially carries over into ordinary particular acts of knowing and willing (This is similar to Kant's idea in the Critique of Judgement that the 'free play of the faculties of imagination and understanding evoked by beauty is 'subjectively final "for viz. promotes the end of cognition in general)". Patrick Murray, *The Development of German Aesthetic Theory from Kant to Schiller*, p. 248.

domínios. O homem físico é enobrecido de tal maneira que o espírito de ora em diante só precisa desenvolver-se nele segundo as leis da liberdade[75].

A liberdade no espírito, exercício que se inicia pela vontade, é o motor do auto-conhecimento. Saber-se é agir autonomamente para que o mero estado natural sob a legislação de forças brutas abra-se para os estratos da moral e o homem seja um engenho auto-transformador em sintonia com o mundo em evolução. Atingido o estado estético, o ser é plenitude em liberdade que pensou e engendrou em si. O exemplo dado por Fichte esclarece como a forma inerte é impregnada com o sentido transformador do pensamento: "Pensem numa planta: ela conserva a si mesma, se retrai, se expande, descreve as formas que tem de descrever segundo suas leis. Dêem-lhe consciência e permaneça oculta a ela a lei. Ela, então, pensará; e se desenvolverá com liberdade"[76]. O vegetal não tem consciência por não ser livre e não é livre por faltar-lhe a instância do entendimento. Se tocado pelo espírito, terá a autodeterminação para a lei de que fala Fichte e que refere-se a regras gerais de conduta já determinadas antes da consciência. Quando em liberdade, gerará em si limites e promoverá acordos para um estar no mundo. Isso lhe permitirá atingir o *status* de ser estético, que promove o determinar-se pela potência de humanidade. Sua conduta contemplará a generalidade e o cosmos em suas retinas será feito de juízos universais supra-sensíveis, inscritos em si como auto-regulação moral.

Para grandes feitos, o homem sensível deve ter à sua disposição as condições operadas pela cultura e pelo estado, porque sua natureza estética quer o bom e o verdadeiro não como algo em si apenas, mas como propriedade universalmente válida inclusive na contingência. Quem está submetido à sensibilidade ainda não conquistou as benesses da verdade estética. Constitui-se em receptáculo fragmentado do mundo, pois que um circunstante das determinações exteriores. Nele o mundo se faz imagem sem totalidade como um espelho estilhaçado. Imerso na cultura, o homem sensível é dela um circunstante, carecendo de condições próprias para a beleza, caso aquela com esta não lhe supra. Como no *Emílio*, o homem se educa pelo sentido natural da vida, sem perder a perspectiva do estoque de conhecimento que a espécie lhe proporciona. O Emílio aprende astronomia observando com o mestre a ambiência inteligente da mata. A natureza, com suas grandezas escondidas, revela-lhe o caminho para o entendimento da religião. O malabarista com saltos inusitados na praça é o instrumento pelo qual aprende física. Sabe-se que, na conquista do ideal estético, algo do natural é contradito, mas não eliminado, como comprova Murray:

---

75. Friedrich von Schiller, *A Educação Estética do Homem*, p. 118.
76. J. G. A. Fichte, *Escritos Filosóficos*, p. 167.

A satisfação das necessidades naturais na forma como dá a esse processo alguma ordem ou forma, *i.e.* algum grau de racionalidade, na visão de Schiller não envolve a supressão do caráter total de nossa natureza sensível. Do "ponto de vista" de nossa natureza sensível é indiferente se nossas necessidades naturais são satisfeitas no mais absoluto sentido sensível, com nós mesmos agindo como um mero fragmento da natureza (tomada como um agir cego na teia de forças) ou se transcendemos a causalidade natural e satisfazemos nossas necessidades naturais para atingir um grau de liberdade racional enquanto ainda nos limites do domínio da natureza[77].

É o livre arbítrio que se abre ao agir. Na instância moral deste, o rigor estético é demandado através das escolhas que impõem limites, como os da vergonha, enquanto o agir passivo é mera reação no sujeito, como "força que só atua conforme seja afetado"[78]. Agir conforme a fins estéticos comunica ao homem seu caráter nobre e referenda a co-naturalidade entre a estética e a ética, em uma palavra, o valor ético pede a ação e o estético a expressão na idéia, nos sentimentos, na imaginação. Ambos harmonizam-se no homem. A educação estética tem esse aspecto da educação social e "o homem esteticamente educado é um homem destinado a conciliar a sua situação humana com a condição civil"[79]. Em extensa nota de rodapé, Schiller fala sobre a nobreza na disposição do caráter no homem estético, diferenciando-o do homem sublime. Pela amplitude com que esclarece o tema, julgou-se adequado reproduzi-la em boa parte, sabendo-se tratar de difícil conceituação (homem estético/homem sublime) que se busca esclarecer a seguir:

> onde quer que o encontremos este tratamento espirituoso e esteticamente livre da realidade comum é o sinal de uma alma nobre. Deve ser dita nobre a mente que tenha o dom de tornar infinitos, pelo modo de tratamento, mesmo o objeto mais mesquinho e a mais limitada empresa. É nobre toda a forma que imprime o selo da autonomia àquilo que, por natureza, apenas serve (é mero meio). Um espírito nobre não se basta com ser livre; precisa por em liberdade tudo o mais à sua volta, mesmo o inerte. Beleza, entretanto, é a única expressão possível da liberdade do fenômeno[80].

O homem nobre quer a liberdade do mundo no qual reconhece autonomia no agir. Dá autonomia ao meio, quer o universo livre, inclu-

---

77. "The satisfaction of natural needs in a way which imparts to the process some order and form, *i.e.* some degree of rationality, does not in Schiller's view involve the suppression of the integral character of our sensuous nature. From the 'point of view' as it were, of our sensuous nature, it is a matter of indifference whether our natural needs are satisfied in a purely sensuous way with ourselves acting as a mere part of nature (caught up as a blindly acting force in a network of forces) or whether we transcend natural causality and satisfy our natural needs so as to achieve some degree of rational freedom whilst still in the domain of nature". Patrick T. Murray, *The Development of German Aesthetics from Kant to Schiller*, p. 252.
78. Friedrich von Schiller, *A Educação Estética do Homem*, p. 119.
79. Friedrich von Schiller, *Lettere sull'Educazione Estetica dell'Uomo, Callia o della Belleza*, p. 16.
80. *Idem*, p. 120.

sive de si. Busca entender o belo seja no objeto de arte, seja na natureza, pois reconhece no valor material um valor também formal. No ensaio "Sobre a Graciosidade e a Dignidade", Schiller firma que "a própria beleza tem nomeadamente de permanecer sempre um efeito livre da natureza, e a idéia de razão, que determinou a técnica da estrutura humana, nunca pode conceder mas apenas permitir beleza a esta estrutura"[81]. Liberdade na aparência, diz. Reconhecer a liberdade no fenômeno é tarefa do homem nobre, que admite a existência do belo infinito fora das raízes inscritas na subjetividade, e isso contraria a certeza estética kantiana (filosofia que Schiller considera moral), na medida em que objetiva o belo como realidade estética inscrita no cosmos inteligente. A crítica de Schiller à filosofia moral atém-se À certeza de que o dever endurece o âmbito sensível do belo. Com a crença no espírito moralizador da razão, Kant responde a Schiller, em 1794, no ensaio "Die Religion innerhalb der Grenzen der bloben Vermunft", afirmando:

> O Senhor Professor Schiller desaprova, no seu ensaio elaborado com mão de mestre acerca da graciosidade e dignidade na moral, esta forma de representação da obrigatoriedade como se ela comportasse uma disposição do ânimo própria da ordem da Cartuxa[82], [...] confesso de bom grado que não posso associar ao conceito do dever, precisamente à sua dignidade, qualquer graciosidade. Porque ele contém uma coação incondicional, com a qual a graciosidade se encontra em flagrante contradição[83].

A diferença entre Schiller e Kant ocorre pela indisposição daquele em relação à idéia da oposição kantiana entre prazer e dever. O primeiro em Schiller refere-se à idéia do belo regulador da conduta e o segundo como generalidade a partir da noção do bem. Kant não admite a coação moral como particularidade livre na graciosidade. Para Schiller, o dever kantiano é por demais duro e uma antítese à perfeição pela graciosidade. Kant reconhece uma contradição entre esses princípios para o aprimoramento moral.

Para Schiller, o fenômeno é a morada do belo. Imita a liberdade, mas exige em sua natureza transparente que a razão lhe dê concretamente essa liberdade. Este é um reconhecimento da razão. Como afirma Bayer: "no objeto final e perfeito, a finalidade e a perfeição aparecem de fora"[84]. O belo como aparência (*Schein*) havia sido tratado no "Kallias", um vigoroso ensaio estético e caminho para a *Educação Estética do Homem*:

81. Friedrich von Schiller, *Textos sobre o Belo, o Sublime e o Trágico*, p. 102.
82. Ordem religiosa fundada por São Bruno (1030-1101) que constituiu-se em eremitério onde viviam ascetas em absoluta rigidez e solidão. Destruídos os monastérios durante a Revolução Francesa, em 1816 houve a revivescência da Grande Cartuxa com a restauração das casas e da ordem, inclusive para monjas.
83. Tereza R. Cadete, *Sobre a Educação Estética do Ser Humano numa Série de Cartas e Outros Textos*, p. 153.
84. Raymond Bayer, *Historia de la Estética*, p. 308.

Algo deve haver no objeto que o destaca da sucessão infinita do insignificante e vão e que estimula o nosso impulso de conhecimento, pois o insignificante é quase o mesmo que o nada. O entendimento há de ser induzido a refletir sobre a forma do objeto: sobre a forma porque o entendimento se ocupa da forma[85].

Quanto ao homem sublime, é analisado sob o viés do comportamento. Goza da preferência de todos porque enleva-se na relação com seu objeto. Enquanto o homem nobre vê o objeto triunfar sobre si e a moral ser maior que ele e determinante, o sublime atende os ditames da lei moral como se seus fossem. A análise de Wilkinson conclui que a conduta nobre é aquela em que o homem está em relação consigo, é livre porque todas as suas funções operam em harmonia e porque a conduta moral em muito tornou-se uma segunda natureza nele. Na vida diária pode comportar-se de acordo com o que lhe exige o dever, sem conflitos. A conduta sublime, em contrapartida, é aquela em que o homem atinge o que à primeira vista lhe parece impossível, ou seja, a sua vitória sobre os impulsos de atender às determinações da vida e aos impulsos de auto-preservação. No último segmento da Carta XXIII, Schiller retoma o caráter geral na práxis da educação estética, atestando que a vida física é o terreno onde o homem experimenta o início de sua vida moral. A empiria sensível também é gênese para a razão que o leva à forma inteligente. Essas duas constâncias devem ser superadas pela opção de querer ser nobre, e o único caminho para isso é a cultura estética. Esta conclama a natureza inscrita no homem mais que a razão a, internamente, abrir-se à beleza. Com isso, essa beleza estará inexoravelmente impregnando o mundo.

CARTA XXIV
AS FASES DO DESENVOLVIMENTO HUMANO

Nas Cartas de número XIX a XXI estudou-se o homem em potência para o estético e para o âmbito moral da existência. Na Carta XXIII inicia-se a análise em busca da aproximação de uma prática educativa. Essa carta, mais as de número XXVI e XVII dão o perfil do desenvolvimento racional no homem, seja no aspecto pessoal seja na dimensão social. Outra abordagem de Schiller nesta é a história com a perspectiva do desenvolvimento da raça humana. Embora à primeira vista sejam essas análises mais percebidas como formas psicológicas e reativas, pela ampliação da educação para o âmbito social, sugerem a ação concreta e modelar do sujeito no âmbito coletivo, fazendo-o influente sobre a atuação de outros e fato gerador de transformações. A importância da análise repousa na urgência da auto-transformação no

---

85. "El entendimiento há de ser inducido a reflexionar sobre la forma del objeto: sobre la forma porque el entendimiento sólo se ocupa de la forma". Friedrich von Schiller, *Kallias...*, p. 47.

homem. Soa por demais ideal acatar a proposta do desenvolvimento histórico a partir desse modelo de análise, mas não utópico. Completando o ciclo da existência individual ou coletiva, três são as etapas percorridas psico-historicamente pelo homem: a *física*, a *estética*[86] e a *moral*. Em nota de rodapé na Carta XXV, o autor presta outros esclarecimentos sobre elas:

> Considerados em conjunto, os três momentos são três épocas diversas para o desenvolvimento de toda a humanidade e para o desenvolvimento do homem isolado; mas são distinguíveis também em cada percepção isolada de um objeto, são, numa palavra, as condições necessárias de todo conhecimento que alcançamos pelos sentidos[87].

A primeira é tratada nessa Carta e o define em sua condição de ente natural quando, pela sensibilidade, experimenta os fenômenos e os vivencia fora de uma unidade significativa, fora de um estar total no mundo. Não os ordena o ser em seu instrumental de conhecimento. A primeira etapa é contingente e orgânica e as duas subseqüentes ocorrem através de aquisições pela vontade. A análise da etapa física certamente vem das considerações de Rousseau sobre o homem selvagem. Schiller define o homem nessa circunstância como:

> Eternamente uniforme em seus fins, alternando eternamente em seus juízos, egoísta sem ser ele mesmo, desobrigado sem ser livre; escravo sem servir uma regra. Nesta época o mundo é para ele somente à medida que lhe proporciona existência, o que nada lhe dá ou toma é para ele inexistente. Todo fenômeno surge diante dele assim como ele mesmo se encontra na série dos seres: só e isolado[88].

Nota-se nessa fase o aprisionamento aos sentidos, o que significa o subjetivismo egoísta como senhor da ação humana. A atividade do homem é espontânea como se suas ações fossem reativas, nem sempre conscientes, e vê-se a falta do adestramento para a atividade abstrata e deliberada da mente. Com essas determinações limitantes, o desenvolvimento do juízo estético pode ser atingido, porque a formulação de conceitos na mente carece de maturação, quando não de traquejo adquirido pela educação. No sentido psicológico, o homem em potência física vive no reino da contingência, isolado e sem atentar para a evolução do cosmos. É um todo egóico, de apego aos próprios interesses. Suas necessidades determinadas pelo estado e pela temporalidade são

---

86. Nessa Carta Schiller trata em profundidade da etapa física. Na subsequente refletirá sobre o estado estético. O âmbito moral permeia toda a discussão proposta na obra *A Educação Estética do Homem*, iniciada na Carta I e reforçada, sobretudo, na de número III com a passagem do estado natural para o moral. Também as Cartas XX, XI e XXII tratam do aprimoramento moral através dos mecanismos da educação estética.
87. Friedrich von Schiller, *A Educação Estética do Homem*, p. 129.
88. *Idem*, p. 123.

a sua determinação vital. Schiller chama de "contato imediato" a relação entre o sujeito só e o mundo da multiplicidade dos fenômenos. Esse contato é ordenado pelo desejo que deve ser satisfeito à exaustão. Não pode o homem tornar a experiência unidade ou sistema coordenado de conhecimento porque submetido à primária relação com os fenômenos em sua instância de natureza. Da própria literatura romântica vem o exemplo do homem fisicamente em potência. Schiller cita a tragédia *Ifigênia em Táuris*, de Goethe, cena 3 do primeiro ato, versos 328 a 335, aqui em tradução livre[89].

> É certo que o poderoso torso dos titãs
> E as entranhas vigorosas sejam...
> Sua verdadeira herança; forjou-lhe no entanto
> o Deus um liame brônzeo, envolvendo sua testa;
> Ponderação, calma, paciência e saber
> Ocultou-lhe ao olhar esquivo, sombrio.
> Todo desejo torna-se nele furor
> E seu furor erra, sem fronteira, pelo mundo[90].

A leitura rousseauniana do homem selvagem está prevista no primeiro estágio definido por Schiller. Mas, enquanto Rousseau aprofunda a crítica aos processos sociais como possibilidades de deturpação da bondade humana, seja pelos processos de educação impostos nos estamentos sociais, seja pela própria natureza do tornar-se civilizado, Schiller encaminha o entendimento da evolução coletiva para o âmbito positivo que a educação estética pode proporcionar. Nesse sentido, tem a visão kantiana de educação: ela é o mecanismo de libertação do homem, pois neste torna possível o cultivo das faculdades mentais do entendimento. Influenciado pela decepção com o momento em que vive, Schiller reflete e não vê desvanecer as esperanças da futura transformação aprimoradora. Para esta, apresenta as anteriores alternativas ou fases, fundadas no pensamento de Fichte e já refletidas na Carta XIII, através do antagonismo dos impulsos e da ação moral, que evidencia o ser estético. Isso não ocorre com Cunigunda em *A Luva*. Murray considera problemático em Schiller o que chama de "predição do futuro", possibilidade que não encontra reforço neste trabalho. O argumento de Schiller é lógico e para sua validade universal não de-

---

89. *Idem*, p. 124 – Zwar die gewaltge Brust und der Titanen
Kraftvolles Mark ist sein...
Gewisses Erbteil; doch es schmiedete
Der Gott um seine Stirn ein ehern Band,
Rat, Mässigung und Weisheit und Geduld
Verbarg er seinem scheuen, düstern Blick.
Es wird zur Wut ihm jegliche Begier,
Und los dringt seine Wut umher.
90. Tradução de Roberto Schwarz e Márcio Suzuki.

pende de uma constatação empírica apenas, mas de postulados razoáveis. Não se trata de negar a possibilidade da práxis na educação estética, haja visto o modelo grego tantas vezes evocado pelo autor. *A Educação Estética do Homem* é uma possibilidade transformadora no sujeito e nele visível através da arte unificadora, como atesta Schiller nas considerações sobre Goethe analisadas na Carta XXIII. O homem na instância física nunca foi apenas objeto de sua animalidade. Sendo também a razão unificadora e livre um atributo seu, o estado físico nunca prepondera total e rigorosamente sobre a mente, fazendo aquela desaparecer por completo. Essa potência para a animalidade existe como consciência em si e, por essa razão, é temida no outro. Em potência física, o homem vê no mundo uma ameaça constante, porque a ele não se entrega como sujeito senhor dos atributos da dignidade (*Würde*). Somente com o concurso da razão vai perceber-se no mundo e saber que o que está fora de si reage com uma vontade própria. O mundo mostra-se alteridade, reconhecida como realidade na pessoa, independente de interpretações ou juízos justos sobre a realidade dos fenômenos:

> Nunca vê os outros em si, mas somente a si nos outros, e a sociedade, em lugar de ampliá-lo até que se torne espécie, encerra-o mais e mais em sua individualidade. Nessa limitação obtusa ele vagueia por uma vida escura como a noite, até que uma natureza favorável lhe arranque a carga material de seus sentidos turvados, até que, pela reflexão, ele próprio se distinga das coisas, e os objetos finalmente se mostrem no reflexo da consciência[91].

Nessa passagem há uma evocação da crítica antropológica de Rousseau aos resultados da civilização sobre o ser. Embora Schiller preveja a educação como recurso aprimorador, reconhece que a sociedade reforça o egoísmo latente no homem em potência, não operando qualquer instrumento transformador capaz de resultar em experiência libertadora dessa condição latente de selvageria. Está na conclusão do "Discurso sobre a Origem e os Fundamentos da Desigualdade entre os Homens" uma referência matriz "... sendo quase nula a desigualdade no estado de natureza, deve sua força e seu desenvolvimento a nossas faculdades e aos progressos do espírito humano, tornando-se, afinal, estável e legítima graças ao estabelecimento da propriedade e das leis"[92]. Dando conta de que a reflexão de Schiller perpassa seus escritos para compor uma unidade de pensamento em sua multiplicidade criativa e reflexiva, nota-se a mesma relevância crítica em sua poesia filosófica, em especial no poema "Die Kunstler" (Os Artistas). Este fala da terceira etapa psico-histórica, a *estética* cuja concreção ocorre pelo concurso da razão e com a permanência da tarefa do artista, atra-

---

91. Friedrich von Schiller, *A Educação Estética do Homem*, p. 124.
92. J. J. Rousseau, *Os Pensadores*, São Paulo, Abril Cultural, 1978, p. 282.

vés da educação estética: "O selvagem impulso das paixões,/ o jogo sem regras da sorte, a construção das obrigações e dos instintos,/ os orientais com um ânimo examinador,/com uma estrita regra, até o fim"[93]. Ainda considerando a citação, nota-se que as etapas anteriormente citadas estão ordenadas como uma hierarquia que fundamenta o saber teórico. Primeiro os sentidos, depois a reflexão que caracteriza a faculdade de julgar e por último a consciência, temas já trabalhados na perspectiva fichteana analisada na Carta XIX. A filosofia ideal de Schiller produz especulações sobre o homem tanto considerado em sua característica antropológica quanto de ser volitivo capaz de se auto-reorganizar no entendimento. Por isso esclarece que:

> este estado de crua natureza não pode ser verificado, tal como o descrevêssemos aqui, em nenhum povo ou época determinados; é apenas Idéia, mas uma Idéia com a qual, em seus traços isolados, a experiência coincide com a maior exatidão. O homem, pode-se dizer, nunca esteve de todo nesse estágio animal, mas também nunca lhe escapou por completo[94].

Referindo-se ao homem como organismo inteligente que medeia entre o que chama de "sombrio estado de natureza" e o refinamento da cultura, Schiller agrega o conceito de *dignidade*, tema de outra reflexão sua: "Sobre a Graciosidade e a Dignidade", qualidades concretas no sujeito e relacionadas ao belo e ao sublime[95]. Se a graciosidade desvela uma "alma bela", a dignidade revela uma mente sublime. Ambas são o esforço pela conquista dessas qualidades através do ato de volição. Relacionando a vontade ao aprimoramento do caráter, Schiller atesta que "a vontade humana é um conceito sublime, mesmo quando não se tem em conta o seu uso moral. Já a simples vontade eleva o ser humano a um plano mais alto do que a animalidade; a vontade moral eleva-o ao plano da divindade"[96]. Tem-se que a natureza estabelece leis sobre o homem até que, pela racionalidade, ele se organiza como ser de vontade. Esta tanto pode existir como força da natureza quanto da racionalidade e, se resultante da necessidade natural, não é livre porque apenas apetição e "querer por apetite significa apenas cobiçar de maneira mais circunstanciada"[97]. Do simples apetite resulta o aprisionamento nos procedimentos primitivos do homem da natureza, cabendo fazer valer a legislação da razão para que o caráter se harmonize em liberdade incondicionada. Schiller aduz que: "O do-

---

93. "Der Leidenschaften wilden Drang/Des Glückes regellose Spiele,/Der Pflichten und Instinkte Zwang/Stellt ihr mit prüfenden Gefühle/Mit strengem Richtscheit nach dem Ziele".
94. Friedrich von Schiller, *A Educação Estética do Homem*, p. 124.
95. Temas tratados neste trabalho na análise da Carta X.
96. Friedrich von Schiller, *Textos sobre o Belo, o Sublime e o Trágico*, p. 126.
97. Idem, p. 127.

mínio sobre os impulsos através da força moral é a liberdade de espírito, sendo a dignidade a sua expressão no plano do fenômeno"[98].

Resolver a contradição entre o estado físico da natureza no qual impera o apetite e o estado da razão que, pela liberdade, se abre à condição moral, é tarefa do homem de dignidade. Schiller considera que "é próprio do homem conjugar o mais alto e o mais baixo em sua natureza, e se sua dignidade repousa na severa distinção entre os dois, a felicidade encontra-se na hábil supressão dessa distinção"[99]. De novo a vontade se instaura como motor, agora da felicidade humana, não para colocar-se a serviço do estado natural ou daquele de razão, mas para fazer a suspensão entre esses impulsos que caracterizam o ser. Essa tarefa harmônica é imperativa e determina um vir a ser, no homem, condicionando sua própria circunstância moral e estética. O equilíbrio é o constante vir a ser, analisado por Schiller desde as primeiras cartas, passando por suas insistentes evocações de totalidade no mundo grego até chegar a conformar seu tratado que revela o ser estético. Aponta uma possível contradição interpretativa nas elaborações que propõe como educação estética. Acredita na excessiva sensualização de sua época, o que poderia levar a interpretações errôneas de sua proposta da harmonização. Justifica essa preocupação utilizando a palavra *imaginação*. Se no devir está a origem da felicidade, o que resulta dizer que do estado natural passa-se a idéias, e se essas se harmonizam com os impulsos, estes são ilimitados. Porque a idéia não tem limites. Se o homem harmoniza a idéia com o impulso, estes têm uma categoria de infinitude. Logo, analisando o seu presente sensualizado, Schiller conclui que na busca do ideal o homem poderia lançar-se ao ideal consonante com a vida física e "em vez de torná-lo independente" levá-lo "à mais terrível servidão". Essa inquietude é resquício de observações sobre a questão histórica ligada à Revolução Francesa com os seus desvios, já considerados na Carta II. O romantismo pode ser outra possibilidade considerada quando Schiller usa a palavra "sensualidade predominante". O momento da produção romântica é antagônico, visceral no psicologismo e lógico na Filosofia. Benedito Nunes analisa o movimento sob duas vertentes; a psicológica e a histórica, nelas uma visão que justifica Schiller:

> A categoria psicológica do Romantismo é o sentimento como objeto da ação interior do sujeito, que excede a condição de simples estado afetivo: a intimidade, a espiritualidade e a aspiração ao infinito, na interpretação tardia de Baudelaire. Sentimento do sentimento ou desejo do desejo, a sensibilidade romântica, dirigida pelo "amor da irresolução e da ambivalência", que separa e une estados opostos – do entusiasmo à melancolia, da nostalgia ao fervor, da exaltação confiante ao desespero –, contém o elemento reflexivo de ilimitação, de inquietude e de insatisfação permanentes de toda

---

98. *Idem*, p. 129.
99. Friedrich von Schiller, *A Educação Estética do Homem*, p. 125.

experiência conflitiva aguda, que tende a reproduzir-se indefinidamente à custa dos antagonismos insolúveis que a produziram[100].

A matriz psíquica do romantismo justifica a inquietude de Schiller com relação à volta a valores bárbaros ou da natureza, em nome da busca de uma liberdade incondicionada pelo exercício estético. A sensualidade, o apego aos sentidos, a evasão do presente, o idealismo do amor intangível e até mesmo a morte sendo substrato da paixão, como em Novalis, dão o tom romântico na interioridade que se explicita na época. Isso é histórico e visto por Benedito Nunes como anteposição de época:

> Articulando-se em fins do século XVIII, em oposição ao pensamento iluminista, e perdurando até meados do século XIX, a visão romântica do mundo, que se desenvolveu nos pródromos das mudanças estruturais da sociedade européia, concomitantes ao surgimento do capitalismo, é por certo uma visão de época, condicionada que foi a um contexto sócio-histórico e cultural determinado, que possibilitou a ascendência da forma conflitiva de sensibilidade enquanto comportamento espiritual definido[101].

Schiller mostra-se um pensador kantiano ao demandar a razão como constituição para o verdadeiro saber na idéia, mas entende-a como um desvio previsível no homem em potência física. A razão no homem físico sensualizado acaba por ser uma constituição enviezada da realidade. Essas considerações são levadas a termo a partir da realidade histórica, em Schiller, que vive ou que conhece. A Revolução Francesa promoveu transformações substantivas do absolutismo a uma concepção moderna de Estado. Mas também foi objeto da ira, e por isso atuou com vilania na promoção da justiça quando a característica do homem físico preponderou com o regime do terror. Murray analisa a questão posta por Schiller ponderando que "ao invés de orientar o conhecimento para a verdade e sua vontade para a moralidade, a razão conduz o homem sensual para um ilimitado esforço para a total satisfação física de todas as suas necessidades instintivas naturais"[102]. Uma passagem importante e de difícil intelecção na Carta XXIV (parágrafo 5) trata a delicada questão de justificar que o nascimento da razão não é suficiente para fazer do homem um ser total em sua humanidade. Somente a razão não tira do homem a sua potência de animalidade. Isso porque razão, apenas, não exime no homem sua carga de natureza. O autor pode estar referindo-se à sua época nessa análise, ao garantir que a imaginação faz com que se abandone o presente em nome de um futuro concebido como ideal. Estando no

---

100. Benedito Nunes, "A Visão Romântica", p. 51.
101. *Idem*, p. 52.
102. "Instead of directing his cognition to truth and his volition to morality, reason drives sensuous man into an unlimited striving for the total physical satisfaction of all his natural instinctive needs". Patrick T. Murray, *The Development of the German Aesthetic Theory from Kant to Schiller*, p. 268.

presente, e ainda não tendo desenvolvido toda a sua humanidade na liberdade, o homem entrega-se egoisticamente à sua existência temporal, não à forma (tema tratado na Carta XIX). Aduz que "o mesmo impulso que, aplicado ao pensamento e aos atos, deveria levar à verdade e à moralidade origina apenas uma avidez sem limite e uma carência absoluta quando referido à passividade e à sensação"[103]. Dessa avidez pela realização temporal antecipa-se no homem algo que lhe é transcendente e que a razão não domina, uma vez que sentimentos postos *in futuro*; a *preocupação* e o *temor*. Ambos fazem com que a razão relacione-se equivocadamente, com seu objeto. Elizabeth Wilkinson entende que o autor refere-se à *preocupação* e ao *temor* relacionados a algo não contingente ou posto no tempo e no espaço, como o desconhecido ou o impensável. Não se trata de qualquer perigo apresentado aos sentidos ou aos instintos, mas de apreensão pelo fim do *self* e pela indiscutível certeza da morte, transcendente, prevista e intangível, enquanto a razão opera na vida. Desconhecida e impensável, a morte é, no homem, algo inscrito e fora de seu domínio. A razão a explica, dá-lhe sentido, mas não desvia o sujeito de seu destino inevitável. Pode atenuar-lhe o medo do desconhecido através de justificações formais, como as contidas na ciência e nas religiões. O fim inexorável, quando fruto da significação, é puro domínio do homem na razão. Schiller agrega que "os primeiros frutos que o homem colhe no reino espiritual, portanto, são *preocupação* e *temor*, ambos efeitos da razão e não da sensibilidade, mas de uma razão que se engana quanto ao seu objeto, aplicando o seu imperativo imediatamente à matéria"[104]. É nesse ponto da análise que, sem citar, Schiller introduz e critica o conceito de *eudemonismo*, produto da razão e sistema moral que visa a felicidade como bem prático para a espécie humana. Por ele, o derradeiro estágio da felicidade dá-se pelo cultivo da virtude. Embora em Epicuro o *eudemonismo* em relação à morte justifique-se como exercício positivo da racionalidade sobre os sentidos e desejos:

Acostuma-te a pensar que a morte nada é para nós, porque todo o bem e todo o mal residem na sensação e a morte é privação dos sentidos. Por ela o reto conhecimento de que a morte nada é para nós faz ditosa a mortalidade da vida, não porque acrescente uma temporalidade infinita senão porque elimina a ânsia de imortalidade. Nada temível existe de fato no viver, para quem compreendeu realmente que nada temível existe no não-viver[105].

103. Friedrich von Schiller, *A Educação Estética do Homem*, p. 125.
104. *Idem*, p. 126.
105. "Acostumbrate a pensar que la muerte nada es para nosotros, porque todo bien y todo mal residen en la sensación y la muerte es privación de los sentidos. Por lo cual el recto conocimiento de que la muerte nada es para nosotros hace dichosa la mortalidad de la vida, no porque añada una temporalidad infinita sino porque elimina el ansia de inmortalidad". Nada temible existe en el hecho de vivir para quen ho comprendido realmente que nada temible existe en le no vivir. Epicuro, *Sobre la Felicidad*, p. 24.

A postura hedonista de se chegar ao prazer incondicional justificado pela razão também é passível de crítica. É nesse sentido que entende existir uma animalidade dos impulsos para a satisfação infinita dos desejos até o absoluto, sem o exercício da satisfação também pela razão na conquista do estado estético, absoluto e atemporal, que define a plena humanidade no ser. A velada crítica proposta por Schiller pode ser resultante da leitura de Kant, que define a felicidade relacionando o homem com a cultura que organiza. Trata-se de definir a felicidade dentro de um estar no mundo e de vê-la em seu sentido prático. Para o pensador de Königsberg, o derradeiro fim da natureza é o ser, e compete a este encontrar em si esses fins. A satisfação deve dar-se ou pelo que oferece a natureza ou pela capacidade humana de a ela adaptar-se e assim: "O primeiro fim da natureza seria a felicidade e o segundo a cultura do homem"[106]. A explicação para esse sentido prático completa-se quando Kant agrega a relatividade na natureza da felicidade humana:

> O conceito de felicidade não é tal que o homem possa abstraí-lo dos seus instintos e desse modo o retire de sua animalidade nele mesmo; pelo contrário é mera idéia de um estado, a qual ele quer adequar este último sob condições simplesmente empíricas (o que é impossível). O homem projeta para si próprio esta idéia e na verdade, sob as mais variadas formas, através do seu entendimento envolvido com a imaginação e os sentidos; ele muda até este conceito tão freqüentemente que a natureza, se estivesse submetida inteiramente ao seu livre-arbítrio, não poderia admitir até nenhuma lei universal determinada e segura, para concordar com este vacilante conceito e desse modo com o fim que, de modo arbitrário, cada um a si mesmo propõe.

Enquanto a natureza é ordenada através de relações de causa e efeito, tanto a razão plena quanto a cultura são em parte governadas por uma liberdade concedida. O desenvolvimento racional no ser físico ou sensualizado também pressupõe o exercício do intelecto numa relação de causa e efeito quando na recepção dos fenômenos pela mente. A razão busca explicar o porquê de cada evento do cosmos. Mas estando o homem na plenitude da sensualização, é incapaz da abstração e de interessar-se por encontrar o incondicionado no mundo, por isso vai em busca deste em si, tomando-se como referência egoísta, fazendo de seus sentimentos a origem e causa de toda a satisfação de seus desejos. Com isso sensualiza o que lhe é exterior, tomando-se como lei, como verdade universal. Falta-lhe fundamentar sua relação com os fenômenos através da razão pura, para ver-se como fragmento do cosmos que pode, através da razão, ser uma síntese inteligente. Schiller coloca a questão dessa preponderância arbitrária dos sentidos como relação de causa e efeito. Há nisso uma velada referência ao

---

106. Immanuel Kant, *Crítica da Faculdade de Julgar*, p. 270.

Regime do Terror instituído na França e com o qual, como já anteriormente discutido, o pensador não comungava:

> Não podendo o homem apaziguar as indagações do entendimento através de um fundamento último e interno, cala-o com o conceito do infundado, permanecendo nos domínios da cega coerção da matéria, já que ainda não pode conceber a sublime necessidade da razão. Como a sensibilidade não conhece outro fim senão o seu privilégio e como não se sente impelida por nenhuma causa senão pelo cego acaso, o homem faz daquele o determinador de suas ações e deste, o senhor do mundo[107].

No âmbito da experiência, o impulso sensível (analisado na Carta XII) precede o impulso moral, o que significa dizer que os sentidos fazem com que o homem generalize a idéia de que o "imutável e eterno" é "um acidente do perecível"[108]. Schiller trata do complexo tema das religiões e, em especial, de Deus no homem ativo pela primeira etapa do caráter psico-histórico; a *física*. Deus está em conexão com as leis morais, mas, uma vez que o homem na etapa física fundamenta todo o conhecimento em sua própria experiência sensível, tem a lei moral como resultado, tanto de determinação positiva humana quanto da determinação transcendental de Deus. Há nisso um falseamento da lei moral porque, como quer Leroux, a divindade aparece como causa de justiça e não como ideal de virtude "... ele se convence de que os conceitos de justiça e injustiça são as regras que foram, a um momento, introduzidas pela vontade poderosa de uma divindade. Ele não as tem como incondicionadas e experimenta na divindade uma adoração não de respeito, mas de medo"[109]. A ocorrência do desvio provém da supremacia do que agora chama de *impulso vital* que se sobrepõe ao *impulso formal*. A teoria da educação estética novamente irrompe nessa discussão e corrobora todo o mecanismo de pensamento de Schiller para o aprimoramento do homem, através do movimento fundamentado na volição e que faz a passagem do sensível à pura forma pela totalidade dos antagonismos:

> Seja que a razão não se tenha manifestado ainda no homem e que o físico nele domine com cega necessidade, seja que a razão não se tenha ainda purificado o suficiente dos sentidos, servindo a moral ao que é físico: nos dois casos o único princípio dominante é material, e o homem, ao menos quanto à tendência última, é um ser sensível com a única diferença de que no primeiro caso é um animal irracional, enquanto no segundo é um animal racional[110].

107. Friedrich von Schiller, *A Educação Estética do Homem*, p. 126.
108. *Idem, ibidem.*
109. "... il se convainc que les concepts de justice et d'injustice sont des règles qui furent à un moment donné introduites par la volonté toute-puissante d'une divinité. Il ne les tient pas pour inconditionnels et il éprouve pour la divinité une adoration mêlée non de respect, mais de crainte". Friedrich von Schiller, *Lettres sur l'éducation esthétique de l'homme*, p. 307.
110. Friedrich von Schiller, *A Educação Estética do Homem*, p. 127.

Martinson chama de *tensões harmônicas* à unidade proposta por Schiller, entendendo que "unidade e tranquilidade não são estados de repouso"[111]. Uma vez que a razão é convocada a solucionar, pela educação estética, as antinomias, tanto no sujeito quanto na cultura e no estado, e tendo-se a animalidade como pressuposto categórico no homem, o projeto schilleriano da educação estética poder ser um ideal. Integrar o individual no coletivo, fazer diluir o animalesco na conduta ética e civilizada, romper a barreira da brutalidade fazendo emergir a complacência, diluir a temporalidade na infinitude, essas são as tarefas divinas do homem em qualquer quadratura do universo, em qualquer instante da história ou da cultura. Um exercício de vontade constante para que as cisões ontogenéticas se tornem amplitude unitária, transformando o homem, físico e ético, como quer Schiller. "Ele não deve, entretanto, ser nenhum dos dois: deve ser homem; a natureza não deve dominá-lo de maneira exclusiva, nem a razão deve dominá-lo condicionalmente. As duas legislações devem existir com plena independência, e ainda assim perfeitamente unidas"[112].

CARTA XXV
DO SENTIR AO SIGNIFICAR OU A BELEZA TRANSFORMADORA COMO SÍNTESE DE FRAGMENTOS

Nessa Carta, Schiller finaliza seu propósito de demonstrar como a beleza (*das Schöne*) realiza no homem o conhecimento dos fenômenos e a analisa como meio que restitui unidade ao sentir e ao pensar através de representações. Retomando o princípio dos *estados*, Schiller continua a discorrer sobre o *físico*, âmbito da passividade, do sentir, da mera tendência, quando o mundo ainda não foi transformado pela razão em representações. Homem e mundo são unos porque aquele não foi transformado em sinais, mantendo-se co-natural com o sujeito, cuja mente primitiva não desenvolveu a capacidade de torná-lo objeto de domínio pela inteligência. Para fazer do mundo uma representação, o sujeito deve colocar-se fora dele, ajuizando-o esteticamente para poder contemplá-lo inteligentemente, fruí-lo sem abater-se pelos sentidos e tê-lo sob o domínio de sua capacidade de significar. Em carta a Körner, de 8 de fevereiro de 1793 (quando iniciava as *Cartas de Augustemburgo*), Schiller trata do mesmo tema esclarecendo que "na contemplação do fenômeno comportamo-nos de forma passiva ao receber as suas impressões, de forma ativa ao submeter essas impres-

---

111. Stefen D. Martinson, *Harmonious Tensions: The Writings of Friedrich Schiller*, p. 197.
112. Friedrich von Schiller, *A Educação Estética do Homem*, p. 127.

sões às nossas formas racionais"[113]. Há similaridade, nessa reflexão, com a metáfora platônica do Mito da Caverna. Enquanto interioridade escura representa o mundo dos sentidos, a luz exterior é o mundo inteligível que só pode ser plenamente disposto na medida em que sobre ele opera a razão. O comentarista Bernard Piettre coloca em análise a alegoria platônica considerando que a instância racional é mais clara que a sensível. O sol, metaforicamente, simboliza a iluminação no sentido vital, contraposto a irrealidade sombria da interioridade bruta. Pode-se aproximar a educação estética do conteúdo platônico de educação para a transformação do estado, conforme corrobora o citado comentarista:

> Que significado possui esta alegoria no contexto de A República e da descrição do projeto de uma Cidade ideal? Ela representa as diferentes etapas da educação e da progressão do filósofo no sentido da ciência do Bem. Tendo-a alcançado, deverá ele orientar com sua sabedoria a conduta dos homens e assumir o Governo da Cidade. Será forçado a descer novamente à caverna e, uma vez que se tiver outra vez habituado à obscuridade, estará em melhores condições de reconhecer os verdadeiros modelos das imagens e das sombras que ali dentro vê perfilar, e, assim, de instaurar não uma sombra da cidade, mas um modelo de cidade perfeita[114].

Schiller entende que contemplar um objeto é, no homem, uma capacidade primeira na ordem da autoconsciência. Está claro para o pensador que em teoria é perceptível essa cisão entre a natureza do fenômeno e sua representação, mas no experimentar, no simples viver o mundo, não. Esclarece, em nota de rodapé, que:

> Não se deve imaginar, também, um tempo em que o homem se encontrasse apenas nesse estado físico, e outro em que dele se libertasse completamente. Tão logo o homem vê um objeto, não está mais no estado puramente físico, e enquanto continuar vendo um objeto, não escapará ao estado físico, já que só pode ver à medida que sente[115].

A recepção estética do fenômeno dá-se pela concordância harmoniosa entre o sentir e o significar, o que vale dizer, sem qualquer sobressalto entre as duas instâncias, na união harmoniosa e amorosa da natureza sensível e racional no homem. Em termos de humanidade, resulta na transição entre o sentir (*Empfinden*) para o pensamento (*Denken*), ou no caminho do particular ao geral. Sob a denominação de Impulso Sensível, Impulso Formal e Impulso Lúdico, o tema já foi tratado na Carta XIV. Wilkinson amplia a análise classificando em três fases a passagem sobre a qual essa Carta discorre, entendendo que Schiller trata da percepção visual e não propriamente de um julgamento estético. Continua a comentarista dizendo que, ao examinar a ques-

---

113. Friedrich von schiller, *Sobre a Educação Estética do Ser Humano numa Série de Cartas e Outros Textos* (trad. Tereza R. Cadete), p. 155.
114. Bernard Piettre, *Platão – A República: Livro VII*, p. 41.
115. Friedrich von Schiller, *A Educação Estética do Homem*, p. 129.

tão do sentir ao significar, refere-se à apreensão de um objeto que não necessariamente deve ser da beleza. Na leitura schilleriana da transferência das propriedades do objeto para o sujeito, Wilkinson afirma:

> 1. Nós recebemos o estímulo físico mesmo sem conhecê-lo ou senti-lo; a imagem impressiona a retina [sic];
> 2. Nós o interpretamos como algo diferente de nós, "lá fora"; algo a ser visto;
> 3. Nós o localizamos em um contexto de significações e valores, *i.e.* nós cumprimos um ato de julgamento[116].

Há uma contradição na autora quando afirma estar a análise de Schiller centrada apenas na recepção visual, ao mesmo tempo que pode ser aplicada a qualquer objeto. Se há o fenômeno, sua percepção e um julgamento moral, tanto Schiller quanto Wilkinson tratam de uma epistemologia e não apenas da mera fruição visual do mundo. Pode-se averiguar que o autor trata de disciplinar o conhecimento, certamente influenciado pela epistemologia kantiana impressa nas três críticas, em especial a que trata de uma teoria do conhecimento crítico da natureza, a *Crítica da Razão Pura* (1781). Se conhecer é um ato da consciência e se Schiller remete a reflexão para a averiguação de como se dá na mente, o fenômeno do sentir ao significar está investigando um processo fenomenológico, conectando o mundo no sujeito. Logo, Schiller trata o termo na sua universalidade. A contemplação, cuja substância se dá pela representação do fenômeno, coloca a mente em estado de liberdade, sem amarras com o mundo exterior, e faz do homem o senhor de sua humanidade, na medida em que o faz atingir a forma absoluta. Ele deixa de ser matéria para ser humanidade receptiva do mundo, mas ao mesmo tempo é o ser total, em si e no mundo. A paixão desvanece e a reflexão se constitui fora da temporalidade, tornando-o infinitude inteligente integrada àquilo que significa, que representa e que é mundo. Usando o termo luz (*Licht*), próximo de *Aufklärung (Iluminação)*, este relacionado historicamente com o pensar, poeticamente explica: "Quando surge a luz no homem, deixa de haver noite fora dele; quando se faz silêncio nele, a tempestade amaina no mundo, e as forças conflituosas da natureza encontram repouso em limites duradouros"[117]. Homem e mundo se esclarecem no exercício da revelação do conhecimento, como Schiller metaforicamente esclarece através da lendária guerra entre Zeus e Cronos, anteriormente vista na Carta VIII. Citando os "poemas antiqüíssimos", refere-se tanto

---

116. "we receive, without even knowing or feeling it, the physical stimulus; the image falls on the retina; 2 – we interpret this as an object distinct from ouselves, 'out there', to be looked at; 3 – we place it in a context of meanings and values, *i.e.*, we perform an act of judgement". Friedrich von Schiller, *On the Aesthetic Education of Man in a Series of Letters* (trad. Elizabeth Wilkinson e L. A. Willoughby), p. 278.
117. Friedrich von Schiller, *A Educação Estética do Homem*, p. 130.

a Homero (século IX a.c.) quanto a Hesíodo (século VIII a. C.) no entendimento de que a razão aplaca toda a possibilidade de geração ou continuidade do caos. A serenidade e sapiência são modelares em Zeus, que triunfa sobre a fúria do pai, Cronos tornado seguro ao operar sobre todos os instintos a ordem e a razão em detrimento das paixões desenfreadas comuns ao antropomorfismo dos deuses. Zeus, logicamente faz-se morrer de forma violenta para evitar que a decadência pela velhice ou pela doença colocasse em risco sua força e, conseqüentemente, a vitalidade da natureza. Elizabeth Wilkinson entende que Cronos congrega as qualidades dialógicas presentes nas análises de Schiller:

> [...] uma das mais intrigantes divindades na Antigüidade clássica, Saturno parece ter sido associado a coisas verdadeiramente contrárias *e.g.*, o dia e a noite, a luz e a escuridão. De acordo com as mais comuns tradições, o reino de Saturno correspondia ao equivalente da Era de Ouro – Saturno rege – um tempo de paz e abundância e inocente felicidade, e a passagem desse reino, portanto uma variante do Paraíso Perdido[118].

A natureza, que antes estabelecia as leis para um estar no mundo, com a emergência das representações torna-se objeto do juízo humano e este, não sendo mais daquela um efeito, compraz o homem na liberdade, pois ele "é superior aos terrores da natureza tão logo saiba dar-lhes forma e transformá-los em seu objeto"[119]. Trata-se de sobrepor aos efêmeros objetos do mundo o caráter de eternidade que a forma viabiliza e estabiliza. Um outro conceito filosófico fica implícito no sentido da mudança operada pela vontade que transforma o homem, em sua essência de natureza, na educação evolutiva dos sentidos, no sujeito livre pela forma infinita; o da filosofia da práxis. Esta é entendida, pelo grego antigo, como ação ou atividade, como escolha deliberada. Pode tanto ser meio para a ação moral quanto imoral e, assim, define-se como âmbito das ciências práticas. Pode-se afirmar que a filosofia da práxis teve início especulativo com Kant "por haver baseado sua teoria do conhecimento sobre o sujeito e não sobre o objeto"[120], resultando na consciência como instância que estabelece o sujeito como base para a atividade material do conhecimento. Conseqüentemente, o sujeito é o único caminho para a moral. Mas a práxis kantiana ocorre pelo veio especulativo que significa levar a cabo uma ação que tem seu fim *em si* mesma e que não cria ou produz um objeto alheio ao agente de sua ati-

---

118. "one of the most puzzling of the deities of classical antiquity, Saturn seems to have been associated with quite contrary things, e.g. day and night, light and darkness. According to the more common traditions, the reign of Saturn was the equivalent of the Golden Age – Saturn rege – a time of peace and plenty and innocent happiness, and the passing of this reign thus a variant of Paradise Lost". Friedrich von Schiller, *On the Aesthetic Education of Man in a Series of Letters* (trad. Elizabeth Wilkinson e L. A. Willoughby), p. 280.
119. Friedrich von Schiller, *A Educação Estética do Homem*, p. 130.
120. Adolfo Sánchez Vázquez, *Filosofia da Praxis*, p. 57.

vidade: o sujeito. Mas no sujeito kantiano está implícito o registro da liberdade na vontade. A ação moral transformadora e palco da liberdade no sujeito é práxis que se contrapõe ao que se pode entender como filosofia da *poiesis*. Esta é forma de conhecimento que gera algo fora de si porquanto ciência da produção e, por excelência, aplicada. Na história ocorre pelo veio marxista, visto por Sánchez Vázquez como categoria filosófica centrada no sujeito, entendido como agente transformador da realidade. Interpreta o mundo e nele opera uma prática reiterativa a partir da ação especulativa, e o que no século XX passa a ser ação deliberada, sobretudo no âmbito político. A origem dessa filosofia da *poiesis* está centrada no idealismo alemão. Vázquez analisa historicamente a questão, entendendo a filosofia da práxis na Alemanha, contraposta a da *poiesis* na Revolução Francesa, resultado concreto do ideal iluminista:

> A primazia que se dá à atividade espiritual, teórica, tem lugar exatamente num país (Alemanha) e numa época – segunda metade do século XVIII e primeiras décadas do XIX – em que, contrastando com essa primazia do teórico e com o rico desenvolvimento da filosofia alemã, observa-se enorme pobreza no terreno da atividade prática revolucionária. Esse contraste se torna muito mais cristalino se compara a passividade da Alemanha desses anos com os grandes acontecimentos revolucionários por que passa a então França. Com a revolução de 1789, a criação de uma nova ordem – a ordem burguesa – que substitui o antigo regime, torna-se um assunto prático, enquanto que na Alemanha ele é – e continua sendo depois da morte de Hegel – um assunto teórico[121].

Qual a relação do pensamento de Schiller com as duas tendências prenunciadas nos conceitos filosóficos antecedentes? Ainda que de forma subjacente, ambos estão contidos nas especulações do pensador. Se a educação estética é o *meio* ou o *fim* transformador para o homem de vontade, ela tanto é atividade especulativa no espírito, quanto uma possibilidade transformadora coletiva. Ao analisar o homem como unidade que se liberta das coerções da natureza, está nele reconhecendo o poder transformador no espírito e neste a ação concreta no mundo pela beleza:

> Logo que afirma também sua autonomia contra a natureza enquanto fenômeno, afirma também sua dignidade contra a natureza enquanto poder, voltando-se com nobre liberdade contra seus próprios deuses. Estes perdem a aparência espectral com que haviam atemorizado sua infância e surpreendem-no com sua própria imagem ao tornarem-se sua representação[122].

A beleza sintetiza a *praxis* e a *poiesis* em Schiller, através do procedimento do sujeito e do reflexo de suas ações sobre o mundo. Porque pela beleza adentra-se o mundo do espírito "sem deixar o mundo

---

121. *Idem*, p. 59.
122. Friedrich von Schiller, *A Educação Estética do Homem*, p. 130.

sensível, como ocorre no conhecimento da verdade"[123]. A palavra verdade em relação ao conceito de beleza em Schiller mereceu análise de Elizabeth Wilkinson, que entende haver uma clara distinção entre os dois termos:

> [...] à primeira vista parece em contradição com o "nada é belo senão a verdade" de Boileau, ou de Shaftesbury; "Toda a Beleza é Verdade" – imortalizada por Keats, na forma de citação, no final de sua "Ode ao Vaso Grego": "Beleza é verdade, verdade é beleza." Mas Schiller sabia muito bem, e de fato o afirma aqui, que a verdade pode ser vista como a beleza, mesmo em outros escritos esclarece muito bem que a beleza pode preparar o caminho para a verdade justamente porque a verdade está nela implícita. Sem dúvida, alguns anos depois da publicação de seu tratado, num momento de exasperação pela forma como a palavra "beleza" estava sendo esvaziada de conteúdo, ele até mesmo foi mais adiante para propor, em carta a Goethe, de 7 de julho de 1797, que se sentiria contente em tê-la substituída por "verdade" – o que não quer dizer que teria verdadeiramente repudiado a forma de distinção com a qual se preocupou em aqui esclarecer[124].

Murray esclarece que "também é importante lembrar que para Schiller a condição estética não é um estado psicológico raro de alto nível de contemplação, mas sim um rápido e constante experimentar dos nossos processos cognitivos ordinários"[125]. O próprio Schiller reconhece o âmbito de uma possível *poiesis* individual e coletiva em seu pensamento, conforme atesta em nota de rodapé nessa Carta, afirmando:

> Considerados em conjunto, os três momentos que apresentei no início da Carta XXIV são três épocas diversas para o desenvolvimento de toda a humanidade e para o desenvolvimento do homem isolado; mas são distinguíveis também em cada percepção isolada de um objeto; são, numa palavra, as condições necessárias de todo conhecimento que alcançamos pelos sentidos[126].

O conhecimento, em relação com a beleza, está no movimento que o entendimento faz em direção à sensação quando se dá o prazer

---

123. *Idem, ibidem*.
124. "[...] at first sight, [they] seem like a contradiction of Boileau's 'rien n'est beau que le vrai', or Shaftesbury's 'All Beauty is Truth' – immortalized by Keats, in the form of a quotation, at the end of his Ode on a Grecian Urn: 'Beauty is truth, truth beauty'. But Schiller knew very well, and in fact says so here, that truth can be viewed as beauty; even as elsewhere he makes it abundantly clear that beauty can prepare the way for truth precisely because truth is implicit within it. Indeed a couple of years after the publication of this treatise, in a mood of exasperation at the way the word "beauty" was being emptied of content, he even went so far as to propose, in a letter to Goethe (7.7.1797) that he would be glad to see it replaced by 'truth' – which does not, of course, mean that he would seriously have repudiated the kind of distinction he is concerned to make here". Friedrich von Schiller, *On the Aesthetic Education of Man in a Series of Letters* (trad. Elizabeth Wilkinson e L. A. Willoughby), p. 281.
125. Patrick T. Murray, *The Development of German Aesthetic Theory from Kant to Schiller*, p. 282 – "It is also important to remember that for Schiller the aesthetic condition is not a rare psychological state of high level contemplation, but rather a frequently sand rapidly experienced aspect of our everyday ordinary cognitive processes".
126. Friedrich von Schiller, *A Educação Estética do Homem*, p. 129.

da descoberta. Conhecer racionalmente significa experimentar o belo inteligente, reconhecido no processo lógico desvendado pela representação do objeto a conhecer. Schiller diz que:

> Quando nos deleitamos com o conhecimento, entretanto, distinguimos muito claramente nossa representação de nossa sensação, e vemos, nesta última, algo de contingente que poderia faltar sem que o conhecimento cessasse e a verdade deixasse de ser verdade. Seria uma empresa de todo vã, no entanto, querer separar da representação da beleza esta relação com a faculdade sensível; por ser insuficiente pensar uma como efeito da outra, temos de ver as duas simultânea e reciprocamente como causa e efeito[127].

Daqui sabe-se que o conhecimento produz a satisfação, ele apraz no ajuizamento enquanto o belo apraz desinteressadamente e o estético convoca à ação o belo estado de se estar inteligentemente no mundo. Beleza para Schiller não é a experiência desinteressada ou sem conseqüência, mas, como afirma Wilkinson,

> há uma transição em toda a investigação intelectual que proporciona o prazer estético, uma transição da atividade da descoberta para o prazer, tanto no processo quanto no resultado da descoberta – é certamente válido. [...] Uma solução matemática pode ser perfeitamente válida seja "elegante" ou não, um trabalho de arte não tem validade fora de sua beleza. Esta é uma distinção importante, senão a principal, entre a beleza da matemática e a beleza da arte[128].

Para Schiller a beleza, em sua dupla natureza de sentimento-inteligência, idéia-ação, natureza-vontade, inclinação-necessidade, provoca uma reciprocidade entre as suas instâncias constitutivas, uma vez que, podendo ser sentida, é *objeto* fenomênico para o homem e, portanto, está na temporalidade. Também é da natureza da beleza o aprimoramento moral. Ela é o que chama de "estado de nosso sujeito, pois o sentimento é a condição sob a qual temos uma representação dela"[129]. Essa dupla natureza comprova a unicidade entre um estado e outro, o que corrobora a grande tarefa da arte de impregnar no finito toda a infinitude de que o homem é capaz de experimentar, tanto pela razão quanto pelo estado do sentir. Na Carta IX convoca o artista a criar uma moralidade, operando na matéria o incondicionado: "... nos jogos de sua imaginação e na seriedade de suas ações; deve moldá-lo em todas as formas sensíveis e espirituais, e lançá-lo silenciosamente no tempo

---

127. *Idem*, p. 131.
128. "there is a transition in all intellectual inquiry which affords aesthetic delight, a transition from the activity of discovering to the delight in either the process or the results of discovery – is surely valid [...] A mathematical solution may be perfectly valid whether it is 'elegant' or not; a work of art has no validity apart from its beauty. This is an important, if not perhaps the chief, distinction between the beauty of mathematics and the beauty of art". Friedrich von Schiller, *On the Aesthetic Education of Man in a Series of Letters* (trad. Elizabeth Wilkinson e L. A. Willoughby), p. 281.
129. Friedrich von Schiller, *A Educação Estética do Homem*, p. 131.

infinito"[130]. A beleza demonstra objetivamente que a liberdade moral não se extingue na dependência da vida física, porque existe enquanto infinitude na forma e é, ao mesmo tempo, a própria vida. Nesse ponto, Schiller inicia a discussão sobre a filosofia moral kantiana. Ao garantir que a beleza tem um efeito moralizador, admite que a experiência estética tanto congrega a passividade sensível quanto a atividade racional. Com isso, admite e demonstra que a beleza na contemplação subjetiva não elimina a autonomia do pensamento, o que se sobrepõe à demonstração antitética kantiana de que o dever opõe-se à inclinação. Murray analisa a questão concluindo que:

> Filósofos como Kant postulam a vontade moral como uma condição de nossa liberdade na vontade e na autonomia racional. Contudo, eles não esclarecem como a vontade moral pode ser, na prática, realizada no domínio sensível do qual se fez autônoma. Na visão de Schiller não é adequado dizer, simplesmente, que o homem perceberá a lei moral porque sente a obrigação moral absoluta de assim o fazer. É necessário mostrar em termos práticos como a lei moral deve ser percebida através dos sentidos aos quais está oposta e dos quais deve ser eliminada[131].

Seja na individualidade seja na ação da espécie, o homem para Schiller é um devir em constante transformação, operando passagens que sustentam seu crescimento e a auto-superação: "Já não podemos, portanto, ficar embaraçados ao buscar uma passagem da dependência sensível para a liberdade moral, depois que se mostrou mediante a beleza que as duas podem subsistir plenamente juntas e que o homem não precisa fugir da matéria para afirmar-se no espírito"[132]. O homem é totalidade.

CARTA XXVI
"A REALIDADE DAS COISAS É OBRA DAS COISAS;
A APARÊNCIA DAS COISAS É OBRA DO HOMEM"[133]

A arte, no caráter de produção de objetos onde no finito pulsa o infinito é, seguramente, o tema principal dessa Carta; menos como

---

130. *Idem*, p. 55.
131. Philosophers like Kant postulate the moral will as a condition of our volitional freedom and rational autonomy. However, they do not show how the moral will can in practice be realized in the sensuous domain it has been made autonomous from. In Schiller's view, it is not adequate to simply say that men will realize the moral law because they have an absolute moral obligation to do so. It is necessary to show how, in practical terms, the moral law can be realized in and through the sensuous it is opposed to and cut it from". Patrick T. Murray, *The Development of German Aesthetic Theory from Kant to Schiller*, p. 291.
132. Friedrich von Schiller, *A Educação Estética do Homem*, p. 132.
133. *Idem*, p. 134.

atividade humana da representação cujo efeito promove a regeneração de sentimentos no homem, através da fruição sensível e pelo concurso do saber no espírito, e mais pela qualidade de aparência (*Schein*) criada. A forma artística destrói a matéria (Carta XXII, p. 5) buscando edificar um parecer ser. E quando se toma o desenvolvimento das idades psicológicas da humanidade, analisando-se o procedimento estético como caráter civilizador da espécie, tem-se que, ao realizar a aparência, o homem transforma-se de mero organismo em sintonia com os procedimentos evolutivos da natureza em sujeito que institui o próprio crescimento psico-ético. A natureza revela-se ao homem como modelo configurado em suas próprias estruturas para que a percepção e a imaginação a torne objeto da representação e esta atue como força equilibradora de todas as forças contrárias que constituem a psique. Sendo ontogeneticamente predisposta às representações, a mente estatui o caráter de humanidade no homem no devir, requintando-o como organismo de qualidade civilizatória, na medida em que, pela arte, torna os modelos disponíveis de formas dadas pela natureza ou realizadas na inteligência, uma aparência de qualidade. Desnecessário dizer não se tratar de uma aparência lógica, como a do teorema, a fórmula química que é a expressão de uma verdade científica formalizada na linguagem, mas daquela que edifica no homem sua capacidade de representação do absoluto na finitude da fatura da arte. Ainda assim, o contingente é o meio para o trânsito da infinitude, como atesta Schelling: "Todo o aparente é, em geral, um conglomerado de essência e potência (ou do singular); a essência de todo o singular está no absoluto, mas esta mesma essência se manifesta através do singular"[134]. A aproximação com Schelling não é resultado do acaso no pensamento estético de Schiller. O primeiro, buscando tirar de princípios teológicos e mitológicos as razões filosóficas para explicar a fusão do mundo finito com o da divindade, guarda particularidade com o do segundo, nesta Carta analisado como o autor das convergências do espírito e da sensualidade, da inclinação e da necessidade e, sobretudo, dos estados sensível formal e lúdico (Cartas XII, XIX e XX).

A aparência é criada a partir do que a natureza apresenta como configuração fenomênica, formas da vida em cujo processo de representação o sujeito atua amorosamente, elegendo pelo juízo seus modelos; transforma-os, pela inteligência, no objeto da arte, sensibilizando-os com a emergência do sagrado e entendendo-o como uma beleza e transformadora aparência. Uma realidade transmutada e autônoma como autônomo é o signo, ou seja, a representação. A natureza é o caminho que determina o trânsito humano do estado de barbárie à beleza que a tudo aprimora, torna ético, civiliza, humaniza. Ela é um

---

134. Friedrich S. J. S. Schelling, *Filosofia del Arte*, p. 121.

todo dinâmico heterogêneo e diverso que está na espaço-temporalidade. Kant a define pedagogicamente em duas vertentes igualmente unas, mas diferenciadas na percepção: "... a natureza *formal*, que é o sistema de regras fundantes da unidade do objeto da experiência, e a natureza *material*, que é a unidade das coisas que podem ser objetos de nossos sentidos e da experiência"[135]. Quando feita de escassez e privação, sem os elementos essenciais à felicidade da vida, em pouco permite ao homem a realização enquanto organismo eclético, cósmico e vital. Se a natureza se apresenta como exuberância paradisíaca que o conforta no desejo, suprindo-o até a saciedade fácil, exime o homem da sensibilidade e da necessidade que determina a conquista pela vontade. O equilíbrio do sentidos com o espírito que Lerroux entende como "a alma da beleza e da condição da humanidade"[136] também demanda a moderação para realizar-se, e isso ocorre através da libertação da dominação da natureza pelo homem, o que se dá pela representação. Tomando-se a análise realizada por Murray sobre o movimento cognitivo humano para a produção da aparência, como a entende Schiller, tem-se que dado o fenômeno, a significação naturalmente ocorre em três etapas:

> ela envolve: 1. a abstração mental da forma de um fenômeno existencial; 2. tal forma é, então, criativamente re-formada pela imaginação; 3. ela é, então, re-presentada ao se tornar tangível em qualquer meio que engendra a forma, a partir de sua origem sensorial. O processo, em síntese, envolve a abstração, re-formulação, e representação da forma[137].

O esquema justifica-se no próprio texto da Carta XXVI quando Schiller afirma poeticamente que os sentidos se abrem equilibradamente à natureza para a realização da aparência na arte:

> onde a ordem sagrada jorra da própria vida e só vida se desenvolve da lei da ordem onde a imaginação escapa eternamente da realidade e, no entanto, nunca perde a simplicidade da natureza – somente ali os sentidos e o espírito, as forças receptivas e formadoras poderão crescer, num equilíbrio feliz, que é a alma da beleza e a condição da humanidade.

Trata-se de tomar o fenômeno, torná-lo objeto de conhecimento e transformá-lo em aparência no exercício do fazer artístico. Esse movimento, proposto por Murray para aclarar o sistema de representações no homem a partir de uma base que é aparência em Schiller, pressupõe uma teoria do conhecimento, na medida em que justifica uma interpre-

---

135. "... la nature formelle, qui est le système des règles fondant l'unité de l'objet de l'expérience, et la nature matérielle, qui est l'ensemble des choses qui peuvent être objets de nos sens et de l'expérience". Jean-Marie Vaysse, *Le vocabulaire de Kant*, p. 37.
136. Friedrich von Schiller, *Lettres sur l'éducation esthétique de l'homme*, p. 334.
137. "it involves 1 – the mental abstraction of form from an existential pheno-

tação filosófica do saber o fenômeno através de sua representação como corpo da arte. A natureza configura-se na imaginação e no entendimento como forma possível para, finalmente, ser qualidade para o espírito na forma da presença do infinito no finito. Isso está explícito na prática do fazer artístico posto no tempo da existência humana.

E o caráter educativo da arte? Se se pode falar em prática educativa em Schiller, deve-se entendê-la como o processo evolutivo humano desde o estágio orgânico, com a *physys*[138] até o desenvolvimento de todas as capacidades das representações. Isso é antropológico, mas não só. É também educativo no sujeito atemporal. Como ser da representação, o homem põe-se fora da circunstância complacente que representa a natureza para instituir-se como instrumento inteligente, que significa a natureza sem dela evadir-se. A mente tem em si essa disposição estética que não nasce da ação progressiva da moral e, por isso, é o *nascedouro* da liberdade. Essa constatação diverge daquela analisada na Carta II quando o próprio Schiller afirma, como já citado: "A arte é filha da liberdade e quer ser legislada pela necessidade do espírito"[139] ou "deixando que a beleza preceda a liberdade". Se no início dessa obra o pensador analisava a arte a partir do momento em que vivia, considerando os aspectos modais determinados pela Iluminação e pelo concurso da razão constituídora da liberdade, aqui, com seu tratado em vias de conclusão, tem evoluída a idéia da educação para o âmbito metafísico da análise da arte. Não se deve creditar qualquer contradição ao autor, como entendido por alguns comentaristas, se as Cartas forem lidas dentro da perspectiva de análise adotada para cada uma no tempo. Não há dúvida de que a análise antropológica permeia todos os interesses de Schiller, sobretudo quando busca modelos culturais no tempo para justificar suas conclusões. O mundo grego, como já analisado, é modelar. Atestando que o acaso deve ser considerado no processo evolutivo humano em direção à educação pela beleza, pode estar-se referindo ao fato de que as culturas tiveram diferentes veios e formas de alinhamento com a beleza estética e inteligente, por razões fortuitas e de caráter imprevisto. Evidencia que somente o homem que, no mais abstrato sentido, aprimora as capacidades da significação conquista sua condição plena de humanidade, distanciando-se da selvageria (entendida como o apego a natureza dos sentidos) para constituir a beleza libertadora da espécie. São esclarecedoras as palavras do poeta Schiller:

menon; 2 – such form is then creatively re-formed by the imagination; 3 – it is then re-presented through being embodied in some form dominated medium of a different kind its sensuous origin. The process, in short, involves the abstraction, re-formation, and re-presentation of form".
138. "Dentro da physis individual encontra-se a faculdade vegetativa que opera sem pensamento e sem imaginação". E. F. Peters, *Termos Filosóficos Gregos*, p. 189.
139. Friedrich von Schiller, *A Educação Estética do Homem*, p. 25.

O botão da humanidade não floresce ali onde o homem se esconde nas cavernas como um troglodita, onde está eternamente só e jamais encontra a humanidade fora de si; nem ali onde, como um nômade, viaja em grandes massas, onde é eternamente apenas um número e jamais encontra a humanidade em si – mas só ali onde fala consigo mesmo ao recolher-se ao silêncio de sua cabana, e com toda a espécie ao sair dela[140].

É no profundo estar em si pela reflexão e na inesgotável capacidade de mergulho na identidade da espécie com o concurso do conhecimento fornecido ao (e pelo) espírito que o homem se educa belamente, fazendo-se harmonia cósmica e inteligência necessária à evolução da natureza. Realidade e mente em racional idílio criador se locupletam infinitamente na conformação da grande unidade onde o infinito pulsa no finito.

Aparência, enfeite e jogo são renitentes termos utilizados por Schiller na Carta XXVI. O decadentista Oscar Wilde, no corpo de motes de *O Retrato de Dorian Gray*, entendeu a questão ao corroborar: "Toda arte é inútil". Esta é uma visão da arte pela arte, sem conexão com o transformar humano pela volição, o que Schiller preconiza. Na obsessão de manter-se jovem e belo, o personagem não percebeu, vivendo apenas no estado sensível da beleza no tempo (Cartas XII, XIX e XX), que o homem não é a obra da arte ou emulador da beleza eterna, mas instrumento efêmero do qual toda a arte emana. Esta sim, eterniza a qualidade, como no quadro que o jovem manteve escondido atrás da cortina e que se transforma em espelho de sua própria feição, vítima inexorável do tempo. A obra de Wilde é uma eloquente interpretação da mentira que dissimula, no personagem, o medo da perda daquilo que Schiller nomina de *estado* no sujeito. Afeito à beleza contingente, o onipotente Dorian quer eternizá-la em si pela transferência da representação da velhice para o signo artístico. Este independe da natureza, mas o corpo humano é obra dela. O primeiro evolui em significação no tempo e no espaço, o segundo evolui fisicamente para a bela transformação promovida pela morte. É preciso morrer, pede a evolução. Desloca o feio, da velhice para a arte, em operação intelectual que intoxica o infinito com a transitoriedade e as carências da temporalidade para manter-se na eternidade de uma juventude que sabe inexistir no devir. Como Fausto entrega a alma a Mefistófeles para ter todo o conhecimento do mundo e o amor de Margarida, Dorian Gray ilude-se ao transferir as qualidades da arte para si e as suas marcas para o quadro. Quer fazer-se divino, atemporal no frescor da perfeição do corpo. Mas como o próprio Wilde garante nas preliminares do *Retrato*, a contingência humana tal qual sua natureza perecível é mera cópia da verdade impressa na arte: *a vida imita a arte* e assim, Dorian, tendo seu desejo supostamente atendido, consta-

---

140. *Idem*, p. 133.

ta dramaticamente na senectude que suas razões finitas são apenas o prenúncio do fim.

A obra de arte não passa pelo verdadeiro ou falso, ela simplesmente é, se se pode julgá-la. É necessária e indispensável como potência transcendente na formulação ética para a espécie, através de sua inserção no mundo prático da evolução humana. Assim a quer Schiller quando indaga: "e qual é o fenômeno que anuncia no selvagem o advento da humanidade? Por muito que indaguemos à história, encontramos sempre a mesma resposta para os povos todos que tenham emergido da escravidão do estado animal: a alegria com a aparência, a inclinação para o enfeite e para o jogo"[141]. A aparência traz consigo outro conceito que funda a educação estética: a liberdade. Tanto pode ser a liberdade interior, construída pela razão, quanto aquela construída pela ação resultante da razão constituidora do ideal. O termo transita por todo o pensamento de Schiller uma vez ser o objetivo maior do aprimoramento estético, senão o próprio efeito de seu sistema. Verificando-se o termo neste estudo, pode-se tê-lo como referência para inúmeros outros como humanidade, educação, amor, razão, construção, vontade, autonomia, ética, consciência, arte, verdade, solução política do Estado, infinitude, atemporalidade, ação, eu, cultura, harmonia de contrários, totalidade, estética e, finalmente nessa Carta, aparência. O pensamento sobre a liberdade na aparência determina a teoria da beleza em Schiller. Suas aulas de estética na Universidade de Jena nos anos de 1792 e 1793 foram fundamentais para a conformação dessa análise madura, uma vez que nesse período de docência aprofundou estudos estéticos sobre o pensamento dos empiristas Burke e Hume, sobre os pré-românticos Winckelmann e K. Ph. Moritz, e sobre os racionalistas Wolff, Mendelssohn e Baumgarten. Uma obra, contudo, foi definitiva para as conclusões do autor: a *Crítica da Faculdade do Juízo*, de Kant. O resultado dessas investigações é a obra *Kalias*, um tratado epistolar lógico sobre a beleza, dirigido ao amigo Körner, no período de 25 de janeiro de 1793 a 28 de fevereiro do mesmo ano, interrompido entre outras razões pelo precário estado de saúde do autor e, finalmente, pela aproximação intelectual com Goethe, que também resultou em profícua reflexão epistolar no período de 1794 a 1803. Partindo da premissa kantiana de que o juízo estético funda-se nas faculdades subjetivas da imaginação e do entendimento, Schiller quer chegar a um conceito sensível-objetivo da beleza. Isso justifica o objeto como belo e leva o sujeito a emitir um juízo estético sobre o mesmo e mais, faz com que esse sujeito viva a experiência estética como uma relação que o torna um ser objetivo (*Vergegenständlichung des Selbst*). Como Kant, Schiller entende a beleza como forma (Carta XV), embo-

---

141. Friedrich von Schiller, *A Educação Estética do Homem*, p. 134.

ra não forma pura no entendimento, o que a faz desprovida de substância, mas como forma bela do objeto, bem como uma forma que é a representação objetiva da subjetividade. É na relação entre sujeito que significa e o objeto belo de sua significação que se funda o caráter objetivo da beleza para Schiller. O comentarista Jaime Feijóo entende que:

> O fato de que a subjetividade se expresse ou represente saindo de si e indo em direção ao objeto, determina então a supremacia da beleza artística (enquanto beleza formada, "produzida" pelo sujeito) sobre a beleza natural. O que Schiller reclama para o feito estético não é tanto a objetividade do conhecimento (teórico), o saber se um objeto é belo ou não, como a evidência de uma relação que deve basear-se da mesma forma na fundamentação objetiva do belo objeto, e na expressão de subjetividade por parte do sujeito dessa relação. Assim então, a objetividade alude tanto a ambos (objeto e sujeito), como, de fato, à sua relação[142].

O que interessa é o belo na relação com o sujeito. Feijóo considera que: "A auto-exposição ou auto-representação (Selbstdarrstellung) da subjetividade na obra de arte realiza-se a partir de uma perspectiva substancial, não prevista na subjetividade de Kant"[143]. O objeto belo não é uma forma pura conformada na mente como quer Schiller, que em 25 de janeiro de 1793 escreve a Körner:

> É interessante atentar para que minha teoria é uma quarta forma possível para definir o belo. O belo se explica ou de maneira objetiva ou subjetiva; isto é, ou de maneira sensível subjetiva (como Burke e outros), ou racional-subjetiva (como Kant), ou bem de maneira racional-objetiva (como Baumgarten, Mendelssohn e toda a multidão dos amantes da perfeição), ou, finalmente, de maneira sensível-objetiva: um termo que sem dúvida te resultará em princípio difícil de entender, a não ser que compares às outras três formas entre si. Cada uma das teorias mencionadas tem a seu favor uma parte da experiência e contém evidentemente uma parte de verdade. O erro parece consistir em haver tomado unicamente aquela parte da beleza correspondente a cada teoria concreta, pela beleza mesma. O discípulo de Burke tem toda a razão frente ao de Wolff, ao afirmar a imediatez do belo, sua independência com respeito aos conceitos; mas não tem razão frente ao discípulo kantiano, porque situa o belo no mero caráter emocional da sensibilidade[144].

142. "El hecho de que la subjetividad se exprese o represente saliendo de sí hacia el objeto, determina entonces la supremacia de la belleza artística (en cuanto belleza formada, "producida", por el sujeto) sobre la belleza natural. Lo que Schiller reclama para el hecho estético no es tanto la objetividad del conocimiento (teórico), el saber si un objeto es bello o no, como la evidencia de una relación que debe basarse de igual modo en la fundamentación objetiva del objeto bello, y en la expresión de sujbetividad por parte del sujeto de esa relación. Asi pues, la objetividad alude tanto a ambos (objeto y sujeto), como, de hecho, a su relación". Friedrich von Schiller, *Kallias. Cartas sobre la Educación Estética del Hombre*, p. XXIX.
143. *Idem*, p. XXXII.
144. "Es ist interessant zu bemerken, daβ meine Theorie eine vierte mögliche Form ist, das Schöne zu erklären. Entweder man erklärt es objektiv oder (wie Burke u.a.), oder subjektivrational (wie Kant), oder rational objektiv (wie Baumgarten, Mendelssohn und

Vê-se que Schiller lança mão de um recurso retórico e metodológico para justificar sua assertiva de que a beleza em seu caráter de relação entre o sujeito e o mundo dos fenômenos constitui-se em finalidade lógica, que resulta em uma forma da forma, ou seja, em forma estética: "A perfeição é a forma de uma matéria, a beleza é, por seu lado, a forma dessa perfeição, a qual se comporta, pois, frente à beleza como a matéria em relação à forma"[145]. Ademais, agrega em seu escopo teórico a relação sujeito-objeto, unidades determinantes da teoria do conhecimento. Feijóo analisa:

> O caráter de objetividade da beleza se dá então, 1. no seio do objeto, enquanto autodeterminação, liberdade ou autonomia: significa dizer, estabelece-se um princípio de individualidade ou de personalidade do objeto estético. 2. Esta autodeterminação, enquanto caráter autônomo, pessoal, passará por sua vez a determinar a relação estética sujeito-objeto. Os conteúdos da estética kantiana tomam, assim, o caráter antropológico próprio do método de Schiller. O objeto estético passa a simbolizar subjetividade própria da pessoa, do caráter humano, o que W. Düsing denomina uma relação entre exposição (do objeto estético, o que este representa), e autoexposição (ou auto-representação) da subjetividade (no objeto estético)[146].

Na conclusão de Schiller está impresso o desejo de solução de antinomias e antagonismos que fundam antropologicamente o caráter humano, tendo a estética como instrumento de mediação. A condição de artista, dramaturgo e poeta exige do pensador essa mediação na aparência que substancia a liberdade entre a sensibilidade e a razão. A aparência, em cujo reino está a arte, estabelece o distanciamento crítico da realidade, fazendo com que o artista engendre outros sistemas para a intelecção e para a experiência sensível. Se permitem ao homem

---

die ganze Schar der Volkommenheitsmänner), oder endlich objektiv: ein Terminus, wobei Du Dir freilich jetzt noch nicht viel wirst denken können, auBer wenn Du Die drei andern Formen miteinander vergleichst. Jede dieser vorhergehenden Theorien hat einen Teil der Wahrheit, und der Fehler scheint bloβ der zu sein, daβ man diesen Teil der Schönheit, der damit übereinstimmt, für die Schönheit selbst genommen hat. Der Burkianer hat gegen den Wolfianer vollkommen recht, daβ er die Unmittelbarkeit des Scönen, seine Unabhägigkeit von Bewgriffen behauptet; aber er hat. *Idem*, p. 4.

145. "Die Vollkommenheit ist die Form eines Stoffes, die Scönheit hingegen ist die Form dieser Vollkommenheit; die sich also gegen die Schönheit wie der Stoff zu der Form verhält". *Idem*, p. 6.

146. "El carácter de objetividad de la belleza se da, pues, 1) en el seno del objeto, en cuanto autodeterminación, libertad o autonomia: es decir, se establece un principio de individualidad, o de personalidad del objeto estético. 2) Esta autodeterminación, en cuanto carácter autónomo, personal, pasará a su vez a determinar la relación estética sujeto-objeto. Los contenidos de la estética kantiana toman, así, el carácter aantopológico próprio del metodo de Schiller. El objeto estético pasa a simbolizar la subjetividad propia de la persona, del carácter humano, lo que W. Düsing denomina una relación entre exposición (del objeto estético, lo que éste representa), y autoexposición (o autorrepresentación) de la subjetividad (en el objeto estético)". Friedrich von Schiller, *Kallias. Cartas sobre la Educación Estética del Hombre*, p. XXXVI.

independer-se da matéria, é porque na transformação dela para o signo o homem gera possibilidades que libertam a imaginação. Promove atos inteligentes que se distanciam da coerção da matéria e, por extensão, fazem-no fruir do que cria: aparências (*Schein*) que não o deixam se contentar com a dor da frugalidade bruta. Aparência que revela ao ser determinadamente passivo uma possibilidade infinita de libertação da matéria, dos fenômenos, da realidade. A aparência dá a dimensão transformadora no sujeito e, conseqüentemente, sua capacidade para aperfeiçoar as estruturas do Estado político. Fala-se da aparência *estética* contrapondo-a à aparência *lógica* e aqui cabe esclarecimento. Para Elizabeth Wilkinson, Schiller usa o termo lógico no sentido kantiano e ocorre na relação com o homem "quando tem uma referência com nosso intelecto e nos provê com conhecimento. Uma ilusão lógica nos proveria com falsas informações, tanto sobre a realidade quanto sobre a verdade; 'ilusão estética' não fornece informações, verdadeiras ou falsas sobre ambas"[147]. Tem-se que a ilusão de extração estética não aponta para juízo de valores, apenas sendo uma qualidade. A relação de *Kallias* com *A Educação Estética do Homem* ocorre na relação do estético com a liberdade na aparência. Quando um objeto é tido como belo é porque ele assim se determina, em sua liberdade de ser, em sua capacidade de permanência como belo. A carta a Körner de 23 de fevereiro de 1793 inicia a discussão sobre o tema quando afirma que:

> Existe um modo de representação das coisas no qual se faz abstração de tudo o mais e só se tem em conta se aparecem livres, o que vale dizer, determinadas por si mesmas. Este modo de representação é necessário, pois emana da essência da razão, a qual exige indispensavelmente, em seu uso prático, a autonomia das determinações[148].

Martinson analisa a questão sob a égide da afecção e no império dos sentidos, entendendo que:

> Quando a forma técnica de um objeto de alguma maneira reflete o impacto de forças externas, algo estranho (*etwas Fremdes*) é dito tê-lo afetado. Uma vez afetado, o objeto não mais pode ser verdadeiro em sua existência (*Existenz*) [...] Para um objeto ser belo, então, sua aparência deve sugerir liberdade desde sua determinação exterior, ou para afirmar positivamente a matéria, sugerir a liberdade da auto-determinação[149].

---

147. Friedrich von Schiller, *On the Aesthetic Education of Man in a Series of Letters* (trad. Elizabeth Wilkinson e L. A. Willoughby), p. 283.
148. "Es gibt eine solche Vorstellungsart der Dinge, wobei von allem übrigen abstrahiert und bloβ darauf gesehen wird, ob sie frei, d.i. durch sich selbst bestimmt erscheinen. Diese Vorstellungsart ist nortwending, denn sie flieβt aus dem Wesen der Vernunft, die in ihren praktischen Gebrauche Autonomie der Bestimmungen unnachläBlich fordert". Friedrich von Schiller, *Kalias, Cartas Sobre la Educación Estética del Hombre*, p. 41.
149. "When the technical form of an object in any way reflects the impact of external forces, something foreign (etwas Fremdes) is said to have affected it. Once

Este é o ponto em que Schiller confere ao objeto sua existência na relação com a beleza. Enquanto Kant sustenta em suas discussões a beleza refletida em sua natureza de razão teórica, Schiller inicia seu debate a partir de uma razão prática. Martinson entende que: "A ênfase de Schiller sobre a educação (*Bildung*), cultura, especialmente a educação estética, claramente transcende os limites dos escritos filosóficos de Kant. Nos seus, Schiller mostrou-se preocupado com os valores práticos da beleza para o progressivo desenvolvimento da humanidade"[150]. A liberdade na aparência significa a absoluta autodeterminação a partir de necessidades autônomas e independentes de qualquer força exterior. Citando Dieter Heinrich, Martinson atesta que "a bela aparência produz em nós um confronto com a forma livre, determinando seu próprio curso, sem obstáculo, uma forma na qual todas as suas partes fazem um todo harmônico fundado em uma só base"[151].

Para Schiller a liberdade na aparência é a própria beleza. A liberdade é uma idéia da razão, mas:

> se os objetos enquanto fenômenos não possuem nem mostram liberdade, como se pode buscar na aparência um fundamento objetivo dessa representação? Esse fundamento objetivo teria que ser aquela qualidade das coisas cuja representação nos obrigue decididamente a engendrar em nós a idéia de liberdade, e a referi-la ao objeto[152]

Esse exercício retórico justifica também a leitura que Schiller faz da forma sensível ou experimental como o homem e o objeto relacionam-se no princípio da liberdade na aparência. Para o pensador, a visão e a audição são os sentidos que têm a primazia no processo de conhecimento do real pela criação de aparências, uma vez que por eles o homem se permite afastar de sua natureza bruta. A essência determina a saída do homem da realidade para as significações, o que o torna

---

affected the object can no longer be true to its own existence (Existenz). In order for na object to be beautiful, then, its appearance must suggest freedom from external determination or, to state the matter positively, freedom of self-determination". Steven D. Martinson, *Harmonious Tensions – The Writings of Friedrich Schiller*, p. 148.

150. "Schiller's emphasis on education (Bildung), cultivation, especially aesthetic education, clearly transcends the limits of Kant's philosophical writings. In these writings, Schiller seemed preoccupied with the practical value of beauty for the progressive development of humankind". *Idem*, p. 152.

151. "the beautiful appearance confronts us as a form freely taking its own course, without hindrance, a form in which all its parts make up a harmonious whole resting on a single ground". *Idem, ibidem*.

152. "Wenn aber die Dinge, insofern sie in der Erscheinung vorkommen, Freiheit weder besitzen noch zeigen, wie kann man einen objektiven Grund dieser Vorstellung in den Erscheinungen suchen? Dieser objektive Grund müßte eine solche Beschaffenheit derselben sein, deren Vorstellung uns schlechterdings nötigt die Idee der Freiheit in uns hervorzubringen und auf das Objekt zu beziehen". Friedrich von Schiller, *Kallias...*, p. 43.

sujeito do conhecimento sensível, porque todos os outros sentidos tornam o homem objeto passivo dos fenômenos.

Na visão e na audição o afluxo da matéria fica afastado dos sentidos, e o objeto que tocamos imediatamente nos sentidos animais se distancia de nós. O que vemos pelo olho é diverso do que sentimos; pois o entendimento salta por sobre a luz em direção aos objetos. O objeto do tato é uma força que sofremos; o do olho e do ouvido é uma forma que engendramos[153].

Trata-se de estabelecer uma hierarquia dos sentidos, tendo a visão e a audição como aqueles de prevalência e caráter estético civilizador pelo que de entendimento portam sobre os outros, primários e atados a sentimentos brutos. A percepção pela visão e pela audição, em Schiller é a mais aurática. Aprimora-se a percepção visual e a auditiva pela mediação, indiretamente pelo instrumental do entendimento que é a significação. As artes desses sentidos impõem uma representação entre o sujeito e o objeto da informação. Murray atesta que "o objeto é percebido como tendo uma estrutura formal e não simplesmente como dado sensorial característico dos baixos sentidos"[154]. A capacidade de percepção no sujeito é intermediada pela representação que se impõe pelos sentidos aprimorados e aprimoradores da visão e da audição, já considerados em análise por Schiller na Carta XXII. Embora a música seja a mais incondicional de todas as artes, uma vez que recebida fisicamente e sem a possibilidade da eleição pelo juízo, ela é uma energia transformada em representação sensível. Se o mundo chega pelos sentidos ao entendimento em 75% através da visão, 15% estão reservados à audição e o resto partilhado entre todas as outras formas de recepção, inclusive o tato. É, provavelmente, a partir dessa certeza científica que Schiller traça sua hierarquia na educação estética considerando a capacidade representacional humana dentro da eficácia da visão e da audição. Claro está que suas análises fundam-se em grande extensão na visão quando afirma que: "Tão logo comece a fruir com o olho e o ver alcance para ele um valor autônomo, ele é já também esteticamente livre, e o impulso lúdico se desenvolveu"[155]. Lembre-se que o impulso lúdico analisado como fundamento da teoria estética na Carta XIV é a cristalização da liberdade humana construída inteligentemente entre o sentir e o formalizar, através do exercício do entendimento. Schiller defende a arte mimética, uma aparente contradição com alguns segmentos da produção da arte contemporânea, feita de conceitos a partir da forma engendrada na representação. Uma vez vivendo a

---

153. Friederich von Schiller, *A Educação Estética do Homem*, p. 135.
154. "The object is perceived as having a formal structure, and not simply as a sense-datum as with the lower senses". Patrick T. Murray, *The Development of German Aesthetic Theory from Kant to Schiller*, p. 307.
155. Friedrich von Schiller, *A Educação Estética do Homem*, p. 135.

conturbada passagem intelectual do século XVIII para o XIX, crente na universalidade e no idealismo grego, como analisado em cartas anteriores, é previsível o apreço às belas artes miméticas. Sem a realidade histórica considerada, a teoria de Schiller não se justifica no que feita a partir das verdades históricas de seu tempo. Ainda assim, sua contemporaneidade realiza-se pela idéia de realidade no entendimento proposto pela arte hoje definida como obra aberta, da qual o fruidor é convocado a participar de sua construção inteligente. A aparência demanda amorosidade como princípio da observação. Só o sujeito capaz de sair do mundo temporal, da dominação do estado físico e da prevalência do estado sensível para ser o compreendedor da arte na intelecção da representação pode saber a arte, ser infinitude inteligente e saber-se totalidade humana. Abstraído e com vontade, consegue perceber o que é a realidade e o que é a aparência livre; e na diferença faz seu legislador o entendimento: "O que a natureza separou, ele pode unificar com liberdade ilimitada, tão logo lhe seja concebível esta união, e pode separar o que a natureza havia unificado, tão logo consiga realizar a separação em seu entendimento"[156]. Só as leis criativas do entendimento permitem esse movimento de independência e integração com a natureza, na capacidade de o artista produzir generalidades. Não se pode tomar a realidade por aparência, substância por representação, porque é no ato de saber distingui-las e integrá-las que o homem constrói sua essência de humanidade, na medida mesmo em que institui sua capacidade de atender aos desígnios da representação. Sobre o assunto, Wilkinson apresenta em sua análise um caminho inteligente de *performance* para o artista, condição vital para Schiller. Entende a comentarista que nessa passagem o autor promove:

> uma defesa do direito do artista em criar sua própria aparência, um mundo a parte, com suas próprias leis, independente das leis da natureza externa – se alonga os pescoços de suas figuras humanas, ou se pinta seus cavalos de azul, ou se distorce as leis da perspectiva, ou, como nas palavras de Oscar Wilde (*A Decadência da Mentira*), "ordena à amendoeira que floresça no inverno e lança neve sobre o milharal maduro". Tudo isso é uma questão de indiferença, uma vez que – a condição da próxima sentença é de todo importante – ele marca com segurança seu objeto de arte como um *continuum* da realidade comum, francamente dando a ele a característica de um análogo, uma linguagem de paralelismo simbólico e não como uma cópia na qual convoca à mensuração comparativa com a realidade, ou estabelece-se como um meio para a mudança da face do real[157].

---

156. *Idem, ibidem.*
157. "a defense of the artist's right to create his own semblance, a world apart, with its own laws, independent of the laws of external nature – whether he elongates the necks of his human figures, or paints his horses blue, or distorts the laws of perspective, or in the words of Oscar Wilde (The Decay of Lying) 'bids the almond tree blossom in winter and sends snow upon the ripe cornfield'. All this is a matter of indifference, as long as – the proviso of the next sentence is all-important – he firmly marks off his work of art from the continuum of ordinary reality, offering it

As leis da arte não são as mesmas da natureza, é o que Wilkinson quer concluir, mas a arte funda-se na forma da realidade comum como um simbolismo que apresenta o real transformado, porque deste é um análogo. O artista não é um criador da realidade mas um realizador de aparências, uma outra natureza da realidade representada. É esclarecedora a leitura feita pelo estudioso da obra de Schiller, Robert Lerroux, quando sintetiza as próprias palavras do autor estudado, afirmando:

> A aparência estética deve ser sincera, o que vale dizer, deve repudiar toda a pretensão à realidade, e autônoma, ou seja, não pode ter a necessidade de buscar a realidade. Para não se sentir dentro de um objeto real além da aparência, é compulsório um degrau elevado de cultura estética. Os indivíduos e os povos capazes de encontrar para os objetos uma aparência estética autônoma e sincera, manifestam que possuem a liberdade no espírito, o gosto e que preferem o ideal à existência. A aparência estética sincera e autônoma não pode ser um perigo para a verdade ou hábitos morais dos indivíduos; ela tem um lugar legítimo no mundo moral[158].

Trata-se de considerar a beleza em sua emergência moral "que é o grau máximo de perfeição do caráter humano, pois só se apresenta quando o dever passa a formar parte de sua natureza"[159]. Schiller insiste em considerar a beleza estética frente a beleza viva, tomando para isso o exemplo de uma bela mulher viva ou como objeto da pintura. Se o sujeito se apraz na beleza da primeira é porque ela não é aparência autônoma, não é abstração, mas realidade que produz o gozo na idéia. Para mais aprazer na pintura do que na realidade da bela mulher, exige-se um alto grau de cultura uma propensão do ideal hierarquicamente regendo o real, quando "a honra triunfar sobre a propriedade, a reflexão sobre a fruição, o sonho de imortalidade sobre a existência"[160]. Tem-se outra questão presente, além da autonomia da beleza estética: o desinteresse kantiano na determinação do objeto de arte. Mas enquanto

---

frankly as an analogue, a parallel symbolic language, and not as a copy which invites comparative evaluation with reality, or sets itself up as a means for changing the face of reality". Friedrich von Schiller, *On the Aesthetic Education of Man in a Series of Letters*, (trad. Elizabeth Wilkinson e L. A. Willoughby), p. 286.

158. "L'apparence esthétique doit être sincère, c'est-à-dire répudier toute prétention à la réalité, et autonome, c'est-à-dire ne pas avoir besoin de secours de la réalité. Pour ne sentir dans un objet réel que l'apparence esthétique, il faut un degré élevé de culture esthétique. Les individus et les peuples capables de trouver aux objets une apparence esthétique autonome et sincère, manifestent qu'ils possédent la liberté de l'esprit, le goût, et qu'ils préférent l'idéal à l'existence. L'apparence esthétique sincère et autonome ne peut pas être un danger pour la vérité des moeurs; elle a une place légitime dans le monde moral". Friedrich von Schiller, *Lettres sur l'éducation esthétique de l'homme*, p. 335.

159. "Aus diesem Grunde ist das Maximum der Charaktervolkommenheit eines Menschen moralische Schönheit, denn sie tritt nur alsdann ein, wenn ihn die Pflicht zur Natur geworden ist". Friedrich von Schiller, *Kallias. Cartas sobre la Educación Estética del Hombre*, p. 39.

160. Friedrich von Schiller, *A Educação Estética do Homem*, p. 137.

Kant dá igual ênfase no desinteresse do julgamento estético, seja ele de extração sensível ou intelectual, Schiller entende que somente o estético é desinteressado e livre. Murray levanta outros dois problemas surgidos do exemplo da bela mulher:

> [...] um objeto da beleza natural pode ser uma aparência autônoma apenas se o nosso julgamento sobre ela for eximido de considerações sensíveis. Primeiramente, Schiller omite nessa carta a visão que estabelece sobre a necessidade de a aparência estética ser uma forma imaginativamente re-formada (Cf. Carta 26: 8, 10 e 11), e assim um objeto de arte. Tal re-criação imaginativa foi inicialmente descrita como sendo uma parte necessária no processo de distanciamento da forma do sentido, de maneira a dotar a aparência estética como aparência autônoma (Cf. Carta 26: 11). As formas da aparência da beleza natural apreendidas sem a reforma imaginativa em sua íntima relação com os sentidos deveriam ser relacionadas por Schiller como aparências "dependentes", independentes da pureza de nosso julgamento estético das mesmas[161].

Outra intrincada conexão produzida por Schiller na Cartas XXVI refere-se à qualidade de aparência no mundo moral. Tal conexão só é possível pela via estética e na medida em que suas aparências não se pretendem realidade. O exemplo da arte posta a serviço da ideologia política ou de qualquer inclinação para a realidade justifica a assertiva. É tarefa do hipócrita, o que aparenta virtudes que não tem, buscar a fusão da realidade na aparência. Para Elizabeth Wilkinson, no parágrafo XII há uma dissimulada referência ao Império Romano ou ao "sofisticado mundo da época"[162] de Schiller:

> Por outro lado, na vida, apoiar a aparência com a realidade", poderia ser ilustrado pela insistência com a "sinceridade" como será criticado no parágrafo 14 abaixo; na arte, por qualquer esquema como as unidades de tempo e espaço, os quais na teoria do classicismo francês expressava o objetivo de se dar aos eventos, no sabor dos acontecimentos, uma maior aparência de realidade[163].

Deve-se ainda tomar a conseqüente análise da comentarista que aprofunda a pesquisa sobre a discussão encontrada na Carta XXVI

---

161. "... an object of natural beauty may be an autonomous semblance, if only our judgement of her is purified of sensuous considerations. Firstly, Schiller overlooks the view he took in this Letter concerning the necessity for aesthetic semblance to be an imaginatively re-formed form (cf. L. 26:8, 10 & 11), and thus to be an art object. Such imaginative re-creation was earlier described as being a necessary part of the process of distancing form from sense, so as to endow aesthetic semblance with an autonomous appearance (Cf. L. 26:11). The appearance forms of natural beauty, which are apprehended without imaginative re-formation, in their close relation to the sensuous should be regarded by Schiller as 'dependent' semblances, irrespective of the purity of our aesthetic judgement of them". Patrick T. Murray, *The Development of German Aesthetic Theory from Kant so Schiller*, p. 311.

162. Friedrich von Schiller, *On the Aesthetic Education of man in a Series of Letters*, (trad. Elizabeth Wilkinson e L. A. Willoughby), p. 287.

163. *Idem, ibidem.*

sobre a citada conexão. Schiller propõe a via estética como meio ou finalidade de se chegar ao aprimoramento ético da espécie humana, na medida em que a consciência individual é uma contribuição para o coletivo. Não se trata de dar uma finalidade à arte, mas de tê-la como instância transcendental transformadora no espírito. Por essa razão, é contundente na crítica à confusão hipócrita operada em períodos históricos, seja pela política, seja pela própria categoria artística em querer tomar os desígnios da arte como um instrumento utilitário para a satisfação do desejo egoísta. Wilkinson é precisa ao constatar, sobre o pensador:

> onde estava preocupado em realçar precisamente o que a estética pode realizar e tudo o que pode realizar, insistindo no que ela não pode esperar e não deveria tentar realizar – e neste ardiloso campo das inter-relações entre a estética e a moral, o método de Schiller de salvaguardar a autonomia e os valores de qualquer esfera ou forma de existência definindo firmemente seus limites, surge para trazer vantagens e está totalmente justificado. Sua principal preocupação pode ser os direitos e privilégios do método estético; mas, como afirmou expressamente na Carta XXVI: 9, é pela conservação em fronteiras estritas que o artista pode melhor auxiliar a garantir igualmente aqueles direitos e privilégios da verdade e da moralidade. A violação das fronteiras, as quais Schiller tinha em mente, pode ter sido aquelas de um Nero (mencionado pelo nome na Carta IX: 4) ou um Cesare Borgia, cuja preocupação com a conduta na ação deixou-os indiferente ao conteúdo moral (Nero tocava violino enquanto Roma queimava e sendo forçado a cometer suicídio, pode apenas exclamar "Que artista está morrendo"). Mas é também apropriado pensar a respeito das deliberadas tentativas dos românticos alemães de confundir arte e vida, até o "morrer na beleza" de Baudelaire, pensar no esteticismo imoralista de Stefan George, ou no *Retrato de Dorian Gray*, de Oscar Wilde, que pode ser lido como a culminância de tais tendências – ou talvez como deles um conto admonitório[164].

Finalmente, Schiller vem em defesa da bela aparência criticando os rigoristas, estetas contemporâneos ou antecessores seus que repudiam o que se convencionou chamar de bela aparência. Acham eles

---

164. "where he was concerned to bring out precisely what the aesthetic can do, and all that it can do, by insisting on what it cannot hope, and should not attempt, to do – so here, in the tricky field of the interrelations between the aesthetic and the moral, Schiller's method of safeguarding the autonomy and values of any one sphere or mode of existence by firmly defining its limits, appears to full advantage and is entirely vindicated. His prime concern may be the rights and privileges of the aesthetic mode; but, as he expressly stated in XXVI: 9, it is by keeping strictly within his own frontiers that the artist may best help to secure those of truth and morality as well. The violation of frontiers which Schiller had in mind may well have been those of a Nero (he was mentioned by name in IX: 4) or a Cesare Borgia, whose concern with the manner of a deed left them indifferent to its moral content (Nero fiddles whilst Rome burns and, on being forced to commit suicide, can only exclaim: 'What an artist is dying). But it is also appropriate to think forward to the German Romantics deliberate attempts to 'confuse' art and life, to the 'mourir en beauté' of a Baudelaire, the immoralist aestheticism of a Stefan George, or to Oscar Wilde's Picture of Dorian Gray which may be read as the culmination of such trends – or perhaps as their cautionary tale". *Idem*, p. 288.

que a arte pode ser um perigoso instrumento de irreflexão que separa o homem de seus interesses, tornando-os apáticos ao mundo prático. Murray leu os rigoristas como "aqueles que vêem a arte e a beleza como superficial e frívola, e como um perigo para a sinceridade moral: educando os homens para valores das aparências mais que para o mérito moral real, e dessa forma encorajando-os a hipocrisia"[165]. O tema foi tratado na Carta X: 2 e 4.

Não escapam à pena precisa do autor os arrebiques da sociedade que se posiciona na confortável indigência da matéria, sem a vontade de educar-se para a verdadeira aparência que a tudo aperfeiçoa e engrandece. Essa atitude crítica é um resultado verificável no projeto da educação estética, posto que Schiller supõe a possibilidade de a sociedade diferenciar-se pela convicção de que a arte, em seu âmbito de aparência, pode contribuir para a perfeição humana. Aceita a crítica rigorista porque a humanidade ainda não conseguiu atingir a pura aparência e por "não termos chegado à distinção necessária entre a existência e a aparência que para sempre assegurasse o limite entre as duas"[166]. Agrega ainda que: "Merecemos esta censura enquanto não pudermos fruir o belo da natureza viva sem cobiçá-la, enquanto não pudermos admirar o belo da arte mimética sem perguntar por seu fim – enquanto não concedermos uma legislação própria e absoluta à imaginação, enquanto não a dignificarmos pelo respeito às suas obras"[167]. Para Janz:

> Contra aqueles que desdenham da simples aparência, tanto os cultos quanto os incultos, para os quais sempre conta apenas o "real", Schiller oferece primeiramente o argumento, cuja gênese está na história da civilização, de que apenas com a "alegria na aparência a tendência ao adorno e ao jogo (Carta XX) a humanidade começaria a libertação das necessidades da simples sobrevivência. Aparência e jogo são produtos de uma força da imaginação que não está mais exclusivamente presa à realidade. Schiller relacionou de forma íntima o belo e o surgimento da auto-consciência e da língua[168].

Sobre a criação de aparências, deve-se lembrar a presença de Rousseau, em especial com o texto "Ensaio sobre a Origem das Lín-

---

165. "They view art and beauty as superficial and frivolous, and as a danger to moral sincerity: educating men to value appearances rather than real moral merit, and thus encouraging hypocrisy". Patrick T. Murray, *The Development of German Aesthetic Theory from Kant to Schiller*, p. 315.
166. Friedrich von Schiller, *A Educação Estética do Homem*, p. 138.
167. *Idem, ibidem*.
168. "Gegen die Verächter des bloßen Scheins, die gebildeten wie die ungebildeten, für die seit je nur "das Reele" zählt, bietet Schiller zunächst das zivilisationsgeschichtliche Argument auf, daß erst mit der "Freude am Schein, der Neigung zum Putz und zum Spieles die Menschheit beginne, die Befreiung aus des zwängen bloßer Lebenserhaltung. Schein und Spiel sind Produkte einer Einbildungskraft, die nicht mehr ausschließlich der Entstehung von Selbstbewußtsein und Sprache verknüpft". Rolf-Peter Janz, *Schiller Handbuch*, p. 620.

guas", no qual o pensador francês inicia seu discurso lembrando que a representação define o homem ao se constatar que "a palavra distingue os homens entre os animais".

CARTA XXVII
AS IDADES DO HOMEM: DOS SENTIDOS À FORMA PELA EDUCAÇÃO

O último fragmento do projeto que Schiller antecipou ao duque Friedrich Christian von Schleswig-Holstein-Sonderburg-Augustenburg é um documento de maior extensão que os anteriores. Traz uma vista panorâmica e prática de como o movimento da educação estética pode ser construído, ainda que sem a intenção de ditar regras. A escritura está poeticamente construída. Para Schiller, a aparência estética como recurso de leitura inteligente do mundo e da erudição do sujeito é um pré-requisito a ser atingido pela cultura que se pretenda recurso aprimorador da espécie. Quando se atinge o verdadeiro estado estético no qual a aparência se configura como totalidade equilibrada e livre entre o espírito e a razão, o homem está finalmente liberto de sua natureza primitiva e capaz de tanto mais abstrair-se, mais trabalhar a vontade e menos subjugar-se aos instintos. Essa certeza de Schiller indica a tendência pedagógica de sua obra, mais a probabilidade de se buscar uma conduta nobre, seja para o sujeito seja para a espécie, a partir da autonomia daquele, fundada no exercício de aprimoramento do intelecto. É preciso saber, é mister conhecer, é compulsório saber mais. Isso remete ao clássico mote latino *nulla dies sinne linea*[169]. Nesse sentido a arte é refletida como instrumento para a educação e uma contradição se instala: a arte tem em Schiller uma função, uma finalidade no mundo prático da existência. Ela não é livre. Livre é o homem que atingiu o estado estético pela convivência com a aparência, e que tem como missão sempre avançar porque conhecer é mais e mais ser. No estado estético onde reina a aparência, o homem não se encontra determinado, porque é livre de toda determinação e senhor de si, na medida em que é sistematicamente convocado à interpretação do mundo e neste se põe (para usar um termo cunhado por Fichte) como sujeito ético, a partir dessa interpretação. Ter sapiência para a convivência inteligente com o mundo das aparências não significa que o inculto com esta não prive em constância. A aparência é para todos, mas pode ser utilizada para fins diversos pelo que está atrelado à realidade sensí-

---

169. "Nenhum dia sem um traço. Palavras atribuídas por Plinio, o Velho ao pintor Apeles, o qual não teria deixado passar nenhum dia sem fazer algum trabalho". Aurélio Buarque de Hollanda Ferreira, *Pequeno Dicionário Brasileiro da Língua Portuguesa*, Rio de Janeiro, Cia. Editora Nacional, 1976, p. 1289.

vel. É o caso em que a aparência torna-se substância da verdade no real. Exemplo clássico está no diálogo entre Sócrates e Glauco, no Livro VII da *República*. Agrilhoados e na escuridão os prisioneiros têm a aparência na realidade da sombras, como sua efetiva realidade. O que se liberta vê a realidade do dia, a concreção dos seres naturais, o reflexo sobre as águas, a grandeza do sol. Dois mundos contrapostos convocam o prisioneiro libertado à finura (no melhor sentido para o espírito), a estabelecer juízos que o remetam à verdade. É instado a depreender o que é real do que é imaginado e fruto da cupidez dos sentidos. E aprimora-se no jogo dialético entre o que é e a pura aparência do que efetivamente é. Da realidade das sombras emerge para a a realidade do sol e, na seqüência ascendente platônica, atinge a verdade humana no mundo das idéias. Primeiro sombras de idéias, depois idéias como realidades verdadeiras e, finalmente, o bem. Está no mundo inteligível, onde a aparência-signo é mais e mais instrumento de libertação do domínio, tanto das baixas idéias, quanto do universo do empírico-sensível. Para Bernard Pietre, na alegoria da caverna "existem dois níveis de realidade: – um nível inferior de sombras, de reflexos, e – um nível superior de realidades verdadeiras"[170]. Para Schiller, como na dialética ascendente de Platão, um caminho alimentado pela volição transporta o homem, a cultura e pode, por extensão, transportar a humanidade para o iluminado território da aparência, entendida como aparência e não mais do que pura representação e idealidade. Claro está que o sentir deve ser educado para traduzir o homem de mero objeto do fenômeno para dele sujeito, na exata medida em que o entende como representação. Se os prisioneiros da caverna assim o fizessem, não teriam eliminado sua única possibilidade de libertação: o que voltou. E comprazeriam na infinita experiência da liberdade no espírito, tornando-se sol, tanto o do calor vivificante, quanto o sol estético de toda a plenitude e maior que a realidade do apenas crédulo sentir. A educação estética propõe a ascendência dos sentidos, como forma de conhecimento para a árdua conquista da forma pura (no mais absoluto sentido kantiano), sem eliminar as qualidades da sensualização inexorável advinda dos fenômenos que tanto fascinam os sentidos. Deixar apenas o sensível demanda a visão amorosa do mundo que se quer um bem; o belo, a verdade, naquilo que Schiller qualifica como "apreciação desinteressada e livre"[171], e nisso está a inevitável referência a Kant na definição do belo. Enquanto o bom demanda alguma forma de interesse, o belo tido como símbolo de toda a moralidade, para a teoria estética de Kant:

---

170. Bernard Pietre, *Platão – A República: Livro VII*, p. 40.
171. Friedrich von Schiller, *A Educação Estética do Homem*, p. 139.

1 – O belo apraz imediatamente (mas somente na intuição reflexiva, não como moralidade no conceito). 2 – Ele apraz independentemente de todo interesse (o moralmente bom na verdade apraz necessariamente ligado a um interesse, mas não a um interesse que preceda o juízo sobre a complacência e sim que é pela primeira vez produzido através dele). 3 – A liberdade da faculdade da imaginação (portanto da sensibilidade) de nossa faculdade é representada no ajuizamento do belo como concordante com a legalidade do entendimento (no juízo moral a liberdade da vontade é pensada como concordância da vontade consigo própria segundo leis universais da razão). 4 – O princípio subjetivo do ajuizamento do belo é representado como universal isto é, como válido para qualquer um, mas não como cognoscível por algum conceito universal (o princípio objetivo da moralidade é também declarado universal, isto é, como cognoscível por todos os sujeitos, ao mesmo tempo por todas as ações do mesmo e isso através de um conceito universal). Por isso o juízo moral não unicamente é capaz de determinados princípios constituídos, mas somente é possível pela fundação de máximas sobre os mesmos e sobre a sua universalidade[172].

Por isso o belo, que é pura aparência, constitui no sujeito o bem universal, incondicionado e livre, quando não libertador, porque é caminho para a razão pura e que não exclui o sensível porque seu objeto é o bem. Para Murray, "a primeira Manifestação do interesse na forma como tal, ocorre dentro de um contexto ainda dominado pelo interesse sensível. Nesse estágio a forma funciona para apenas embelezar a existência sensível humana"[173]. Schiller entende que a natureza humana torna-se inteligente na medida do embelezamento das primeiras populações. Para a moderna antropologia, em especial a de André Leroy-Gourhan, é na arte do embelezamento que a capacidade abstracional do homem encontra seu melhor caminho: "Temos agora a certeza de que o grafismo começa não por uma representação inocente do real, mas sim do abstrato" e "a arte figurativa está na sua origem, diretamente ligada à linguagem e muito mais próxima da escrita no sentido lato do que da obra de arte"[174]. De início é a sensualização que vai determinar a ação da sobrevivência, mas o prelúdio da razão inscrito na espécie, cedo a faz ávida pela forma. Isso faz refletir que a abstração, a relação com a representação, é a pedra de toque no inexorável percurso humano da construção e codificação da aparência como instrumento civilizatório e substrato da sensibilidade e da inteligência. Mas a vontade humana não se satisfaz com apenas poder processar algo que a inteligência descobriu. Quer mais e melhor porque a vontade está inscrita em sua natureza. A forma transcende a matéria, na medida em que por ela criam-se as leis que generalizam os limites da realidade, dando, a essa, amplitude e universalidade na representação. A representação, seja pela palavra (que representada na escrita é uma evolução da pintura), seja por qualquer forma de código

---

172. Immanuel Kant, *Crítica da Faculdade do Juízo*, p. 198.
173. Patrick T. Murray, *The Development os German Aesthetic Theory from Kant to Schiller*, p. 328.
174. André Leroi-Gourhan, *O Gesto e a Palavra – 1 – Técnica e Linguagem*, p. 189.

disponível, torna universal qualquer objeto através do conceito que dele cria, pois o signo lingüístico (por exemplo) universaliza aquela particularidade que quer representar numa simples realidade grafada. Pensando no devir, objeto da abstração, o homem suplanta a necessidade que o presente determina e cria na mente um repositório de certezas com o qual antecipa soluções. Mas também problemas para os quais a realidade não tem solução. Isso porque a realidade está no presente e a mente tem essa indizível condição de pôr-se além do contingente. Psicologismo em Schiller? Sim, se as postulações da Carta XXVII forem tomadas como particularidades, não se lidas como generalidade para a espécie. Schiller entende que: "enquanto apenas acumula reservas para o futuro e antecipa o seu gozo na imaginação, ele ultrapassa, é bem verdade, o momento presente, mas não ultrapassa o tempo em geral; frui mais, porém não de outra maneira"[175]. Uma incursão antropológica, quando não biológica, é apresentada por Schiller ao comparar o homem nesse trânsito concreto da animalidade para a nobreza das aparências-representações. O exemplo é desnecessário, tal a clareza no percurso lógico da Carta XXVII, mas, ainda assim, o espírito do professor Schiller ilustra que na natureza, tão logo satisfeitas as necessidades imediatas, o animal regozija-se na aparência desinteressada:

> Quando o leão não sente fome e não há outra fera a desafiá-lo, a força ociosa cria um objeto; o bramido cheio de ânimo ecoa no deserto, e, num dispêndio sem finalidade, a força vigorosa compraz-se em si mesma. O inseto volteia ao sol com feliz vitalidade, e seguramente não será um grito de necessidade o que ouvimos na melodia do pássaro canoro[176].

Saciados fisicamente, ainda que por uma determinação externa, esses mecanismos da natureza encontram repouso desinteressado e autônomo na ação do fazer pela simples satisfação e liberdade no ato desempenhado. Da necessidade, o animal passa para o deleite no jogo, ato desinteressado que, com o querer, representa o substrato da educação estética. Kant conecta o jogo ao desinteresse, como Hegel (citado na análise realizada sobre a Carta XIV):

> Todo cambiante jogo livre das sensações (que não tem por fundamento nenhuma intenção) deleita, porque promove o sentimento de saúde, quer tenhamos ou não no ajuizamento da razão uma complacência em seu objeto e mesmo nesse deleite; e esse deleite pode elevar-se até o afeto, embora não tomemos pelo objeto nenhum interesse, pelo menos um que fosse proporcional ao grau desse afeto [...] surge simplesmente da alternância de representações na faculdade do juízo, pela qual na verdade não é produzido nenhum pensamento que comportasse qualquer interesse e contudo é vivificado o ânimo[177].

---

175. Friedrich von Schiller, *A Educação Estética do Homem*, p. 140.
176. *Idem, ibidem*.
177. Immanuel Kant, *Crítica da Faculdade do Juízo*, p. 176.

Kant trabalha o pensamento do jogo (*Spiel*) no sentido metafísico e grafado como *jogo das faculdades*. Diferencia, assim, o jogo no sentido da razão pura daquele vulgar, no melhor sentido, das sensações. Dos dois sai o princípio lógico-empírico propugnado por Schiller, na medida em que é ação transformadora que condensa e harmoniza uma relação de opostos no espírito, buscando o âmbito das totalidades na relação antagônica do sentir e do pensar. Assim, o jogo tem uma função educativa, intelectual e passível de utilização. Embora o jogo tenha uma ação ambígua em Rousseau, que o condena como empiria no adulto, na criança é aceitável porque desinteressado, como o belo em Kant. Duflo tem claro que:

> O tema do jogo em Kant passa por uma interessante renovação que resulta em uma modificação de ponto de vista relacionado a uma mudança na antropologia, na qual nós havíamos visto uma necessidade de mudança conceitual real produzida a partir da análise do fenômeno lúdico. De qualquer forma, quanto à apreciação do jogo no sentido estrito, em sua função de distração ou educativa, Kant pode ser ainda mais "conservador" que Rousseau em não admitir para a atividade lúdica mais que um lugar muito limitado. Mas vinculou sua função para o humano de uma maneira tal quando o tema surgiu em um sentido mataférico, na Crítica da Faculdade do Juízo; adquiriu um novo sentido que orientou definitivamente Schiller, e todos os que vieram depois [...] pode-se claramente dizer que foi Kant que inventou o tema do jogo em filosofia, ainda que a verdadeira formulação dessa invenção se encontre, efetivamente, em Schiller[178].

Se uma pedagogia deve ser arquitetada a partir do divertimento lúdico pode-se pensar, como Rousseau, num antagonismo inconciliável entre jogo e trabalho. Assim, enquanto o primeiro diverte, o segundo pune. Mas a diferença maior e que deve ser vista, tanto pela criança quanto pelo homem maduro, é a de que o jogo não tem finalidade, enquanto o trabalho sim; busca resultados e por essa razão pode ser um constrangimento porque demanda técnica e aprendizado. E aprender é operar no âmbito da alteridade. Como visto por Schiller, o jogo é uma atividade de absoluta liberdade (promove a harmonia dos estados sensível e formal), e é aquela que põe o homem em sua condição de total humanidade, imanência estética e caráter ético. Trata-se, acima de leituras e de juízos, de se entender o jogo em seu caráter antropológico-metodológico, como buscou Schiller na educação esté-

---

178. "Le thème du jeu chez Kant connait un intéressant renouvellement, qui produit cette modification de point de vue liée à un changement d'anthropologie dont nous avions vu la nécessité pour qu'un réel changement conceptuel se produise dans l' analyse du phénomène ludique. Pourtant, quant à l'appréciation du jeu au sens strict, dans as fonction distrayante ou éducative, Kant pouvait être beaucoup plus "conservateur" que Rousseau en n'accordant à l'activité ludique qu'une place très limitée. Mais il en saisit la fonction pour l'humain d'une façon telle que, lorsque ce théme surgit dans un sens metaphorique, dans la Critique de la faculté de juger, il a acquis un sens nouveau qui orientera définitivement Schiller, et tout le monde aprés lui". Colas Duflo, *Le jeu de Pascal a Schiller*, p. 75.

tica. O jogo é atividade na qual as regras são estabelecidas no curso da atividade lúdica, levando os participantes a definirem modelos de conduta desinteressada. Uma conversa pode caracterizar um jogo de forma autônoma e única. Na perspectiva do jogo está o seu próprio fim. Por isso tido por Kant, na *Antropologia de um Ponto de Vista Pragmático* e na *Metafísica dos Costumes*, como "princípio supremo da moralidade, e que consiste justamente em primeira análise, a estabelecer para si mesmo a lei"[179]. Exercício físico e atividade dos sentidos, esse artifício, o jogo, universaliza enquanto arrebata e particulariza na medida em que educa. No pequeno e fundamental estudo de Duflo está a clara conexão entre o homem que joga e a ação vital da natureza. Schiller anteviu, na ação do jogo, o recurso da liberdade no espírito e da condição estética no homem:

> Mas se é o homem quem integralmente joga, e, sem que o jogador o saiba, o jogo é promoção da vida, é porque ele contrariamente às aparências não é absolutamente desprovido de finalidade. Fora disso a natureza que nada faz em vão quis que, graças ao prazer que encontra, o homem pensasse em pesquisar o jogo para e por si mesmo, uma vez que o prazer é precisamente o signo da natureza na vitalidade que o sujeito experimenta. O que ocorre aqui é, em menor proporção, o que ocorre em grandes termos na história: lá onde o indivíduo acredita agir por si e por seu livre movimento, é a natureza que trata por sua mediação e serve aos fins que o ultrapassam. O homem que joga faz mais que se enganar a si mesmo, é a natureza que o engana e que faz-lhe o bem sem ele[180].

Para Schiller, o homem se recupera da divisão antropológica que lhe forma a interioridade através da atividade desinteressada, que não prevê um resultado e em si é uma tendência antropológica: o jogo. Tendência ao jogo como marca indelével no psiquismo – certamente diria Schiller se pudesse usar uma terminologia pós-psicanalítica. Na Carta XII define as condições intrínsecas no homem para a atividade do jogo, que chamou de impulsos. Já que intrínsecos no ser, amplia a análise professando-os no sentido prático como recurso para fundamentar o problema da educação estética no âmbito da cultura. Por isso, também, sua constante mirada ao mundo grego das totalidades. Houve um dia em que o jogo foi razão na organização social. Por isso a sociedade pode promover no sujeito a sua regalia de direito, como o teatro grego em sua

---

179. *Idem*, p. 79.
180. "Mais, si c'est l'homme tout entier qui joue, si le jeu est, sans que le joueur le sache lui-même, promotion de la vie, c'est qu'il n'est pas absolument, contrairement aux apparences, dépourvu de finalité. Loin de là, la nature, qui ne fait rien en vain, a voulu que, grâce au plaisir qu'il y trouve, l'homme pense rechercher le jeu par et pour lui-même, alors que ce plaisir est précisément signe que c'est la nature dans sa vitalité qui l'y entraîne. Ce qui se passe ici c'est, en petit, ce qui se passe en grand pour l'histoire: là où l'individu croit agir pour lui-même et de son libre mouvement, c'est la nature qui agit par sa médiation et sert des fins qui le dépassent. L'homme qui joue fait plus que se tromper lui-même, c'est la nature qui le trompe, et qui fait son bien avec lui sans lui". *Idem*, p. 82.

função catártica pública, tomando como temática a própria realidade social. Édipo comete os dois maiores crimes de ignomínia e por eles deve ser punido. Sua falha trágica o faz promover o incesto com Jocasta e praticar outro crime inominável, o parricídio. No jogo teatral, o grego comove-se com a barbárie cometida pela ignorância de um jovem viril, digno, forte e sagaz, nobre ao destruir a esfínge, monstro fabuloso no caminho de Tebas. No mesmo jogo teatral, o grego recupera seu sentido ético no mais puro sentido da universalidade, entendendo que Édipo, ainda que bom, deve pagar pelo que cometeu. Salvador inteligente, pois que responde corretamente ao enigma, Édipo é vítima do não-saber e senhor dos sentidos quanto enfrenta Laio, seu pai, e o mata por puro orgulho sensual. Tomado pelo estado sensível, conquista a população, é recebido em triunfos no palácio da mãe, onde sua desgraça está inscrita, e se inicia no mundo dos sentidos. Casa-se com Jocasta, tem quatro filhos, duas mulheres, Antígona e Ismênia, e dois homens, Eteócles e Polinice. Pobre Édipo, que não soube tripudiar no jogo, desgraçado herói que não foi capaz de fazer-se pela razão, um fiel defensor da ética e dos costumes mas deixou-se levar tragicamente pelos desígnios do acaso. Por isso a certeza inabalável na ação da estética como recurso de recuperação ética através da atitude lógica, advinda da inabalável vontade pela verdade. Édipo não foi o homem total de Schiller. Viveu as antinomias da sensibilidade e da razão *stricto sensu*. Ao perceber suas falhas, arranca os olhos para não mais ver a luz, impondo-se a impossibilidade de receber o mundo e, no gesto lógico superior de punir-se, resgata seu caráter ético, errando com Antígona até encontrar-se com Teseu, que testemunha sua grandeza diante da morte em Colona. O exemplo justifica o que Duflo entende como o *vetor da harmonia*, em que o equilíbrio é objeto da beleza, porque bom. A beleza está na tendência ao jogo como promoção de totalidade:

> De uma parte o jogo é considerado como vetor da harmonia, portanto, de beleza e de equilíbrio, tanto para o físico quanto para o espiritual no homem... Temos aqui a noção de jogo servindo a interferir na idéia de uma ação equilibrada de forças umas com as outras, este "com" não sendo aqui possível apenas para que o homem que joga seja então unicamente concebido como totalidade e não como junção de elementos separados a submeter cada um a uma disciplina específica... O jogo é síntese livre[181].

Não apenas o reino animal serve de exemplo para justificar a imanência do jogo como elemento equilibrador entre a necessidade e a

---

181. "D'une part le jeu est considéré comme vecteur d'harmonie, donc de beauté et d'équilibre, tant pour le physique que pour le spirituel en l'homme... On le voit ici, la notion de jeu sert à faire intervenir l'idée d'une action équilibrée des forces les unes avec les autres, c'est 'avec' n'étant ici possible que parce que l'homme qui joue est alors uniquement conçu comme totalité, et non comme addition d'élements séparés à soumettre chacun à une discipline spécifique... Le jeux est synthèse libre. *Idem*, p. 110.

liberdade. Também o reino vegetal pode ser metáfora do âmbito humano, segundo palavras do próprio Schiller:

> O que a árvore por plenitude perdulária devolve, sem ter usado ou fruído, ao reino dos elementos, poderá ser dissipado pelos viventes em alegre movimento. Assim a natureza dá-nos, já em seu reino material, um prelúdio do ilimitado, e suprime em parte já aqui as correntes de que se libertará por completo no reino da forma. A passagem da coerção da necessidade ou da seriedade física para o jogo estético faz-se pela coerção da abundância ou do jogo físico, e, antes de superar as cadeias de toda a finalidade na alta liberdade da beleza, a natureza já se aproxima desta independência, ao menos longinquamente, no livre movimento que é fim e meio de si próprio[182].

Liberdade na ação é a síntese desse pensamento. Comprazer-se desinteressadamente é a tônica da ação que pressupõe o comportamento estético sem conceito. Mas no reino vegetal há a ausência de uma vontade expressa, uma vez que é regido pela vontade interna, uma determinação inscrita eficazmente em cada espécie. Tanto o leão quanto a árvore estão sob a coerção de um jogo físico inexorável, porque tudo na natureza tem um sentido, enquanto o homem tem para si o concurso do jogo estético e livre da imaginação, tema desenvolvido no parágrafo 4. Schiller discorre sobre a associação de imagens como um *continuum* interno, independente de estímulos exteriores, mesmo da natureza, e que não possui uma forma determinada. Trata-se da liberdade criadora, uma seqüência livre de idéias que o jogo determina, como é o instinto animal para jogar. Para que essa liberdade se torne objetiva, é necessário que seja traduzida, através da imaginação, em conceitos e forma e isso ocorre no salto para o jogo estético quando a forma sobrepõe-se às forças cegas:

> Tem-se de chamá-lo salto, porque uma força totalmente nova se põe em ação aqui: o espírito legislador intervém pela primeira vez nas ações do cego instinto; submete o procedimento arbitrário da imaginação à sua unidade eterna e imutável, coloca sua espontaneidade no que é mutável e sua infinitude no que é sensível[183].

Universaliza-se o jogo na ação estética. Pelo jogo estético, em que reinam as aparências, o homem liberta-se das forças brutas e não se escraviza, obediente às leis morais; transforma-as, aprimora-as. Mas isso não ocorre de imediato, porque o estado estético é objeto de aprendizado, de auto-educação ou de educação pelo concurso da cultura e da sociedade, como preconiza Schiller. Inicialmente prepondera a bizarria no gosto, ainda sob a ação do caráter sensível como atesta: "O impulso estético para o jogo, portanto, mal será reconhecido em seus primeiros passos, já que será constante a intervenção do impulso sensível, de sua teimosia e avidez selvagem"[184]. Só a conquista da aparên-

---
182. Friedrich von Schiller, *A Educação Estética do Homem*, p. 140.
183. *Idem*, p. 141.
184. *Idem*, p. 142.

cia (Carta XXVI) liberta o homem dessa coerção dos sentidos que o mantêm primitivo, na concepção schilleriana. Exemplo disso é o autocontrole, a capacidade de domínio dado no exemplo grego: "Enquanto o exército troiano vai à luta aos gritos qual um bando de gralhas estridentes, o grego avança em silêncio, com nobre porte. Naquele vemos apenas o excesso de forças cegas, neste a vitória da forma e a majestade simples da lei"[185].

O homem *moral* se constrói na medida em que o *psíquico* e o *formal* estão já educados e prontos para novos desafios do saber. Trata-se, agora, de um saber sensível, não objeto da sensualização dos sentidos pelo fenômeno, mas da sensibilidade pura, inteligente e moral. Nesse momento, o homem quer realizar sua totalidade pela entrega natural ao outro, e no sexo encontra horizontes duradouros na medida em que participa do outro e se projeta no universo como permanência. O desejo torna-se manutenção amorosa porque o amor é pura forma na liberdade. Schiller adentra a questão da complementaridade ou totalidade, homem/mulher, numa visão de sua época afirmando que:

> Assim como a beleza resolve o conflito das naturezas em seu exemplo mais simples e puro, (refere-se a educação estética como harmonia de antagonismos) na eterna oposição dos sexos, assim também resolve-o, ou a isso visa, no todo intrincado da sociedade, conciliando suavidade e violência no mundo moral segundo o modelo da livre aliança que une a força viril e a brandura feminina[186].

Esse desejo de fazer-se sempre a si está no mundo fenomênico. A pedra tem a vontade de permanecer pedra, e não se torna, por si, nunca outra coisa, a menos que sobre ela alguma inteligência atue, como os ventos, a chuva ou o cinzel. Aí está sujeita a transformação pelo saber, o que é bom. Uma transformação que se justifica logicamente, porque a ação transformadora pressupõe a mudança de uma coisa em outra, de grande pedra ao seixo, do rochedo bruto à maciez da escultura. Não sendo assim, não se tem a permanência. O mundo moral é mais satisfeito pela inteligência do que pelo instinto. Este é uma proto-condição daquele, na visão de Schiller. Nessa trajetória de educação, a força amaina-se diante da forma:

> O casto rubor desarma aquele a quem nenhuma violência pode intimidar, e lágrimas sufocam a vingança que sangue algum poderia apagar. Mesmo o ódio ouve atento a voz delicada da honra, a espada do vencedor poupa o adversário desarmado, e o fogareiro acolhedor aquece o estranho na costa temida, em que outrora apenas morte o acolheria[187].

---

185. *Idem*, p. 143.
186. *Idem, ibidem.*
187. *Idem, ibidem.*

É chegado o estado do homem estético, uma terceira via (Carta XX) na qual o jogo e a aparência não são dados circunstanciais, mas uma conquista que antecipa no homem a liberdade de "toda a coerção moral ou física"[188]. O homem *estético* não mais age pela força, entende e comprova os deveres na conduta e já é elemento transformador pela forma, no aprimoramento do universo. Schiller o designa como aquele capaz de "dar liberdade através da liberdade"[189]. Na mesma Carta a Körner, atesta que, no estado estético, o ser já é livre e tem em si o concurso do livre-arbítrio:

> No mundo estético todo ser natural é um cidadão livre e com os mesmos direitos do mais nobre e não pode ser coagido em absoluto, nem sequer por causa da totalidade, tendo que consentir decididamente com tudo. Nesse mundo estético, que é outro muito diferente da mais perfeita das repúblicas platônicas, também o casaco que trago vestido me exige respeito pela sua liberdade e requer de mim, como um envergonhado criado, que não deixe ninguém perceber que está me servindo. Em troca, ele me promete utilizar a sua liberdade de forma tão humilde que a minha não sofra com isso; e se ambos cumprirmos a nossa palavra, todo o mundo dirá que estou bem vestido[190].

O tema é retomado nos dois últimos parágrafos dessa Carta. O homem *nobre* está socialmente posto na beleza porque:

> somente o gosto permite harmonia na sociedade, pois institui a harmonia no indivíduo. Todas as outras formas de representação dividem o homem, pois findam-se exclusivamente na parte sensível ou na parte espiritual; somente a representação bela faz dele um todo, porque suas duas naturezas têm de estar de acordo[191].

As representações da ciência, da vida cotidiana, ou seja, aquelas que não estão inseridas no âmbito das artes, não tornam o homem de todo harmônico. Somente as representações sensíveis, por demandarem tanto a sensibilidade na sua recepção quanto a razão em sua inte-

---

188. *Idem, ibidem.*
189. *Idem*, p. 144. A afirmação denota uma contradição em relação a outras reflexões no texto de Schiller, mormente no que diz respeito à beleza como sujeito ou objeto do aprimoramento. Na Carta II Schiller afirma que "é pela beleza que se vai à liberdade" e na XXVII "dar liberdade através da liberdade", pressupondo-se aqui que a liberdade é pré-condição para a educação estética e não seu objeto".
190. "In der ästhetischen Welt ist jedes Naturwesen ein freier Bürger, der mit dem Edelsten gleiche Rechte hat, und nicht einmal um des Ganzen willen darf gezwungen werden, sondern zu allem schlechterdings konsentieren muß. In dieser ästhetischen Welt, die eine ganz andere ist als die vollkommenste platonische Republik, fodert auch der Rock, den ich auf dem Leibe trage, Respekt von mir für seine Freiheit, und er verlangt von mir, gleich einem verschämten Bedienten daß ich niemandem merken lasse, daß er mir dient. Dafür aber verspricht er mir auch reciproce, seine Freiheit so bescheiden zu gebrauchen, daß die meinige nichts dabei leidet; und wenn beide Wort halten, so wird der ganze Welt sagen, daß ich schön angezogen sei. Friedrich von Schiller, *Kallias. Cartas sobre la Educación Estética del Hombre*, p. 74.
191. Friedrich von Schiller, *A Educação Estética do Homem*, p. 144.

lecção, são as que geram a liberdade no esteticismo de Schiller. O caráter de nobreza resulta do homem que já está sob o domínio do belo e que saiu de si, vendo-se parte de uma totalidade que é a espécie. E o homem que deixou a individualidade para integrar-se nos destinos da espécie e nisso reside o aspecto político-social da educação estética. O estado estético pode então ser chamado de sustentáculo para uma real sociedade estética, que não se caracteriza pela transitoriedade, como na Revolução Francesa, mas pela permanência como preconiza a educação estética. Murray analiza a questão tomando como referência as alegações da Carta XXIII e agrega que:

> No estado moral, o homem como ente universal representado pelo Estado, externamente impõe limites racionais aos desejos naturais individuais, por meio de leis positivas que incorporam a lei moral. No estado estético, o homem está predisposto para a vontade moral, pelo *enobrecedor* estado da forma sobre sua natureza sensível (Carta XXIII)[192].

Schiller já se refere ao âmbito da totalidade no aspecto social quando se deixa de atentar para os vestígios do individual (sem eliminá-lo) e passa-se à questão coletiva pela beleza, pois "somente a beleza fruímos a um tempo como indivíduo e como espécie, isto é, como representantes da espécie"[193]. Nesse sentido, Schiller volta-se para Kant, ao atentar que este, na *Analítica do Belo*, atesta que "o belo é o que é representado sem conceitos como objeto de uma complacência universal"[194]. Poeticamente, lembra Schiller que "só a beleza faz feliz a todo mundo; e todos os seres experimentam sua magia e todos esquecem a limitação própria"[195]. Tornando-a um bem comum, eliminam-se os privilégios para que a universalidade se instale, as diferenças se esvaecem, a felicidade se instala no seio de uma sociedade justa porque moralmente construída para e com o recurso da beleza. Atestando o gosto na individualidade e na espécie, o homem já é *universal*. A bela aparência finalmente adentra o âmbito comum na democracia dos direitos e deveres, fazendo do homem o ser pleno de humanidade e ente maravilhoso, porque, finalmente, entendeu sua divindade:

> O gosto conduz o conhecimento para fora dos mistérios da ciência e o traz para o céu aberto do senso comum, transformando a propriedde das escolas em bem comum de toda a sociedade humana. Em seu domínio, mesmo o gênio poderoso tem de abrir

---

192. "In the Moral State, Man as universal, as represented by the State, externally imposes rational limits upon the individual's natural desires, by positive laws which embody the moral law. In the Aesthetic State man is predisposed to moral volition, by the ennobling effect of form upon his sensuous nature". Patrick T. Murray, *The Development of German Aesthetic Theory from Kant to Schiller*, p. 340.
193. Friedrich von Schiller, *A Educação Estética do Homem*, p. 144.
194. Immanuel Kant, *Crítica da Faculdade do Juízo*, p. 56.
195. Friedrich von Schiller, *A Educação Estética do Homem*, p. 145.

mão de sua majestade e descer, com gesto familiar, até o senso infantil. A força deixa-se prender pelas deusas das dádivas, o leão altivo obedece às rédeas do Amor. Em troca, o gosto recobre com seu véu suavizante a carência física, ofensiva em sua nudez à dignidade de espíritos livres, ocultando na amável ilusão da liberdade o parentesco desonroso com a matéria[196].

O gosto tem a qualidade transformadora de redimensionar o caráter de uma sociedade, ainda que brutalizada por costumes arraigados, porque gera harmonia na forma, tornando o sujeito e a espécie um todo equilibrado. Se a satisfação dos sentidos torna o homem um receptor solitário do mundo, e o conhecimento atinge mais ao homem enquanto espécie, a educação estética realiza em ambos, ao sabor das representações, o gozo de ser um e todos. A ética é seu projeto maior. E o homem torna-se recurso e futuro de sua própria humanidade...

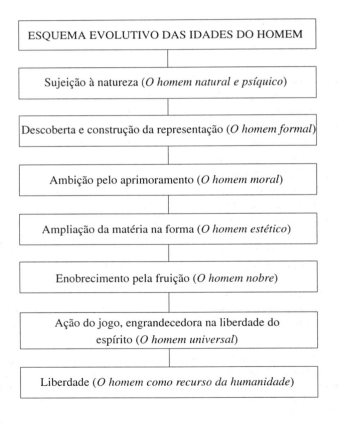

196. Idem, ibidem.

Referências Bibliográficas

ABBAGNANO, N. *História da Filosofia.* Lisboa, Editorial Presença, 1994.
_____. *Historia de la Filosofia: La Filosofia del Romanticismo, la Filosofia entre los Siglos XIX y XX.* Barcelona, Ed. Montaner y Simon, 1973.
ALT, Peter-Andre. *Aufklärung.* Stuttgart/Weimar, Verlag, J. B. Meltzler, 1996.
BANFI, A. *Filosofia da Arte.* Rio de Janeiro, Civilização Brasileira, 1970.
BAUMGARTEN, A. G. *Estética – A Lógica da Arte e do Poema.* Petrópolis, Vozes, 1993.
BAYER, R. *Historia de la Estética.* México, Fondo de Cultura Economica, 1993.
BENDA, J. *Kant.* São Paulo, Livraria Martins, 1940.
BENJAMIN, W. *O Conceito de Crítica de Arte no Romantismo Alemão.* São Paulo, Iluminuras, 1999.
BORNHEIM, G. "Filosofia do Romantismo". In GUINSBURG, J. *O Romantismo.* São Paulo, Perspectiva, 1967.
CAHN, A. *A Partir de Heliand.* Córdoba, Universidade Nacional de Córdoba, 1964.
CARPEAUX, O. M. *Literatura Alemã.* São Paulo, Nova Alexandria, 1994.
CARRÉ, J. M. *Goethe.* Madrid, Aguilar, 1907.
CITACI, P. *Goethe.* São Paulo, Companhia das Letras, 1996.
COPLESTON, F. A *History of Philosophy.* Vols. VI, VII. Nova York, Image Books, 1994.
Delta Larrouse. São Paulo, Nova Cultural, 1995.
DUFLO, C. *Le jeu de Pascal à Schiller.* Paris, Presses Universitaires de France, 1997.
DUPUY, M. *A Filosofia Alemã.* Lisboa, Edições 70, 1987.
DÜSING, W. *Über die ästhetische Erziehung des Menschen – Text, Materialen, Kommentar.* Munique, Carl Hauser Verlag, 1981.

Eco, U. *Obra Aberta*. São Paulo, Perspectiva, 1971.
Epicuro. *Sobre la Felicidad*. Bogotá, Editorial Norma, 1996.
Fichte, J. G. *A Doutrina da Ciência de 1794 e Outros Escritos*. São Paulo, Nova Cultural, 1988.
_____. *Escritos Filosóficos*. São Paulo, Abril Cultural, 1973.
_____. *La destination de l'homme*. Paris, Flammarion, 1995.
Fiz, S. M. *La Estética en la Cultura Moderna*. Barcelona, Gustavo Gilli, 1982.
Goethe, J. W. *Fausto/Werther*. São Paulo, Abril Cultural, 1983.
Goethe, J. W. e Schiller, Friedrich von. *Companheiros de Viagem*. São Paulo, Nova Alexandria, 1993.
_____. *Erótica & Curiosa*, Lisboa, Apáginastantas, 1986.
Gombrowicz, W. *Curso de Filosofia en Seis Horas y Cuarto*. Barcelona, Tusquets, 1995.
Grobe, Von Wilhelm e Grenzmann, Ludger. *Klassik Romantik*. Stuttgart, Ernst Klett, 1984.
Hartmann, P. *Du Sublime (de Boileau à Schiller)*. Estrasburgo, Presses Universitaires de Strasbourg, 1997.
Hauser, A. *A História Social da Arte e da Literatura*. São Paulo, Martins Fontes, 1995.
Hawgood, J. A. *The Evolution of Germany*. Londres, Methuen & Co., 1955.
Hegel, G. W. F. *Estética – A Idéia e o Ideal*. São Paulo, Nova Cultural, 1991.
Heidegger, M. *Hölderlin y la Esencia de la Poesia*. Barcelona, Anthropos, 1994.
Hell, V. *Friedrich von Schiller – Théories dramatiques et structures esthétiques*. Paris, Aubier, 1974.
Hessen, J. *Teoria do Conhecimento*. Lisboa, Armênio Amado, 1987.
Hobsbawm, E. *Ecos da Marselhesa*. São Paulo, Companhia das Letras, 1996.
Hölderlin, F. *Hipérion*. Petrópolis, Vozes, 1994.
_____. *Poemas*. Barcelona, Icaria Editorial, 1991.
_____. *Poemas de la Locura*. Madri, Hipérion, 1994.
Homero. *Ilíada*. São Paulo, W. M. Jackson, 1964.
Huisman. D. *L'Esthétique*. Paris, Presses Universitaires de France, 1954.
Ibri, Ivo Assad. *Kosmos Poietikos – Criação e Descoberta na Filosofia de Charles Sanders Peirce*. São Paulo, PUC-SP, 1994.
Ivanov, V. V. *et all*. *Tesi per un'Analisi Semiotica delle Culture (in Applicazione ai Testi Slavi)*. Trad. Eddo Rigotti de *Theses on the Semiotic Study of Cultures (As Applied to Slavic Text)*. Belgrado, In Van der Heng e Grygard, 1973.
Janz, R.-P. *Schiller Handbuch*. Stuttgart, Alfred Kröner Veralg, 1998.
Jung, C. G. *Tipos Psicológicos*. Rio de Janeiro, Zahar, 1967.
Kant, I. *Crítica da Faculdade do Juízo*. Rio de Janeiro, Forense Universitária,1995.
_____. *Crítica da Razão Pura*. São Paulo, Nova Cultural, 1996.
_____. *Education*. Ann Arbor, Ann Arbor Paperbacks/The University of Michigan Press, 1999.
_____. *Lo Bello y lo Sublime*. Madri, Editorial Optima,1997.
Koopmann, Helmut (org.). *Schiller Handbuch*. Stuttgart, Alfred Kröner Verlag, 1998.
Kostka, E. *Schiller in Italy*. Nova York, Peter Lang Publishing, 1997.

REFERÊNCIAS BIBLIOGRÁFICAS

LEROI-GOURHAN, A. *O Gesto e a Palavra – Técnica e Linguagem*. Lisboa, Edições 70, 1985.
LESSING, G. E. *Laocoonte ou Sobre as Fronteiras da Pintura e da Poesia*. São Paulo, Iluminuras, 1998.
MARCONDES, D. *Iniciação a História da Filosofia – Dos Pré-Socráticos a Wittgenstein*. Rio de Janeiro, Jorge Zahar, 1997.
MARTINSON, Steven D. *Harmonious Tensions: The Writings of Friedrich Schiller*. Newark, University of Delaware Press, 1996.
MATTHEWS, P. "Kant's Sublime: A Form of Pure Aesthetic Reflective Judgement". *The Journal of Aesthetics and Art Criticism*. Milwaukee, University of Wisconsin, 1996.
MASSAGUER, E. *Las Creaciones de Schiller*. Barcelona, Montaner y Simón Editores, 1913.
MÉZIÈRES, A. W. *Goethe*. Paris, Librairie Académique, 1875.
MICHELET, J. *História da Revolução Francesa*. São Paulo, Companhia das Letras, 1998.
MODERN, R. E. *Historia de la Literatura Alemana*. México, Fondo de Cultura Económica, 1995.
MORA, J. Ferrater. *Dicionário de Filosofia*. São Paulo, Martins Fontes, 1993.
MURRAY, P. T. *The Development of German Aesthetic Theory from Kant to Schiller*. Lewinston, The Edwin Mellen Press, 1994.
NIETZSCHE, F. *The Birth of Tragedy*. Nova York, Dover Publications, 1995.
NORMAN, F. et al. *Schiller – Bicentenary Lectures*. Londres, University of London – Institute of Germanic Languages and Literatures, 1960.
NOVALIS. *Schlegel, Schleiermacher and Others – German Romantic Criticism*. Nova York, Continuum, 1982.
NOVALIS, F. von H. *Hymnen an die Nacht*. Mairiporã, Esfinge Editorial, 1987.
_____. *Pólen*. São Paulo, Iluminuras, 1998.
NUNES, B. "A Visão Romântica". In: GUINSBURG, J. *O Romantismo*. São Paulo, Perspectiva, 1978.
ORTEGA Y CASSET, José. *Obras Completas*. Madri, Revista de Occidente, 1953.
PASCAL, G. *O Pensamento de Kant*. Petrópolis, Vozes, 1996.
PAULI, E. *Tratado do Belo*. Petrópolis, Biblioteca Superior de Cultura, 1963.
PETERS, F. E. *Termos Filosóficos Gregos*. Lisboa, Calouste Goulbekian, 1969.
PIETRE, B. *Platão – A República: Livro VII*. Brasília, Editora da Unb, 1989.
PLATÃO. *Diálogos IV*. Sintra, Europa-América, 1969.
_____. *Fédon*. São Paulo, Abril Cultural, 1972 (col. Os Pensadores).
_____. *Fedro*. Lisboa, Portugal, Guimarães Editores, 1994.
_____. *Teeteto ou, Da Ciência*. Lisboa, Europa-América, 1990.
PUGH, David. *Dialetic of Love*. Montreal, McGill-Queen's University Press, 1996.
READ, H. *As Origens da Forma na Arte*. Rio de Janeiro, Zahar, 1982.
REALE, G. *Para uma Nova Interpretação de Platão*. São Paulo, Loyola, 1997.
ROLLAND, Romain. *O Pensamento Vivo de Rousseau*. São Paulo, Livraria Martins, 1975.
RESCHER, N. *Ethical Idealism: An Inquiry into the Nature and Functions of Ideals*. Berkeley, University of California Press, 1987.
ROSENFELD, A. *O Teatro Épico*. São Paulo, Perspectiva, 1997.
_____. *Autores Pré-Românticos Alemães*. São Paulo, Editora Pedagógica Universitária, 1991.

RÖTZER, Hans Gerd. *Geschichte der deutschen Literatur*. Bamberg, CC Buchnen Verlag, 1996.
ROUANET, P. S. *As Razões do Iluminismo*. São Paulo, Companhia das Letras, 1989.
ROUSSEAU, Jean-Jacques. *Discurso sobre a Desigualdade*. São Paulo, Abril Cultural, 1978.
_____. *Emílio ou Da Educação*. São Paulo, Martins Fontes, 1995.
SAINT-VICTOR. *Mujeres de Goethe*. Barcelona, Casa Editorial Maucci, s/d.
SANTAELLA, L. *Estética de Platão a Peirce*. São Paulo, Experimento, 1994.
SCHELLING, F. W. J. *Filosofia del Arte*. Buenos Aires, Editorial Nova, 1949.
SCHILLER, F. von. *Briefe über die aesthetische Erziehung Suhrkamp*. Frankfurte Meno, 1984.
_____. *Cartas sobre a Educação Estética do Homem*. São Paulo, Editora Pedagógica Universitária, 1992.
_____. *Über die ästhetische Erziehung des Menschen, in einer Reihe von Briefen*. Stuttgart, Verlag Freies Geistesleben, 1961.
_____. *A Educação Estética do Homem*. Trad. Roberto Schwarz e Marcio Suzuki. São Paulo, Iluminuras, 1995.
_____. *Escritos sobre Estética*. Trad. Manuel Garcia Morente, Maria José Callejo Hernanz y Jesús González Fisac. Madri, Tecnos, 1991.
_____. *Historische Scriften – Erster Teil*. Munique, Deutscher Taschenbuch Verlag GmbH &b Co., 1966.
_____. *Kallias. Cartas sobre la Educación Estética del Hombre*. Trad. Jaime Feijóo. Barcelona, Anthropos, 1990.
_____. *Lettres sur l'éducation esthétique de l'homme*. Trad. Robert Lerroux. Paris, Aubier, 1992.
_____. *Lettere sull'Educazione Estetica dell'Uomo, Callia o della Bellezza*. Roma, Armando Scuola, 1993.
_____. *Obras Dramáticas*. Buenos Aires, El Ateneo, 1949.
_____. *On the Aesthetic Education of Man in a Series of Letters English*. Trad. Elizabeth Wilkinson e L. A. Willoughby. Oxford, Clarendon Press, 1982.
_____. *Poesía Filosófica*. Madri, Hiperión, 1991.
_____. *Poesia Ingênua e Sentimental*. São Paulo, Iluminuras, 1991.
_____. *Poésie Naïve et Poésie Sentimentale (Über naive und sentimentalische Dichtung)*. Trad. Robert Leroux. Paris, Aubier, 1947.
_____. *Poesías Líricas*. Madri, Libreria de los Sucesores de Hernando, 1907.
_____. *Poet of Freedom*. Nova York, Schiller Institute, 1985.
_____. *Sämtliche Gedichte*. Stuttgart, INSEL, 1996.
_____. *Sobre a Educação Estética do Ser Humano numa Série de Cartas*. Trad. Tereza Rodrigues Cadete. Lisboa, Imprensa Nacional – Casa da Moeda, 1994.
_____. *Teoria da Tragédia*. São Paulo, Editora Pedagógica Universitária, 1992.
_____. *Textos sobre o Belo, o Sublime e o Trágico*. Trad. Tereza Rodrigues Cadete. Lisboa, Imprensa Nacional – Casa da Moeda, 1997.
SCHLEGEL, F. *O Dialeto dos Fragmentos*. São Paulo, Iluminuras, 1997.
_____. *Conversa sobre a Poesia*. São Paulo, Iluminuras, 1994.
SEDGWICK, P. R. *Nietzsche: A Critical Reader*. Cambridge, Blackwell, 1995.
SHARPE, L. *Schiller and the Historical Character, Presentation and Interpretation in the Historigraphical Works and in the Historical Dramas*. Oxford, Oxford University Press, 1982.

_____. *Friedrich Schiller – Drama, Thought and Politics*. Oxford, Oxford University Press, 1991.

STAROBINSKI, J. *Jean-Jacques Rousseau – A Transparência e o Obstáculo*. São Paulo, Companhia das Letras, 1991.

SUZUKI, M. *O Gênio Romântico*. São Paulo, Iluminuras, 1998.

THEODOR, E. *Perfis e Sombras – Estudos de Literatura Alemã*. São Paulo, Editora Pedagógica Universitária, 1990.

VAYSSE, Jean Marie. *Le vocabulaire de Kant*. Paris, Ellipses, 1998.

VÁZQUEZ, Adolfo S. *Filosofia da Praxis*. Rio de Janeiro, Paz e Terra, 1968.

COLEÇÃO ESTUDOS

1. *Introdução à Cibernética*, W. Ross Ashby.
2. *Mimesis*, Erich Auerbach.
3. *A Criação Científica*, Abraham Moles.
4. *Homo Ludens*, Johan Huizinga.
5. *A Lingüística Estrutural*, Giulio C. Lepschy.
6. *A Estrutura Ausente*, Umberto Eco.
7. *Comportamento*, Donald Broadbent.
8. *Nordeste 1817*, Carlos Guilherme Mota.
9. *Cristãos-Novos na Bahia*, Anita Novinsky.
10. *A Inteligência Humana*, H. J. Butcher.
11. *João Caetano*, Décio de Almeida Prado.
12. *As Grandes Correntes da Mística Judaica*, Gershom G. Scholem.
13. *Vida e Valores do Povo Judeu*, Cecil Roth e outros.
14. *A Lógica da Criação Literária*, Käte Hamburger.
15. *Sociodinâmica da Cultura*, Abraham Moles.
16. *Gramatologia*, Jacques Derrida.
17. *Estampagem e Aprendizagem Inicial*, W. Sluckin.
18. *Estudos Afro-Brasileiros*, Roger Bastide.
19. *Morfologia do Macunaíma*, Haroldo de Campos.
20. *A Economia das Trocas Simbólicas*, Pierre Bourdieu.
21. *A Realidade Figurativa*, Pierre Francastel.
22. *Humberto Mauro*, Cataguases, Cinearte, Paulo Emílio Salles Gomes.
23. *História e Historiografia do Povo Judeu*, Salo W. Baron.
24. *Fernando Pessoa ou o Poetodrama*, José Augusto Seabra.
25. *As Formas do Conteúdo*, Umberto Eco.
26. *Filosofia da Nova Música*, Theodor Adorno.
27. *Por uma Arquitetura*, Le Corbusier.
28. *Percepção e Experiência*, M. D. Vernon.
29. *Filosofia do Estilo*, G. G. Granger.
30. *A Tradição do Novo*, Harold Rosenberg.
31. *Introdução à Gramática Gerativa*, Nicolas Ruwet.
32. *Sociologia da Cultura*, Karl Mannheim.

33. *Tarsila sua Obra e seu Tempo* (2 vols.), Aracy Amaral.
34. *O Mito Ariano*, Léon Poliakov.
35. *Lógica do Sentido*, Gilles Delleuze.
36. *Mestres do Teatro I*, John Gassner.
37. *O Regionalismo Gaúcho*, Joseph L. Love.
38. *Sociedade, Mudança e Política*, Hélio Jaguaribe.
39. *Desenvolvimento Político*, Hélio Jaguaribe.
40. *Crises e Alternativas da América Latina*, Hélio Jaguaribe.
41. *De Geração a Geração*, S. N. Eisenstadt.
42. *Política Econômica e Desenvolvimento do Brasil*, Nathanael H. Leff.
43. *Prolegômenos a uma Teoria da Linguagem*, Louis Hjelmslev.
44. *Sentimento e Forma*, Susanne K. Langer.
45. *A Política e o Conhecimento Sociológico*, F. G. Castles.
46. *Semiótica*, Charles S. Peirce.
47. *Ensaios de Sociologia*, Marcel Mauss.
48. *Mestres do Teatro II*, John Gassner.
49. *Uma Poética para Antonio Machado*, Ricardo Gullón.
50. *Burocracia e Sociedade no Brasil Colonial*, Stuart B. Schwartz.
51. *A Visão Existenciadora*, Evaldo Coutinho.
52. *América Latina em sua Literatura*, Unesco.
53. *Os Nuer*, E. E. Evans-Pritchard.
54. *Introdução à Textologia*, Roger Laufer.
55. *O Lugar de Todos os Lugares*, Evaldo Coutinho.
56. *Sociedade Israelense*, S. N. Eisenstadt.
57. *Das Arcadas do Bacharelismo*, Alberto Venancio Filho.
58. *Artaud e o Teatro*, Alain Virmaux.
59. *O Espaço da Arquitetura*, Evaldo Coutinho.
60. *Antropologia Aplicada*, Roger Bastide.
61. *História da Loucura*, Michel Foucault.
62. *Improvisação para o Teatro*, Viola Spolin.
63. *De Cristo aos Judeus da Corte*, Léon Poliakov.
64. *De Maomé aos Marranos*, Léon Poliakov.
65. *De Voltaire a Wagner*, Léon Poliakov.
66. *A Europa Suicida*, Léon Poliakov.
67. *O Urbanismo*, Françoise Choay.
68. *Pedagogia Institucional*, A. Vasquez e F. Oury.
69. *Pessoa e Personagem*, Michel Zeraffa.
70. *O Convívio Alegórico*, Evaldo Coutinho.
71. *O Convênio do Café*, Celso Lafer.
72. *A Linguagem*, Edward Sapir.
73. *Tratado Geral de Semiótica*, Umberto Eco.
74. *Ser e Estar em Nós*, Evaldo Coutinho.
75. *Estrutura da Teoria Psicanalítica*, David Rapaport.
76. *Jogo, Teatro & Pensamento*, Richard Courtney.
77. *Teoria Crítica I*, Max Horkheimer.
78. *A Subordinação ao Nosso Existir*, Evaldo Coutinho.
79. *A Estratégia dos Signos*, Lucrécia D'Aléssio Ferrara.
80. *Teatro: Leste & Oeste*, Leonard C. Pronko.
81. *Freud: a Trama dos Conceitos*, Renato Mezan.
82. *Vanguarda e Cosmopolitismo*, Jorge Schwartz.
83. *O Livro dIsso*, Georg Groddeck.
84. *A Testemunha Participante*, Evaldo Coutinho.
85. *Como se Faz uma Tese*, Umberto Eco.

86. *Uma Atriz: Cacilda Becker*, Nanci Fernandes e Maria Thereza Vargas (org.).
87. *Jesus e Israel*, Jules Isaac.
88. *A Regra e o Modelo*, Françoise Choay.
89. *Lector in Fabula*, Umberto Eco.
90. *TBC: Crônica de um Sonho*, Alberto Guzik.
91. *Os Processos Criativos de Robert Wilson*, Luiz Roberto Galizia.
92. *Poética em Ação*, Roman Jakobson.
93. *Tradução Intersemiótica*, Julio Plaza.
94. *Futurismo: uma Poética da Modernidade*, Annateresa Fabris.
95. *Melanie Klein I*, Jean-Michel Petot.
96. *Melanie Klein II*, Jean-Michel Petot.
97. *A Artisticidade do Ser*, Evaldo Coutinho.
98. *Nelson Rodrigues: Dramaturgia e Encenaçes*, Sábato Magaldi.
99. *O Homem e seu Isso*, Georg Groddeck.
100. *José de Alencar e o Teatro*, João Roberto Faria.
101. *Fernando de Azevedo: Educação e Transformação*, Maria Luiza Penna.
102. *Dilthey: um Conceito de Vida e uma Pedagogia*, Maria Nazaré de Camargo Pacheco Amaral.
103. *Sobre o Trabalho do Ator*, Mauro Meiches e Silvia Fernandes.
104. *Zumbi, Tiradentes*, Cláudia de Arruda Campos.
105. *Um Outro Mundo: a Infância*, Marie-José Chombart de Lauwe.
106. *Tempo e Religião*, Walter I. Rehfeld.
107. *Arthur Azevedo: a Palavra e o Riso*, Antonio Martins.
108. *Arte, Privilégio e Distinção*, José Carlos Durand.
109. *A Imagem Inconsciente do Corpo*, Françoise Dolto.
110. *Acoplagem no Espaço*, Oswaldino Marques.
111. *O Texto no Teatro*, Sábato Magaldi.
112. *Portinari, Pintor Social*, Annateresa Fabris.
113. *Teatro da Militância*, Silvana Garcia.
114. *A Religião de Israel*, Yehezkel Kaufmann.
115. *Que é Literatura Comparada?*, Brunel, Pichois, Rousseau.
116. *A Revolução Psicanalítica*, Marthe Robert.
117. *Brecht: um Jogo de Aprendizagem*, Ingrid Dormien Koudela.
118. *Arquitetura Pós-Industrial*, Raffaele Raja.
119. *O Ator no Século XX*, Odette Aslan.
120. *Estudos Psicanalíticos sobre Psicossomática*, Georg Groddeck.
121. *O Signo de Três*, Umberto Eco e Thomas A. Sebeok.
122. *Zeami: Cena e Pensamento Nô*, Sakae M. Giroux.
123. *Cidades do Amanhã*, Peter Hall.
124. *A Causalidade Diabólica I*, Léon Poliakov.
125. *A Causalidade Diabólica II*, Léon Poliakov.
126. *A Imagem no Ensino da Arte*, Ana Mae Barbosa.
127. *Um Teatro da Mulher*, Elza Cunha de Vicenzo.
128. *Fala Gestual*, Ana Claudia de Oliveira.
129. *O Livro de São Cipriano: uma Legenda de Massas*, Jerusa Pires Ferreira.
130. *Kósmos Noetós*, Ivo Assad Ibri.
131. *Concerto Barroco às peras do Judeu*, Francisco Maciel Silveira.
132. *Sérgio Milliet, Crítico de Arte*, Lisbeth Rebollo Gonçalves.
133. *Os Teatros Bunraku e Kabuki: Uma Visada Barroca*, Darci Kusano.
134. *O diche e seu Significado*, Benjamin Harshav.
135. *O Limite da Interpretação*, Umberto Eco.
136. *O Teatro Realista no Brasil: 1855-1865*, João Roberto Faria.
137. *A República de Hemingway*, Giselle Beiguelman-Messina.

138. *O Futurismo Paulista*, Annateresa Fabris.
139. *Em Espelho Crítico*, Robert Alter.
140. *Antunes Filho e a Dimensão Utópica*, Sebastião Milaré.
141. *Sabatai Tzvi: O Messias Místico I, II, III*, Gershom Scholem.
142. *História e Narração em Walter Benjamin*, Jeanne Marie Gagnebin.
143. *A Política e o Romance*, Irwing Howe.
144. *Os Direitos Humanos como Tema Global*, J. A. Lindgren.
145. *O Truque e a Alma*, Angelo Maria Ripellino.
146. *Os Espirituais Franciscanos*, Nachman Falbel.
147. *A Imagem Autônoma*, Evaldo Coutinho.
148. *A Procura da Lucidez em Artaud*, Vera Lúcia Gonçalves Felício.
149. *Memória e Invenção: Gerald Thomas em Cena*, Sílvia Fernandes Telesi.
150. *Nos Jardins de Burle Marx*, Jacques Leenhardt.
151. *O Inspetor Geral de Gógol/Meyerhold*, Arlete Cavalière.
152. *O Teatro de Heiner Müller*, Ruth Röhl.
153. *Psicanálise, Estética e Ética do Desejo*, Maria Inês França.
154. *Cabala: Novas Perspectivas*, Moshe Idel.
155. *Falando de Shakespeare*, Barbara Heliodora.
156. *Imigrantes Judeus / Escritores Brasileiros*, Regina Igel.
157. *A Morte Social dos Rios*, Mauro Leonel.
158. *Barroco e Modernidade*, Irlemar Chiampi.
159. *Moderna Dramaturgia Brasileira*, Sábato Magaldi.
160. *O Tempo Não-Reconciliado*, Peter Pál Pelbart.
161. *O Significado da Pintura Abstrata*, Mauricio Mattos Puls
162. Work in Progress *na Cena Contemporânea*, Renato Cohen
163. *Mito e Tragédia na Grécia Antiga*, Jean-Pierre Vernant e Pierre Vidal-Naquet
164. *A Teoria Geral dos Signos*, Elisabeth Walther
165. *Lasar Segall: Expressionismo e Judaísmo*, Cláudia Valladão Mattos
166. *Escritos Psicanalíticos sobre Literatura e Arte*, Georg Groddeck
167. *Norbert Elias, a Política e a História*, Alain Garrigou e Bernard Lacroix
168. *A Cultura Grega e a Origem do Pensamento Europeu*, Bruno Snell
169. *O Freudismo – Esboço Crítico*, M. M. Bakhtin
170. *Stanislávski, Meierhold & Cia.*, J. Guinsburg
171. *O Anti-Semitismo na Era Vargas*, Maria Luiza Tucci Carneiro
172. *Apresentação do Teatro Brasileiro Moderno*, Décio de Almeida Prado
173. *Imaginários Urbanos*, Armando Silva Tellez
174. *Psicanálise em Nova Chave*, Isaias Melsohn
175. *Da Cena em Cena*, J. Guinsburg
176. *Jesus*, David Flusser
177. *O Ator Compositor*, Matteo Bonfitto
178. *Freud e Édipo*, Peter L. Rudnytsky
179. *Avicena: A Viagem da Alma*, Rosalie Helena de Souza Pereira
180. *Em Guarda Contra o "Perigo Vermelho"*, Rodrigo Sá Motta
181. *A Casa Subjetiva*, Ludmila de Lima Brandão
182. *Ruggero Jacobbi*, Berenice Raulino
183. *Presenças do Outro*, Eric Landowski
184. *O Papel do Corpo no Corpo do Ator*, Sônia Machado Azevedo
185. *O Teatro em Progresso*, Décio de Almeida Prado
186. *Édipo em Tebas*, Bernard Knox
187. *Arquitetura e Judaísmo: Mendelsohn*, Bruno Zevi
188. *Uma Arquitetura da Indiferença*, Annie Dymetman
189. *A Casa de Adão no Paraíso*, Joseph Rykwert
190. *Pós-Brasília: Rumos da Arquitetura Brasileira*, Maria Alice Junqueira Bastos

191. *Entre Passos e Rastros*, Berta Waldman
192. *Depois do Espetáculo*, Sábato Magaldi
193. *Franz Kafka: Um Judaísmo na Ponte do Impossível*, Enrique Mandelbaum
194. *Em Busca da Brasilidade*, Claudia Braga
195. *O Fragmento e a Síntese*, Jorge Anthonio e Silva
196. *A Análise dos Espetáculos*, Patrice Pavis
197. *Preconceito Racial: Portugal e Brasil-Colônia*, Maria Luiza Tucci Carneiro

Escolas Profissionais Salesianas
Rua Dom Bosco, 441 – Tel.: (11) 3277-3211 – Mooca – 03105-020 – São Paulo-SP